En couverture/Cover
Collier, vers 1910, perles fines, platine.
Collection Privée, avec l'autorisation du Albion Art Institute.
Necklace, c. 1910, natural pearls, platinum.
Private Collection, courtesy of Albion Art Institute.
© Albion Art Jewellery Institute.

En quatrième de couverture/Back cover
JAR, clip *Tête de mouton*, 2006, perles fines, saphirs étoilés cabochon, aluminium, argent, or. Collection privée.
JAR, *Sheep's head* brooch, 2006, natural pearls, cabochon star sapphires, aluminum, silver, gold. Private collection.

← ←
Perle issue de la collection de Marie-Antoinette, XVIIIe siècle.
Collection privée.
Pearl from Marie-Antoinette's collection, 18th century.
Private collection.

Attribué à Marie-Étienne Nitot, collier de l'impératrice Joséphine, perles fines, diamants.
Collection privée.
Attributed to Marie-Étienne Nitot, necklace once owned by Empress Joséphine, natural pearls, diamonds.
Private collection.

Sophie Adlersparre, *Josefina, 1807-1876, reine de Suède et de Norvège, princesse de Leuchtenberg*, 1841, huile sur toile.
Sophie Adlersparre, *Josefina, 1807–1876, Queen of Sweden and Norway, Princess of Leuchtenberg*, 1841, oil on canvas.
Stockholm, Nationalmuseum.

Philip Alexius de László, *Portrait d'Eugénie Victoria de Battenberg*, 1920, huile sur toile.
Collection privée.
Philip Alexius de László, *Portrait of Victoria Eugenie of Battenberg*, 1920, oil on canvas.
Private collection.

Collier, vers 1910, perles fines, platine.
Collection Privée, avec l'autorisation du Albion Art Institute.
Necklace, c. 1910, natural pearls, platinum.
Private Collection, courtesy of Albion Art Institute.
© Albion Art Jewellery Institute.

Mellerio, bague *Toi et Moi*, vers 1930, perles fines, diamants, platine.
Mellerio, *Toi et moi* ring, c. 1930, natural pearls, diamonds, platinum.
Londres, Symbolic & Chase.

Henry Clarke, bijoux en perles fines, photographie illustrant un article intitulé « Renaissance de la perle fine », *Vogue* français, octobre 1954.
Henry Clarke, jewels from natural pearls, photograph illustrating an article entitled "Renaissance de la perle fine," French edition of *Vogue*, October 1954.
Paris, palais Galliera-musée de la Mode.

Paris, capitale de la perle

Histoire d'une passion joaillière

Léonard Pouy

Avec les contributions de
In collaboration with

Olivier Segura
Charline Coupeau

Paris, City of Pearls

A Historical Heyday for Jewelry

L'École des Arts Joailliers | Norma Éditions

George Barbier, « Grande robe du soir en brocart d'argent. Perruque bleue aigrettes », *Journal des dames et des modes*, Paris, n° 73, 1er juin 1914.
George Barbier, "Large silver brocade evening gown. Wig with blue plumes," *Journal des dames et des modes*, Paris, no. 73, 1 June 1914.
Paris, musée des Arts décoratifs.

→ → Théâtre Cocherie, *La Fée aux perles*, 1882-1888, lithographie imprimée par Charles Lévy.
Théâtre Cocherie, *Fairy with Pearls*, 1882–1888, lithograph printed by Charles Lévy.
Paris, musée Carnavalet.

Sommaire
Contents

Préface 13
Introduction 14

Orient de perles et perles d'Orient 18
Perles fines et moins fines 20
La perle : haute et basse définition 22
Les mystères de l'Est 25

La conquête d'un marché 32
La lente ascension des marchands français
   dans le golfe Arabo-Persique 35
Reine des gemmes, gemme des reines…
   et des premières dames 45
Entre Londres et Paris, une guerre des perles 55
Les « nouvelles pêcheries de perles » 65
L'arrivée du « roi de la perle » Léonard Rosenthal 68
Chute de Londres et émergence de Paris 71
Du Koweït à la rue La Fayette… et retour 78

La perle, forme symbolique de la modernité 88
De l'Art nouveau au « Nouveau style » 90
Le commerce de la perle pendant la Première
   Guerre mondiale 116

Perlomanie parisienne 128
Les marchands du Golfe se rendent à Paris 130
Des marchands-rois couverts d'honneurs 134
Des perles comme s'il en pleuvait 137
L'irruption de la perle de culture sur le marché
   occidental 158
Le sacre de la perle : l'Exposition internationale des
   arts décoratifs et industriels modernes de 1925 163
Maritimes, terrestres et aériennes, toutes les routes
   de la perle mènent à Paris 172

Les années sombres 174
« À ce prix, Mesdames. » 176
La perle de culture : problème ou solution ? 180
La fin d'une époque 183
La crise de la perle 186
La terrible odyssée des Rosenthal 197

Le commerce de la perle d'hier à aujourd'hui 202
Les chemins de la perle dans l'après-guerre 205
Papeete, capitale de la perle de culture ? 211
La perle fine au XXIᵉ siècle, un retour en grâce ? 217

Annexes 222

Foreword 13
Introduction 14

Pearls and the East 18
The nature of pearls 20
Pearl vocabulary: origins and definitions 22
The Wild Wild East 25

Conquering the market 32
The slow rise of French merchants in the Gulf 35
The queen of gems, the gem of queens…
   and of first Ladies 45
London versus Paris: a war of pearls 55
The "new pearl fisheries" 65
The arrival of the "king of pearls":
   Léonard Rosenthal 68
London's fall, rise of Paris 71
From Kuwait to Rue La Fayette… and back 78

The pearl as a symbol of modernity 88
From Art Nouveau to the "new style" 90
The pearl trade during the First World War 116

Pearl mania in Paris 128
The Gulf merchants head to Paris 130
Much-decorated merchant-kings 134
It's raining pearls! 137
Cultured pearls burst onto the Western market 158
The pearl enthroned: the Exposition Internationale
   des Arts Décoratifs et Industriels Modernes
   of 1925 163
Sea, land and sky: all pearl routes lead to Paris 172

The dark years 174
"At this price, Ladies." 176
Cultured pearls: problem or solution? 180
The end of an era 183
The pearl crisis 186
The Rosenthals' terrible odyssey 197

The pearl trade from then to now 202
The pearl paths after the war 205
Papeete, new center of cultured pearls? 211
Pearls in the 21st century: back in favor? 217

Appendices 222

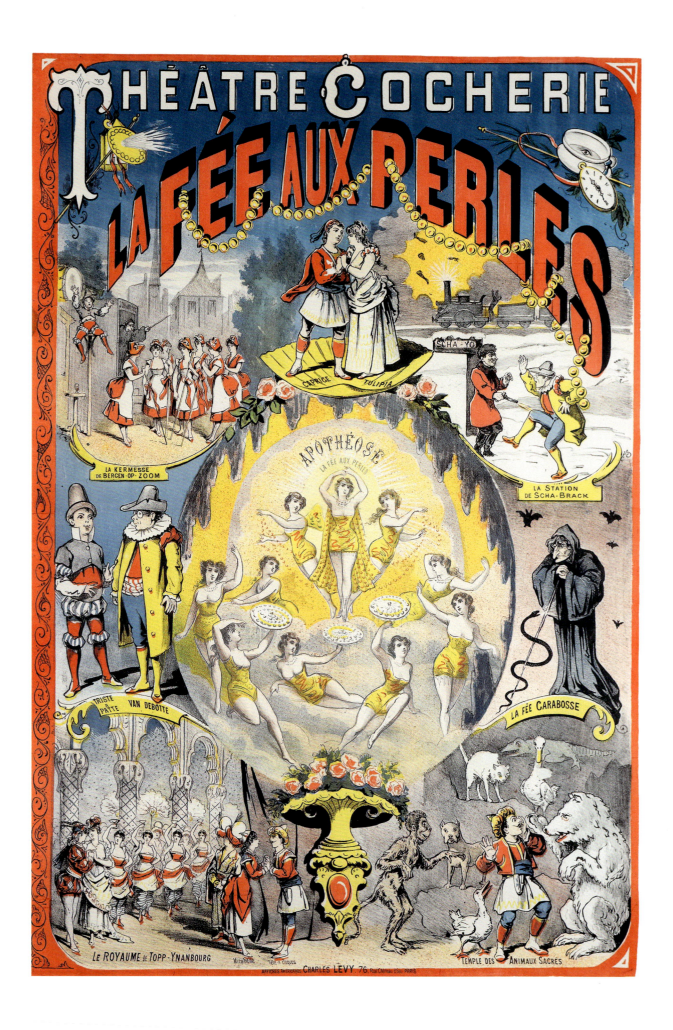

Préface
Foreword

Qui ne connaît la perle, recherchée depuis la haute Antiquité et source d'inspiration des plus grands joailliers modernes ? Mais qui sait qu'elle fut au cœur d'un intense commerce entre le golfe Arabo-Persique et la France entre la fin du XIXe siècle et le milieu du XXe siècle ? Qui surtout se souvient qu'elle fut pendant des décennies au centre de l'industrie du luxe et de la culture parisienne ? C'est l'histoire oubliée d'une incroyable aventure artistique, commerciale et humaine que conte l'exposition *Paris, capitale de la perle*, organisée par L'École des Arts Joailliers.

De la fin des années 1860 à la fin des années 1930, période correspondant en France au régime de la IIIe République, la majorité des perles pêchées dans le Golfe a été progressivement acheminée en France, vendue à Paris et montée par les plus prestigieux joailliers de la place Vendôme. Les livres de comptes, les télégrammes, les documents d'archives et les photographies de l'époque disent l'ampleur de ce commerce. Des routes terrestres, maritimes puis aériennes ont été ouvertes, de grandes figures ont émergé tant dans le Golfe qu'en France, des fortunes se sont construites et le négoce de la perle a été à l'origine d'un essor économique sans précédent. Au gré du développement de nouvelles routes commerciales, des liens se sont tissés entre les hommes et les cultures, de la « côte des perles », comme on appelait alors les pays du Golfe, à la France du premier tiers du XXe siècle.

Outre la célébration de près d'un siècle d'histoire commune, cette exposition entend montrer dans quelle mesure tant la perle fine ou naturelle que la perle de culture, arrivée en France dans les années 1920, ont su inspirer non seulement les joailliers parisiens mais également les artistes au sens large. Tous semblent en effet avoir été poussés par une même perlomanie, et ce, quel que soit leur mode d'expression artistique, de l'opéra au cinéma en passant par la peinture, la photographie, l'affiche ou les illustrés, au point de faire de la perle l'une des formes symboliques des Années folles.

Se proposant enfin de percer les derniers mystères du biominéral qu'est la perle, cette exposition se situe au croisement de l'histoire, de l'art et de la science ; cette vision large de la connaissance est au cœur des missions de L'École des Arts Joailliers. Fondée en 2012 avec le soutien de la maison Van Cleef & Arpels, elle propose au public de s'initier à l'histoire du bijou, aux savoir-faire ou encore aux pierres à travers des cours, des conférences, des publications et des expositions, à Paris et dans le monde.

En soutenant la recherche et en rendant possible la redécouverte de cette extraordinaire saga perlière parisienne, L'École des Arts Joailliers confirme sa volonté de contribuer non seulement à la diffusion de la culture joaillière, mais aussi à l'enrichissement du savoir.

Lise Macdonald
Présidente de L'École des Arts Joailliers
President of L'ÉCOLE, School of Jewelry Arts

Catherine Rénier
Président & CEO de Van Cleef & Arpels
President & CEO of Van Cleef & Arpels

We are all familiar with pearls. Sought-after since ancient times, they still inspire the great modern jewelers. But how many people know that they were at the heart of an intense trade between the Gulf and France from the late 19th to the mid-20th century? How many remember that they were at the center of the luxury industry and Parisian culture for decades? Organized by L'ÉCOLE, School of Jewelry Arts, the exhibition *Paris, City of Pearls* recounts the forgotten history of this amazing artistic, commercial and human adventure.

From the late 1860s to the late 1930s – a period corresponding to France's Third Republic – a majority of the pearls fished in the Gulf were gradually brought to France, sold in Paris and mounted by the top jewelers of the Place Vendôme. Account books, telegrams, archive documents and period photographs testify to the scale of this trade. Routes across land, sea and then sky were opened, major figures emerged in both the Gulf and France, fortunes were made, and the pearl trade sparked an unprecedented economic boom. As new trade routes were developed, links were forged between people and cultures – from the France of the first third of the 20th century to the Gulf countries, referred to by the French at the time as the "pearl coast."

As well as celebrating almost a century of shared history, this exhibition sets out to show the extent to which both natural pearls and the cultured pearls that arrived in France in the 1920s inspired not only Parisian jewelers but also artists in the broader sense. They all seem to have been driven by the same passion for pearls, whatever their means of artistic expression – opera, painting, photography, poster design, illustration or cinema – to the point that the pearl became one of the symbolic forms of the Roaring Twenties.

Seeking to penetrate the final mysteries of these biominerals, the exhibition embraces a crossover of history, art and science. This wide-ranging vision of knowledge is at the heart of L'ÉCOLE's mission. Founded in 2012 with support from Van Cleef & Arpels, L'ÉCOLE invites the public to learn about the history of jewelry and the skills involved, and about gems, through classes, talks, publications and exhibitions, in Paris and elsewhere in the world.

Through supporting research and enabling the rediscovery of this extraordinary Parisian pearl saga, L'ÉCOLE confirms its determination to contribute not only to an awareness of the culture of jewelry, but also to deepening knowledge.

Une histoire oubliée
A forgotten history

Si l'on en croit Jean-Paul Poirot[1], ancien directeur du Service public du contrôle des diamants, perles fines et pierres précieuses de la Chambre de commerce et d'industrie de Paris, la rue La Fayette, qui regroupait depuis le XIXe siècle la majorité des marchands de gemmes parisiens, aurait concentré entre ses numéros 1 et 100 près de trois cents négociants en perles fines dans l'entre-deux-guerres. Jean Taburiaux, également spécialisé dans le commerce des perles, avance pour sa part que « du numéro 2 de la rue La Fayette jusqu'à la hauteur de la rue Cadet, soit le 74, il y avait dans chaque immeuble au moins un marchand de perles[2] ». Dans un cas comme dans l'autre, le constat est le même : la capitale française s'est progressivement hissée au cours de la IIIe République au rang de centre mondial du commerce des perles.

De tels chiffres contrastent fortement avec la situation actuelle de la rue La Fayette, voire du marché de la perle fine au niveau occidental et même international : tandis que les négociants et spécialistes parisiens, qui bénéficiaient à l'époque de la proximité du bureau des douanes de la rue Choron, se comptent aujourd'hui sur les doigts d'une main, le marché mondial de la perle fine est devenu insignifiant face à celui de la perle de culture, qu'elle soit d'eau douce (95 %) ou d'eau de mer (5 %)[3].

Comment dès lors expliquer qu'autant de négociants aient pu vivre à Paris de la perle fine au début du XXe siècle ? De quelles manières les relations entre le golfe Arabo-Persique[4], soit sa principale région d'origine, et la France étaient-elles structurées ? Pour quelles raisons ce commerce aussi florissant a-t-il quasiment disparu ? Mais surtout, comment expliquer qu'au-delà de son commerce la mémoire même de la perle fine parisienne soit aujourd'hui perdue ?

Très rares sont les renseignements précis, les éléments de comparaison, les données clairement identifiées, ainsi que les publications sur ce sujet. En effet, l'abondante bibliographie consacrée à la perle reste étonnamment silencieuse à ce propos. Quelques sources du début du XXe siècle font certes exception en délivrant cependant une information très lacunaire. L'ouvrage *Au royaume de la perle*, de Léonard Rosenthal (1874-1955), paru en 1919 et qui reste une référence sur le sujet, rapporte avant tout des anecdotes personnelles, très romancées, sur le rapatriement du marché de Londres à Paris dans les années 1910[5]. Le récit d'Albert Londres (1884-1932) *Pêcheurs de perles*, publié en 1931, propose pour sa part une description de la pêche et un très bref commentaire sur les principaux marchands[6]. La même année, *Les Secrets de la mer Rouge* d'Henry de Monfreid

According to Jean-Paul Poirot[1], former director of France's national gemology laboratory (the Laboratoire Français de Gemmologie), in the interwar period almost three hundred pearl merchants were concentrated between numbers 1 and 100 Rue La Fayette, the street where the majority of the city's precious gemstone merchants had been based since the 19th century. Another pearl-trade specialist, Jean Taburiaux, for his part claims that "between number 2 Rue La Fayette and the junction with Rue Cadet at number 74, there was at least one pearl merchant in each building."[2] In both cases, the conclusion is the same: that, over the course of France's Third Republic, the nation's capital had gradually worked its way up to become the world center for the pearl trade.

Such figures present a stark contrast with the situation in Rue La Fayette today, and indeed with that of the pearl trade as a whole, in the West and even on a worldwide level: the Parisian merchants and specialists, who formerly benefited from their proximity to the customs office in Rue Choron, can now be counted on the fingers of one hand, and the global market for natural pearls has become insignificant in the face of that for cultured pearls, whether of the freshwater (95%) or seawater (5%) type.[3]

How, then, was it that so many merchants were able to make a living in Paris from natural pearls in the early 20th century? What was the structure of the relationship between the Arabian-Persian Gulf[4] – the main source region – and France? What were the reasons that caused such a flourishing trade to virtually disappear? And above all, how can not only the trade but indeed, today, the very memory of Parisian pearls have been lost?

There is very little in the way of precise information, elements for comparison, clearly identified data and publications on this matter. The ample bibliography dedicated to pearls remains surprisingly silent on the topic. A few sources from the early 20th century are exceptions to this, although they offer only very incomplete information. Léonard Rosenthal's book *Au royaume de la perle* (*The Kingdom of the Pearl*), published in 1919 and still a key source on the subject, primarily relates highly novelized personal anecdotes on the market's repatriation from Paris to London in the 1910s.[5] *Pêcheurs de Perles* (*Pearl Fishers*), an account published by Albert Londres (1884–1932) in 1931,[6] offers a description of the pearling industry and a very brief commentary on the main merchants. In the same year, Henry de Monfreid's (1879–1974) *Les Secrets de la mer Rouge* (*Secrets of the Red Sea*) uncovered

Jules et Paul Bapst & fils, collier de la comtesse de Lytton, vers 1887, perles fines, diamants, or, argent.
Jules and Paul Bapst & son, countess of Lytton's necklace, c. 1887, natural pearls, diamonds, gold, silver.
Phoeser Art.

(1879-1974) dévoilent de précieux détails sur la pêche des perles dans les années 1910 entre le Yémen, l'Arabie saoudite et l'Érythrée.

Il nous faut ici rappeler qu'avant l'avènement de la perle de culture, à la fin des années 1920, la très grande valeur des perles du Golfe et de la mer Rouge, bientôt qualifiées de « fines » ou « naturelles », s'expliquait non seulement par leur beauté, mais également par leur rareté :

« Il y a des souvenirs de lectures qui s'éveillent à la vue des perles fines, petits globes blancs aux vagues reflets d'arc-en-ciel, ravis aux gouffres sous-marins que hantent le requin et la pieuvre. Il y a aussi l'indéfinissable frisson de tenir une petite fortune dans le creux de la main : joyaux de perles fines ou de brillants[7]. »

Ces perles devaient en effet être cueillies au hasard du bon vouloir de milliers d'huîtres, elles-mêmes pêchées dans des conditions aussi difficiles que dangereuses, par de jeunes Africains de l'Est travaillant, sans assistance, tout le jour durant et pendant les longs mois de l'été, dans des eaux éloignées des côtes et infestées de prédateurs potentiels[8].

Jamais passée de mode depuis l'Antiquité, la perle se distingue autour de 1900 dans la joaillerie blanche aux côtés des deux autres éléments constitutifs du style édouardien ou Belle Époque que sont le platine et le diamant, mais également comme l'une des composantes majeures de l'Art nouveau, sous sa déclinaison baroque notamment. Particulièrement appréciée des créateurs des années 1910, elle devient

precious details on pearl fishing in the 1910s between Yemen, Saudi Arabia and Eritrea.

It is important to remember that, prior to the advent of cultured pearls shortly before 1930, the very high value of pearls from the Gulf and the Red Sea – which soon came to be referred to as "natural" pearls – was due not only to their beauty, but also to their rarity.

"There are memories from literature that are awakened upon seeing pearls, those little white globes with their hazy rainbow reflections, taken from underwater chasms haunted by sharks and octopuses. There is also an indefinable frisson that comes from holding a small fortune in the palm of one's hand: the treasures that are pearls or diamonds."[7]

These pearls had to be harvested at random from thousands of oysters, themselves fished in challenging and dangerous conditions by young East Africans who worked unaided all day long, throughout the long summer months, far out at sea, in waters that were infested by potential predators.[8]

Never out of fashion since Antiquity, pearls came into their own in the years around 1900 in white jewelry alongside the two other elements that constituted Edwardian or Belle Époque style – platinum and diamonds – but also as one of the main components of Art Nouveau, notably in its baroque-inspired form. Particularly appreciated by designers of the 1910s, their monochrome tones and geometrical shape even made them one of the symbolic forms of Art Deco after the First Word War. In both styles, about town and on the stage, in jewelry and paintings, in photographs and on cinema screens, pearls – now intrinsically linked to Paris – were everywhere.

Hence jewelers were endlessly competing with one another to be the most inventive, constantly seeking a fresh perspective on the "queen of gems": from Boehmer and Bassenge to Bapst, via Nitot and Lemonnier, each of the successive jewelers to the French Crown in turn fell under the fascinating spell of pearls. Remarkably the public did not tire of them either – so much so that they became a genuinely safe investment. Their sole competition was diamonds, and they even triumphed against these at the end of the 19th century, after the discovery of the South African mines. From that point onwards, the strategic importance of the Gulf zone became apparent, and has been much envied ever since.

Morel & Cie, Jean-Baptise-Jules Klagmann, dessinateur, et M. Milleret, ciseleur, modèle de bracelet, 1842-1848, métal doré et argenté, perles de verre recouvert de nacre.
Morel & Cie, Jean-Baptiste-Jules Klagmann, designer, and M. Milleret, chaser, model for a bracelet, 1842–1848, gold and silver plated metal, glass beads with mother-of-pearl.
Paris, musée des Arts décoratifs.

même par sa monochromie et sa géométrie l'une des formes symboliques de l'Art déco après la Première Guerre mondiale. Dans un style comme dans l'autre, à la ville comme à la scène, sur les bijoux comme sur les tableaux, photographies et écrans de cinéma, la perle, désormais intrinsèquement liée à Paris, est partout.

De fait, les joailliers n'ont cessé de rivaliser d'inventivité, renouvelant chaque fois leur regard sur la « reine des gemmes » : de Boehmer et Bassenge à Bapst en passant par Nitot ou Lemonnier, tous les fournisseurs successifs de la couronne de France subissent chacun à leur tour la fascinante emprise de la perle. Chose remarquable, le public ne s'en est pas non plus lassé, tant et si bien qu'elle finit par former une véritable « valeur refuge » seulement concurrencée par le diamant, dont elle triomphe même à l'issue du xixe siècle, après la découverte des mines d'Afrique du Sud. On comprend dès lors l'importance stratégique prise à cette époque par la zone du Golfe, qui continue de susciter de nombreuses convoitises.

Or, la question du commerce de la perle entre les lieux de pêche dans le Golfe et ceux de son négoce en France est, de même, longtemps restée un angle mort de la recherche. Les éléments les plus fiables proviennent de deux études historiques publiées par Robert A. Carter et Guillemette Crouzet. Le premier, auteur d'une somme encyclopédique sur la perle, est sans doute celui qui traite la question de son commerce avec l'Europe de la manière la plus exhaustive[9] ; l'analyse n'en demeure pas moins rapide, développée en une dizaine de pages. La seconde, quant à elle, se penche sur le sujet dans sa vaste étude sur l'histoire du Golfe entre 1800 et 1914 mais plus succinctement, en ne consacrant que quelques pages au commerce de la perle à Paris au début du xxe siècle[10]. Enfin, on trouve dans le livre de Saif Marzooq al-Shamlan sur la perle dans le Golfe quelques récits de marchands koweïtis à Paris dans les années 1920 et 1930[11].

L'exposition *Marchands de perles. Redécouverte d'une saga commerciale entre le Golfe et la France à l'aube du xxe siècle*, présentée par L'École des Arts Joailliers en 2019 à l'occasion d'une session nomade à Dubaï[12], bientôt suivie du projet artistique intitulé *Nahma: a Gulf Polyphony*[13], portant pour sa part sur les inspirations musicales liées à la pêche des perles dans le Golfe, nous a permis de nous réapproprier une partie de cette histoire que l'on pensait perdue et de la partager, en France comme au Moyen-Orient. Restait cependant à se pencher sur la dimension strictement parisienne de cet âge d'or – ou de perle ! – de la joaillerie occidentale et sur l'ampleur de son rayonnement culturel en France sous la IIIe République (1870-1940) et au-delà.

Yet the question of the pearl trade between the Gulf fishing zones and the places in France where they were bought and sold has long remained a blind spot for research. The most reliable elements come from two historical studies published by Robert A. Carter and Guillemette Crouzet. Carter, author of an encyclopedic work on pearls, is certainly the person who has addressed the question of the trade with Europe most exhaustively;[9] still, his analysis remains brief, developed over just 11 pages. Crouzet meanwhile looked into the matter in her vast study on the history of the Gulf between 1800 and 1914, but even more succinctly, devoting only a few pages to the pearl trade in Paris at the start of the 20th century.[10] Lastly, some accounts from Kuwaiti merchants in Paris in the 1920s and 1930s can be found in Saif Marzooq al-Shamlan's book on pearls in the Gulf.[11]

The exhibition *Pearl Merchants: a Rediscovered Saga Between the Gulf and France at the Dawn of the 20th Century*,[12] presented by L'ÉCOLE, School of Jewelry Arts at its Dubai site in 2019 and soon followed by an art project titled *Nahma: a Gulf Polyphony*,[13] which for its part explored musical inspirations related to pearl fishing in the Gulf, allowed us to reclaim part of that history which we thought was lost, and to share it, both in France and in the Middle East. However, the strictly Parisian dimension of this golden age – or pearl age! – of Western jewelry, and the extent of its cultural impact in France under the Third Republic (1870–1940) and beyond, had yet to be investigated.

Delfina Delettrez Fendi, créateur, Bernard Delettrez, joaillier, bracelet *Ronces avec deux serpents*, 2007, perles de Tahiti, péridots, émail, argent, or.
Delfina Delettrez Fendi, designer, Bernard Delettrez, jeweler, *Bramble with Two Snakes* bracelet, 2007, Tahiti pearls, peridots, enamel, silver, gold.
Paris, musée des Arts décoratifs.

Orient de perles et perles d'Orient

Pearls and the East

Perles fines et moins fines
The nature of pearls

Historiquement, mais aussi selon les normes internationales et la loi française, le mot « perle » utilisé seul désigne aujourd'hui en joaillerie une perle fine, ou naturelle. On qualifie ainsi les perles pour souligner qu'elles ont été formées sans intervention humaine. Toute utilisation actuelle du mot « perle » (seul) pour une perle d'imitation ou de culture est donc proscrite. Mais une telle distinction n'a pas vraiment lieu d'être avant les années 1900 et l'arrivée progressive sur le marché international des perles de culture. Pourtant connus de tous, tant le mot que la chose « perle » se révèlent fort complexes et méritent de se voir ici précisément définis.

La perle est une sécrétion de carbonate de calcium produite par un mollusque. Tous les mollusques à coquille sont en effet susceptibles de fabriquer des perles. La qualité de la nacre (le carbonate de calcium sous sa forme aragonite, avec des tablettes organisées en structures de « brique et mortier » ou de « piles d'assiettes ») va toutefois dépendre de leur espèce, ainsi que des conditions de température, de salinité et de nutrition de l'animal. Les plus belles perles utilisées en joaillerie proviennent généralement d'huîtres marines des régions chaudes, le plus souvent du genre *Pinctada* ou *Pteria*.

Connue dans le Golfe depuis plus de sept mille ans, l'huître du genre *Pinctada*, espèce *radiata*[14], a donné jusqu'au XXe siècle à l'homme des perles nacrées en abondance. Nommées *mohar* en arabe, ces huîtres sont de petite dimension, de 6 à 8 cm, avec une coquille mince et relativement fragile. Plus appréciées pour leur nacre que pour leurs qualités nutritives, ces huîtres vivent en bancs sur le sable à des profondeurs de un à plusieurs mètres. Elles donnent de petites perles (dépassant rarement les 8 ou 9 mm) de forme ronde à baroque (sans axe de symétrie) et de couleur généralement blanche, blanc crème, ou légèrement jaune avec parfois des touches secondaires d'irisations verte ou rose particulièrement recherchées.

Une autre espèce d'huître perlière, plus rare, est aussi présente dans le Golfe : *Pinctada margaritifera*[15]. Également connues sous le nom de *sudaifee* ou *zinni*, ces huîtres peuvent dépasser les 20 cm

Historically, but also according to international trading standards and some national laws, the word "pearl" used on its own in the jewelry world today signifies a natural pearl. Pearls are described in this way to emphasize that they have been formed without human intervention. Any use of the word "pearl" on its own for an imitation or cultured pearl is therefore to be avoided. But there was no need for such a distinction before the gradual arrival on the market of cultured pearls in the 1900s. However familiar the word "pearl" and the items themselves may be to us all, they are in fact highly complex and worth defining here in more detail.

A pearl is a secretion of calcium carbonate produced by a mollusk. Any mollusk with a shell is capable of forming pearls. However, the quality of the nacre or mother-of-pearl (calcium carbonate in the form of aragonite, with layers organized in structures reminiscent of bricks and mortar or a pile of plates) depends on their species as well as conditions such as temperature, salinity and the animal's nutrition. The finest pearls used for jewelry generally come from sea oysters in hot regions, most frequently of the *Pinctada* or *Pteria* genus.

Known in the Gulf for more than seven thousand years, oysters of the *Pinctada radiata* species[14] provided humankind with an abundance of pearls up to the 20th century. Named *mohar* in Arabic, these oysters are small, between 6 and 8 cm, with a thin and relatively fragile shell. Appreciated more for their nacre than for their nutritional qualities, they live on sandbanks at depths varying from one to several meters. They produce small pearls (rarely more than 8 or 9 mm), in forms ranging from round to baroque (with no axis of

← Jean-François Portaels, *Le Collier de perles*, 1840-1895, huile sur toile.
Collection privée.
Jean-François Portaels, *Pearl Necklace*, 1840–1895, oil on canvas.
Private collection.

↑ Sections de perles permettant de voir les structures internes (perle fine, perle de culture sans noyau, perle de culture à noyau).
Cross sections of pearls revealing their inner structures (natural pearl, cultured pearl without a nucleus, cultured pearl with a nucleus).

et vivent à plus grande profondeur. Elles donnent naissance à des perles de couleur crème à grise, qui mesurent jusqu'à 15-16 mm.

Si les causes véritables de la formation des perles demeurent mal connues (virus ? bactérie ?), celle-ci résulte d'un déplacement de cellules épithéliales sécrétant la coquille à l'intérieur du tissu conjonctif du manteau du mollusque. On y constate alors une multiplication des cellules survivantes, constituant un sac perlier et poursuivant leur travail de sécrétion de la coquille mais sous la forme d'une perle. On sait en effet depuis 1717, grâce au Français Réaumur, que la composition des perles est identique à celle de la coquille. Seule sa structure tridimensionnelle est différente : horizontale pour la coquille ; concentrique pour la perle.

La fameuse théorie du grain de sable comme élément déclencheur de la biominéralisation, si répandue soit-elle, ne repose sur aucune réalité scientifique, de même qu'aucun grain de sable ne fut jamais trouvé à l'intérieur d'une perle.

Jacques Callot, « L'huître perlière », *La Vie de la Mère de Dieu représentée par des emblèmes*, 1628-1629.
Jacques Callot, "Pearl oyster," *The Life of the Virgin Represented in Emblems*, 1628–1629.

symmetry), and are generally white, cream or slightly yellow in color, sometimes with additional glints of green or pink that are particularly sought-after.

Another, rarer species of pearl oyster is also present in the Gulf: *Pinctada margaritifera*.[15] Also known as *sudaifee* or *zinni*, these oysters can exceed 20 cm and live in deeper waters. They generate pearls in hues from cream to grey, measuring up to 15–16 mm.

While the true causes for the formation of pearls remain little understood (a virus? bacteria?), they result from epithelial cells, which are responsible for producing the shell material, being brought inside the connective tissue of the mollusk's mantle. The surviving cells are then observed to multiply, making up a pearl sac and continuing their task of secreting the shell, but in the form of a pearl. We have known since 1717, thanks to the French physician and naturalist Réaumur, that the composition of pearls is identical to that of shells. Only the three-dimensional structure is different: horizontal for shells, concentric for pearls.

The famous theory of the grain of sand as the trigger for biomineralization, although extremely widespread, is not based on any scientific fact, and indeed no grain of sand has ever been found inside a pearl.

La perle : haute et basse définition

Pearl vocabulary: origins and definitions

La langue française ne distingue que rarement les « perles » (*pearls*) des « grains » (*beads*). Aussi retrouve-t-on le mot « perle » dès le début du XIIe siècle pour désigner une « petite concrétion ronde, brillante et dure, qui se forme à l'intérieur de certaines huîtres[16] », mais également tout petit ornement d'aspect analogue, quelle que soit sa matière. Dès 1260 sont ainsi distinguées les « perles » fines, fausses ou d'argent[17], et dès 1307 les « perles d'Orient[18] ».

Le terme « perle » serait issu du latin *perna*, pour « cuisse » mais aussi « coquillage ». Tandis que le terme « baroque », censé définir des perles de forme irrégulière, est présent en 1531 au sein de l'inventaire de Charles Quint[19], son origine véritable demeure obscure. Il serait issu du portugais *barroco*, « rocher granitique » et « perle irrégulière », que l'on retrouve au féminin au XIIIe siècle[20]. Il pourrait toutefois avoir été usité dès la période préromane en raison du suffixe *-ŏccu*, très répandu sur le territoire ibérique[21].

On retrouve à la même époque sous la plume de Rabelais la célèbre association de l'acte d'enfiler des perles au fait de perdre son temps[22], tandis que l'expression « jeter des perles aux pourceaux » remonte au plus tard à l'Évangile selon saint Matthieu, chapitre 7, verset 6 : « Ne donnez pas les choses saintes aux chiens, et ne jetez pas vos perles devant les pourceaux, de peur qu'ils ne les foulent aux pieds, ne se retournent et ne vous déchirent. »

Issu du latin médiéval *nacrum* ou *naccara*, le terme « nacre », parfois orthographié « nacle », puis « naccre », sert dès le XIIIe siècle à définir une « matière blanche à reflets irisés qui se forme à l'intérieur de certains coquillages[23] ». En arabe, *naqqaīra* désigne un « petit tambour » (l'italien *nacc(h)aro*, *nacc(h)ara*, *nacchera* désigne également un instrument à percussion), sans doute assimilé par la suite à une sorte de cor de chasse, d'où « coquillage » par analogie de forme et d'où « nacre » par métonymie[24]. On emploie également *naqr* en arabe pour parler de glyptique, tandis qu'il faut attendre le *Dictionnaire* de Furetière, publié en 1690, pour voir apparaître le terme de « mère perle » dans le vocable français, reprenant ainsi la dualité anglophone *nacre*/ *mother of pearl*.

« [Une] eau coagulée et endurcie comme en pierre dans l'huître après qu'elle s'est abreuvée de la rosée du point du jour. »

Si cette définition d'une perle, formulée en 1606 dans le *Thresor*

Many English words associated with pearls are identical to their French counterparts, or at least share their ancestry. The word "pearl" itself, from late Middle English, has its origins in the Old French *perle*, which in turn is thought to be based on the Latin *perna*, meaning "haunch" but also "shellfish" (specifically, a marine bivalve shaped like a leg of lamb). The French language in fact seldom differentiates between pearls and beads, both being referred to as *perles*, although *grains* is a lesser-used alternative option for the latter. The word *perle* appeared in the early 12th century to designate "a small, round, shiny, hard concretion that is formed inside certain oysters,"[16] but was also used for any analogous small ornament, whatever the material. By 1260 a distinction was made between genuine, imitation or silver "*pelles*,"[17] and from 1307 there are references to "*perles d'Orient*" (pearls from the East).[18] The earliest English use of the word recorded by the *Oxford English Dictionary* is in Geoffrey Chaucer's *Canterbury Tales* (*c*.1375), where the *Monk's Tale* includes the description: "Of rubies, saphires, and of perles white / Were alle hise clothes brouded up and down."

While the term "baroque" as a description of irregular-shaped pearls appeared in 1531 in Charles Quint's inventory,[19] its true origin remains obscure. It may have come from the Portuguese *barroco*, meaning "granite rock" or "irregular pearl."[20] It might equally have been in use from the pre-Roman period, given its suffix *-ŏccu* which was very widespread on the Iberian Peninsula.[21]

It was Rabelais, also writing in the 1530s, who famously associated the act of threading pearls with time-wasting,[22] while the expression "cast pearls before swine" dates further back, at least to the Gospel of St Matthew, chapter 7, verse 6: "Do not give what is holy to the dogs; nor cast your pearls before swine, lest they trample them under their feet, and turn and tear you in pieces."

The term "nacre" originates from the medieval Latin *nacrum* or *naccara*, and served from the 13th century in France (along with the rarer spellings "nacle" and "naccre") to signify a "white material with iridescent sheen that forms inside certain shellfish."[23] In Arabic, *naqqaīra* designated a "small drum" (the Italian word *nacc(h)aro*, *nacc(h)ara* or *nacchera* likewise designated a percussion

Chercheurs de perles, carte de réclame publiée par Baster & Vieillemard Éditeur, Paris, vers 1900.
Pearl seekers, advertising card published by Baster & Vieillemard Éditeur, Paris, c. 1900.

instrument) and must subsequently have signified a sort of hunting horn, hence "shell" through an analogy of form and "nacre" by metonymy.[24] The word *naqr* is also used in Arabic to refer to glyptics. It was not until Furetière's *Dictionary* of 1690 that the term "mère perle" appeared in French, thus adopting the English duality of "nacre" and "mother-of-pearl," the earliest known use of the latter cited in the *Oxford English Dictionary* being from 1547.

"Water coagulated and hardened as if to stone within the oyster after it has drunk of the dew of the dawn."[25] While this definition of a pearl, formulated in French in 1606 by Jean Nicot in his *Thresor de la langue francoyse*, may not be the most rigorous, it is certainly among the most poetic of the modern era. It is also one of the most precise, the author subsequently underlining that the most beautiful pearls of the time came from "the islands of the Gulf of Persia, and even from the largest of these, called Barem [Bahrain]."

Central and South America, explored by the Spanish and the Portuguese, were named after their pearls: the Isla Margarita, "pearl" in Latin, located off the coast of Venezuela, meaning "little Venice," was swiftly dubbed "the Pearl of the Caribbean" for the profusion of oyster beds found there, which sadly were soon exhausted by overfishing. But, in the eyes of the French in that period, the Gulf region remained the favored provenance where pearls were concerned, to the point that this particularity was noted on maps at the time.

The west coast of the Gulf is characterized by its high number of pearl oyster beds. This coast extends from the western shore of what is now the Sultanate of Oman to the kingdom of Kuwait, via the United Arab Emirates and the Bahrain archipelago, to the north and east of which the vastest and most concentrated oyster beds are distributed.

As well as correctly specifying the summer dates of the pearling season ("such oysters are ordinarily fished in the months of June, July, August"), Nicot went on to describe the fishing methods:

"After being pulled up from the bottom of the sea in the manner that the Portuguese António Tenreiro described on the fifty-ninth day of his land journey from India to Portugal,[26] these oysters were placed in the Sun's rays on a shroud, and cast out their pearls."

Accounts such as this, among other equally detailed examples, would make a lasting mark on Western minds, to the point that pearls henceforth became inseparable from the East. It is therefore no accident that, in the second half of the 19th century, the pearl came to embody one of the symbolic forms of orientalism, in both painting and theatre.

de la langue francoyse, n'est pas la plus rigoureuse, elle figure aisément parmi les plus poétiques de l'époque moderne[25]. Elle en est également l'une des plus précises, l'auteur soulignant à sa suite que les plus belles perles viennent alors « des isles du gouffre de Perse, mêmes de la plus grande d'icelles, appelée Barem [Bahreïn] ».

Les Amériques centrale et du Sud, explorées par les Espagnols et les Portugais, sont alors renommées pour leurs perles : l'île Margarita, « perle » en latin, située au large du Venezuela, soit la « petite Venise », est rapidement surnommée « la perle des Caraïbes » pour la profusion de bancs d'huîtres qu'on y trouve, malheureusement vite épuisés par la surpêche. Mais la région du Golfe demeure aux yeux des Français d'alors comme une provenance de choix en matière de perles, au point que cette spécificité se trouve inscrite sur les cartes géographiques de l'époque.

La rive occidentale du Golfe se distingue en effet par l'importance du nombre de bancs d'huîtres perlières qu'elle concentre. Cette rive s'étire depuis la côte occidentale de l'actuel sultanat d'Oman jusqu'au royaume du Koweït, en passant par les Émirats arabes unis et l'archipel de Bahreïn, au nord et à l'est duquel sont donc répartis les bancs les plus vastes et les plus riches en huîtres.

En plus de préciser à raison les dates estivales d'ouverture de la saison de pêche (« la pêche de telles huîtres est ordinaire ès mois de Juin, Juillet, Août »), Nicot décrit enfin leur mode de pêche :

« Ces huîtres, après être tirées du fond de la mer en la manière que Antoine Tenrreyro Portugais le décrit au cinquante-neuvième jour de son routier par terre depuis l'Inde jusqu'en Portugal[26], étant mises au rayon du Soleil sur un linceul, vident leurs perles ».

Ce type de témoignages, parmi d'autres tout aussi précis, va durablement marquer les esprits occidentaux au point de rendre dorénavant la perle inséparable de l'Orient. Ce n'est donc pas un hasard si la perle incarne dans la seconde moitié du XIXe siècle l'une des formes symboliques de l'orientalisme, en peinture comme à la scène.

Nicolas de Fer, *La Perse, la Géorgie, la Natolie, les Arabies, l'Égypte et le cours du Nil* (détail), Paris, 1724.
Nicolas de Fer, *Persia, Georgia, Natolia, Arabia, Egypt and the Course of the Nile* (detail), Paris, 1724.

Les mystères de l'Est
The Wild Wild East

« Voilà notre domaine !
C'est ici que le sort,
Tous les ans nous ramène,
Prêts à braver la mort !
Sous la vague profonde,
Plongeurs audacieux,
À nous la perle blonde,
Cachée à tous les yeux[27] ! »

Les Pêcheurs de perles de Bizet (1863)

Les Pêcheurs de perles est un opéra en trois actes, composé par Georges Bizet (1838-1875) sur un livret d'Eugène Cormon et de Michel Carré, qui ont déjà écrit un livret sur un thème similaire : *Les Pêcheurs de Catane*, joués en 1860. S'ils prévoient dans un premier temps de situer leur nouvelle histoire au Mexique, ils décident finalement de déplacer l'action sur l'île de Ceylan (Sri Lanka). L'opéra relate comment, il y a fort longtemps, un vœu d'amitié éternelle scellé entre deux hommes fut menacé par leur amour pour la même femme, qui devait elle-même choisir entre l'amour profane et son serment sacré de prêtresse :

« Si tu restes fidèle,
Et soumise à ma loi,
Nous garderons pour toi,
La perle la plus belle !
Et l'humble fille alors sera digne d'un roi !
(Avec menace)
Mais si tu nous trahis !… si ton âme succombe
Aux pièges maudits de l'amour,
Que la fureur des cieux sur ta tête retombe !
C'en est fait !… c'est ton dernier jour ! »

Joué pour la première fois le 30 septembre 1863 au Théâtre lyrique à Paris, l'opéra est donné à dix-huit reprises lors de sa première diffusion. Âgé de moins de vingt-cinq ans, Bizet ne s'est pas encore imposé dans le monde musical parisien. C'est grâce à son statut d'ancien lauréat du prestigieux prix de Rome qu'il se voit commander *Les Pêcheurs de perles*.

"Here lies our domain!
Every year we return,
Facing death once again,
With courage we burn!
'Neath the waves so deep,
Divers bold and true,
The golden pearl we keep,
Hidden from all view!"[27]

Bizet's *The Pearl Fishers* (1863)

Les Pêcheurs de perles (*The Pearl Fishers*) is a three-act opera composed by Georges Bizet (1838–1875), with a libretto by Eugène Cormon and Michel Carré, who had already written another libretto on a similar theme: *Les Pêcheurs de Catane* (*The Fishermen of Catania*), first performed in 1860. While they had initially planned to set their new story in Mexico, they ultimately decided to move the action to the island of Ceylon (Sri Lanka). The opera relates how, long ago, a vow of eternal friendship between two men was threatened by their love for the same woman, and how she had to choose between profane love and her sacred oath as a priestess:

← Antonio Bonamore, *Les Pêcheurs de perles*, 1863, opéra de Georges Bizet, illustration de la scène finale de l'acte I.
Antonio Bonamore, *Les Pêcheurs de perles*, 1863, opera by Georges Bizet, depiction of the final scene of Act I.

↑ Prudent-Louis Leray, *Les Pêcheurs de perles*, 1863, opéra de Georges Bizet, illustration de la scène finale de l'acte I.
Prudent-Louis Leray, *Les Pêcheurs de perles*, 1863, opera by Georges Bizet, depiction of the final scene of Act I.

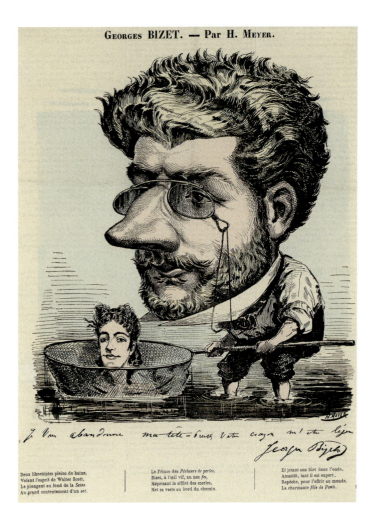

"If you remain faithful
And obey my law,
We will keep for you
The finest pearl!
And then the humble girl will be worthy of a king!
(Menacingly)
But if you betray us!… if your soul succumbs
To the accursed snares of love,
The wrath of the heavens be upon you!
It is done!… Your last day has come!"

Premiered on 30 September 1863 at the Théâtre Lyrique in Paris, the opera was given an initial run of eighteen performances. At not quite twenty-five years of age, Bizet had yet to establish himself in the Paris music world. It was thanks to his being a previous winner of the prestigious Prix de Rome that he secured the commission for *Les Pêcheurs de perles*.

Delayed acclaim

Despite positive reactions from the public, the press were generally hostile and dismissive of the work: they judged the music as patchy and lacking in originality. However, other composers, notably Gounod and Berlioz, saw considerable merit in it. The opera was not brought back in Bizet's lifetime, but from 1886 onwards it was performed with some regularity in Europe and North America, and from the mid-20th century it became part of the repertoire of opera houses all over the world.

However, there was still a long way to go before the friendship duet "Au fond du temple saint" ("At the back of the holy temple"), generally known as "The Pearl Fishers' Duet," became one of the most famous of Western opera. Because the autograph score had been lost, productions after 1886 relied on amended versions of the score which contained significant departures from the original. It was therefore not until 20 April 1889 that *Les Pêcheurs de perles* returned to Paris, sung in Italian, at the Théâtre de la Gaîté.[28] On 24 April 1893, Carvalho took the work, in French, to the Opéra-Comique, which would later become the opera's main home.[29]

Critics in the 20th century were kinder than those of Bizet's time: they still described the quality of the music as patchy and sometimes unoriginal, but recognized the opera as a promising work in which Bizet's gifts for melody and evocative instrumentation were evident. They identified clear prefigurations of the composer's genius, which would reach its peak ten years later in *Carmen*.[30] Since the 1970s, efforts have been made to reconstruct the score in line with Bizet's intentions.

A tale of two Gulfs

It is interesting to note that the story of *The Pearl Fishers* unfolds in the Indian Ocean, a long-established source of pearls – notably including the Gulf of Mannar – that was cited as early as the 1st century by Pliny in Book IX of his *Natural History*:

Une aura tardive

Malgré un bon accueil par le public, les réactions de la presse à l'œuvre sont généralement hostiles et dédaigneuses : la musique est jugée inégale et manquant d'originalité. D'autres compositeurs cependant, notamment Gounod et Berlioz, lui trouvent un mérite considérable. L'opéra n'est de fait pas repris du vivant de Bizet, mais à partir de 1886 il est joué avec une certaine régularité en Europe et en Amérique du Nord, et à partir du milieu du XXᵉ siècle entre dans le répertoire des maisons d'opéra du monde entier.

Le chemin est toutefois long avant que le duo d'amitié « Au fond du temple saint », généralement connu sous le nom de « The Pearl Fishers Duet », devienne l'un des plus célèbres de l'opéra occidental. Parce que la partition autographe a été perdue, les productions postérieures à 1886 se sont appuyées sur des versions modifiées de la partition qui contenaient des écarts importants avec l'original. *Les Pêcheurs de perles* ne reviennent ainsi à Paris que le 20 avril 1889, interprétés en italien, au théâtre de la Gaîté[28]. Le 24 avril 1893, Carvalho reprend l'œuvre, en français, à l'Opéra-Comique, qui deviendra plus tard le domicile habituel de l'opéra[29].

Henry Meyer, caricature de Georges Bizet publiée dans *Diogène* le 28 septembre 1867.
Henry Meyer, caricature of Georges Bizet published in *Diogène* on 28 September 1867.

La critique du XXᵉ siècle est plus bienveillante que celle de l'époque de Bizet : les commentateurs décrivent toujours la qualité de la musique comme inégale et parfois peu originale, mais reconnaissent l'opéra comme une œuvre prometteuse dans laquelle les dons de Bizet pour la mélodie et l'instrumentation évocatrice sont évidents. Ils ont identifié des préfigurations claires du génie du compositeur qui culminera, dix ans plus tard, dans *Carmen*[30]. Depuis les années 1970, des efforts ont été faits pour reconstruire la partition conformément aux intentions de Bizet.

D'un golfe à l'autre

Il est intéressant de noter que l'histoire des *Pêcheurs de perles* se déroule dans l'océan Indien, provenance avérée de perles – avec notamment le golfe de Mannar – déjà citée par Pline dans le livre IX de son *Histoire naturelle* :

> « Aussi, au premier rang, au faîte, pour ainsi dire, de tous les joyaux, sont les perles. C'est spécialement l'océan Indien qui les envoie, et elles nous arrivent du milieu de tous ces monstres dont j'ai parlé [IX, 2], à travers tant de mers, à travers tant de terres, malgré les ardeurs d'un soleil si brûlant ; et encore les Indiens eux-mêmes n'en prennent-ils que dans un très petit nombre d'îles. Elles sont le plus abondantes à Taprobane et à Stoîs, comme nous l'avons dit dans la Description du monde [VI, 24, 9, et 28, 3], ainsi qu'à Parimula, promontoire de l'Inde. Les plus estimées sont celles de la côte d'Arabie, sur le golfe Persique[31]. »

L'estime portée par les Occidentaux aux perles du Golfe ne s'est de fait jamais démentie, quand bien même d'autres sources et d'autres perles ont été découvertes au gré des siècles :

> « Il a séparé les deux mers qui se touchent. Entre elles s'élève une barrière, et elles ne débordent pas l'une dans l'autre. Lequel des bienfaits de Dieu nierez-vous ? L'une et l'autre fournissent des perles et du corail. »
> Le Coran (traduction Kazimirski), 55, « Le miséricordieux », 19-22.

"The first place therefore and the topmost rank among all things of price is held by pearls. These are sent chiefly by the Indian Ocean, among the huge and curious animals that we have described [IX, 2] as coming across all those seas over that wide expanse of lands from those burning heats of the sun. And to procure them for the Indians as well, men go to the islands – and those quite few in number: the most productive is Ceylon, and also Stoidis, as we said [VI, 81 and 110] in our circuit of the world, and also the Indian promontory of Perimula; but those round Arabia on the Persian Gulf of the Red Sea are specially praised."[31]

Westerners' high regard for Gulf pearls has never been in doubt, even when other sources and other pearls have been discovered as the centuries have passed:

> "He has let free the two bodies of flowing water, meeting together. Between them is a barrier which they do not transgress. Then which of the favors of your Lord will you deny? Out of them come pearls and coral."
> The Qur'an (translation by Abdullah Yusuf Ali), surah 55: "The Most Gracious," 19–22.

Les Pêcheurs de perles, opéra de Georges Bizet, acte II, 1916, par le Metropolitan Opera, Enrico Caruso dans le rôle de Nadir est à droite. Photographie issue de : Samuel Holland Rous, « *Les Pêcheurs de perles* de Bizet », *The Victrola Book of the Opera*, New Jersey, USA, Victor Talking Machine Company, 1919.

The Pearl Fishers, opera by Georges Bizet, Act II, 1916, by the Metropolitan Opera, with Enrico Caruso as Nadir on the right. Photograph from: Samuel Holland Rous, "Bizet's *Les Pêcheurs de perles*," *The Victrola Book of the Opera*, New Jersey, USA, Victor Talking Machine Company, 1919.

← Carlo et Arturo Giuliano, collier, vers 1890, perles fines, émail, or.
Collection Privée, avec l'autorisation du Albion Art Institute.
Carlo and Arturo Giuliano, necklace, c. 1890, natural pearls, enamel, gold.
Private Collection, courtesy of Albion Art Institute.
© Albion Art Jewellery Institute.

↑ Germain Bapst et Lucien Falize, pendentif, vers 1880, perles fines grises, diamants, or.
Germain Bapst and Lucien Falize, pendant, c. 1880, grey natural pearls, diamonds, gold.
Londres, Wartski.

↑ « Marchand de perles et sa femme », 1870, feuille issue de *Bound Collection of 20 Miniatures Depicting Village Life*.
"Pearl merchant and his wife," 1870, sheet from *Bound Collection of 20 Miniatures Depicting Village Life*.
Baltimore, Walters Art Museum.

→ Maison Mellerio-Borgnis, dessin d'un devant de corsage et d'un collier, vers 1865.
Maison Mellerio-Borgnis, designs of a bodice ornament and a necklace, c. 1865.
Paris, Fonds Van Cleef & Arpels sur la Culture Joaillière.

La conquête d'un marché

Conquering the market

La lente ascension des marchands français dans le golfe Arabo-Persique

The slow rise of French merchants in the Gulf

« Tu t'en iras à travers les petits sultanats de la côte arabique. Du cheikh de Haora, tu passeras chez le sultan de Makalla. Peu après, sur la rive d'Oman, le sultan de Mascate te recevra, et, un jour, sur je ne sais quel bateau, tu te présenteras à la porte du golfe Persique. Ce sera un beau jour! Toutes les fées de Perse et d'Arabie t'ouvriront leur royaume. Elles te conduiront elles-mêmes sur les bancs de Linga, où si blanches sont les perles ; puis à Doubaï, sur la côte des Pirates, où les perles sont si chaudes. Enfin, porté par une galère capitane, voiles rouges gonflées et galériens aux rames par une aurore aux doigts de rose, à Bahreïn, tu aborderas[32] ! »

Si le récit du séjour d'Albert Londres dans la péninsule arabique demeure gravé dans les mémoires, la facette de l'histoire de la joaillerie qu'il évoque est, pour sa part, restée dans l'ombre[33]. Celle-ci concerne les relations commerciales entretenues par les différents pays du golfe Arabo-Persique avec la France, et ce, pendant environ un demi-siècle. Du début des années 1880 à la fin des années 1920, d'intenses échanges ont en effet eu lieu entre ces deux régions, concentrés autour d'un seul et même objet : la perle.

De Marseille à Bassorah, premiers contacts

La réussite commerciale des Français dans le Golfe n'a été ni soudaine ni aisée. En témoignent le nombre et l'audace des tentatives menées par quelques marchands plus ou moins scrupuleux avant 1900, marchands dont les activités nous sont bien connues, grâce notamment à la surveillance accrue des renseignements britanniques de l'époque.

Dès 1881, des représentants de la société parisienne Izoard & Co. embarquent ainsi à bord du SS *Severin*, un steamer ou navire à vapeur[34], pour une mission commerciale d'essai entre Mascate et Bassorah. Celle-ci échoue de manière notable, malgré la présence

"You will make your way across the little sultanates of the Arabian coast. From the Sheikh of Haora, you will go on to the Sultan of Makalla. Not long afterwards, on the shore at Oman, the Sultan of Muscat will receive you, and one day, on I know not which boat, you will appear at the gateway to the Persian Gulf. A fine day that will be! All the fairies of Persia and Arabia will open up their kingdom to you. It is they who will lead you along the beds of Linga [author's note: known today as Bandar Lengeh], where the pearls are so white; and then to Dubai, on the Pirates' Coast, where the pearls are so warm. And at last, carried along on a galley, red sails billowing and gallay rowers gliding through a rose-streaked dawn, in Bahrain, you will alight!"[32]

Although Albert Londres's account of his stay in the Arabian Peninsula remains etched on the minds of many French readers, the aspect of jewelry history that it evokes has hitherto been confined to the shadows.[33] That aspect concerns the commercial relationships that the various Gulf countries fostered with France, over about half a century. From the early 1880s to the late 1920s, there were intense exchanges between these two regions, all focused around a single object: the pearl.

From Marseille to Basra, first contacts

Achieving commercial success in the Gulf was neither an easy nor a swift process for the French merchants. The frequency and boldness of the attempts that several of them led before 1900 – merchants whose activities we are well aware of thanks notably to increased surveillance by British intelligence services at the time, and some of whom were more scrupulous than others – bear witness to this.

From 1881, representatives of the Paris-based company Izoard & Co. set sail on the steamship SS *Severin* for a trial trade mission between Muscat and Basra.[34] It was a notable failure, despite the presence on board

← ← Domenico Fetti, *La Parabole de la perle précieuse*, peinture à l'huile.
Domenico Fetti, *The Parable of the Precious Pearl*, oil painting.
Caen, musée des Beaux-Arts.

← Frédéric Boucheron, parure de lady Wolverton, 1896-1902, perles fines, diamants, or, argent.
Collection Privée, avec l'autorisation du Albion Art Institute.
Frédéric Boucheron, necklace and earrings of Edith Amelia Glyn, Lady Wolverton, 1896–1902, natural pearls, diamonds, gold, silver.
Private Collection, courtesy of Albion Art Institute.
© Albion Art Jewellery Institute.

à bord d'un très entreprenant explorateur français, le colonel Denis de Rivoyre (1837-1907), et de grandes quantités de marchandises également originaires de France. Le port irakien de Bassorah, qui connaît une croissance rapide à l'époque, est finalement connecté à Marseille l'année suivante par une société française dotée de dix navires : la Compagnie des steamers de l'Ouest, montée par Rivoyre lui-même et un certain Jules Mesnier, en partenariat avec les Charbonnages Poingdextre du Havre[35].

Un intrigant extravagant : le cas du marchand Chapuy

Toujours en 1881, un mystérieux Français nommé Hyacinthe Alexandre Chapuy (1847-1899) quitte l'île Maurice sur son propre voilier pour se diriger seul vers Mascate. Là-bas, il se présente comme le représentant d'une importante entreprise basée à Marseille, en France, chargée d'informer la Chambre de commerce de Paris sur le commerce à Oman et dans le Golfe. Après avoir vécu deux ans dans le Golfe, il est remarqué, puis surveillé de près par des agents britanniques.

of a very enterprising French explorer, Colonel Denis de Rivoyre (1837–1907), and large quantities of merchandise also originating from France. The Iraqi port of Basra, which was undergoing rapid expansion at the time, was finally connected to the French city of Marseille the following year by a French company that owned two ships: the Compagnie des Steamers de l'Ouest, set up by Rivoyre himself and a certain Jules Mesnier, in partnership with the Charbonnages Poingdextre (Poingdextre Coal Board) in Le Havre.[35]

An extravagant schemer: the merchant Chapuy

Also in 1881, a mysterious Frenchman named Hyacinthe Alexandre Chapuy (1847–1899) left the island of Mauritius on his own sailing ship and headed alone to Muscat. There, he presented himself as the representative of a large firm based in Marseille, tasked

Eugène Napoléon Flandin, *Bender-Bouchir, Golfe Persique*, estampe, 1843. Issue de : Eugène Flandin et Pascal Coste, *Voyage en Perse de MM. Eugène Flandin, peintre, et Pascal Coste, architecte, attachés à l'ambassade de France en Perse, pendant les années 1840 et 1841*, Paris, Gide et J. Baudry, 1851.

Eugène Napoléon Flandin, *Bender-Bouchir, Persian Gulf*, print, 1843. From: Eugène Flandin and Pascal Coste, *Voyage en Perse de MM. Eugène Flandin, peintre, et Pascal Coste, architecte, attachés à l'ambassade de France en Perse, pendant les années 1840 et 1841*, Paris, Gide et J. Baudry, 1851.

Décrit par le colonel Ross comme « moitié aventurier, moitié marchand et intrigant complet[36] », Chapuy est même soupçonné de travailler comme officier du renseignement pour la Russie. Si son luxueux mode de vie, qualifié d'« extravagant » par les Anglais, n'est pas pour déplaire au sultan d'Oman, Chapuy échoue cependant dans ses affaires. Il doit finalement quitter Mascate pour Bandar Abbas en 1883, afin de tenter sa chance dans le transport par cargos, perturbant notamment les affaires des compagnies britanniques en place.

Après deux brefs allers-retours en France, Chapuy réapparaît en 1890 à Bandar Abbas, accompagné cette fois d'un certain M. Pierrepont, qu'il présente comme son partenaire de pêche aux perles et d'affaires. Ce dernier a cependant quelques difficultés à supporter le climat local, et une forte fièvre l'oblige finalement à rejoindre l'Europe[37].

Le commerce de la perle connaît lui aussi un coup de chaud à cette époque : tandis que le diplomate, historien et administrateur colonial britannique, John Gordon Lorimer (1870-1914), estime à 327 268 livres sterling la valeur totale des exportations de perles depuis les principaux ports du Golfe vers 1886-1887, celle-ci atteindra 549 243 livres en 1890.

Accompagné d'un autre compatriote, appelé « Tramier » ou « Thorny », Chapuy se rend ensuite à trois reprises à Oumm al-Qaïwaïn afin d'acheter des coquilles et d'investir dans la pêche aux perles[38]. Une démarche avant tout perçue par les Anglais comme une tentative de s'attirer les faveurs du cheikh Ahmad Ier bin Abdullah Al Mu'alla, au pouvoir depuis 1873[39]. Le secrétaire des Affaires étrangères d'Inde, H. M. Durand, note alors que ces Français pourraient causer un grand tort aux Anglais s'ils le souhaitaient[40]. En effet, selon les agents britanniques en poste à Bandar Lengeh[41], le cheikh a accordé aux deux hommes une parcelle de terre près de sa propre résidence après que les Français ont réussi à faire naviguer une douzaine de navires originaires de Sour jusqu'à Oman sans être inquiétées par les Britanniques[42]. Chapuy et son compatriote ont en effet hissé un pavillon français, permettant ainsi à ses boutres d'échapper au droit de fouille des Anglais et donc de se livrer sans crainte à tous types de trafics[43].

Si l'on en croit le major Adelbert C. Talbot (1845-1920), représentant politique britannique dans le Golfe, la France et la Russie se sont, en outre, accordées à la fin des années 1880 afin de tenter d'affaiblir la position générale des Britanniques dans le Golfe, les parties occidentale et méridionale de la région revenant à la France. Talbot suggéra donc la conclusion d'un accord formel sur le modèle de celui de décembre 1887, afin de faire des nouveaux États de la Trêve un protectorat britannique et, ainsi, de calmer la convoitise des autres pays d'Europe, principalement la France et la Russie.

Finalement signé en mars 1892 par les six cheikhs des États de la Trêve (soit les émirs d'Abu Dhabi, de Dubai, de Chardja, d'Ajman,

with keeping the Chamber of Commerce in Paris informed about commerce in Oman and the Gulf. After two years living in the Gulf, he was noticed and then closely watched by British agents.

Described by Colonel Ross as "half adventurer, half merchant, and a total schemer,"[36] Chapuy was even suspected of working as an intelligence officer for Russia. While his luxurious lifestyle, which the British described as "extravagant," was not displeasing to the Sultan of Oman, Chapuy came unstuck in his business dealings. He eventually had to leave Muscat for Bandar Abbas in 1883, to try his hand at freight transport, notably disrupting business for the British companies there.

After two brief return journeys to France, Chapuy reappeared in 1890 in Bandar Abbas, this time accompanied by a certain Monsieur Pierrepont, whom he introduced as his partner in pearl fishing and business. Pierrepont, however, struggled to cope with the local climate, and a high fever finally forced him to return to Europe.[37]

The pearl trade was likewise feverish at that period: the total value of pearl exports from the major Gulf ports, having been estimated at 327,268 pounds sterling in 1886–1887 by the British diplomat, historian and colonial administrator John Gordon Lorimer (1870–1914), reached 549,243 pounds sterling in 1890.

Accompanied by another compatriot, a man named "Tramier" or "Thorny," Chapuy next made three journeys to Umm Al Quwain to purchase shells and invest in pearl fishing.[38] The British saw this as primarily an attempt to gain favor with Sheikh Ahmad bin Abdullah al-Mu'alla I, who had been in power since 1873.[39] The Foreign Secretary in India, H.M. Durand,

Portrait de Denis de Rivoyre, capitaine de frégate, commandant le *Lynx*, 1930.
Portrait of Denis de Rivoyre, captain of the *Lynx*, 1930.

de Ras al-Khaimah et d'Oumm al-Qaïwaïn), ainsi que par celui de Bahreïn[44], ce traité stipule que ni ces derniers ni leurs héritiers ou successeurs ne sauraient en aucun cas conclure un quelconque accord ni aucune correspondance avec une puissance autre que le Gouvernement britannique, ni autoriser sur leur sol la présence d'agents issus d'autres nations. Cet accord exclusif n'est toutefois pas immédiatement respecté par tous les cheikhs de la côte : ceux de Dubai et de Chardja ont par la suite affirmé avoir interprété la réception de copies ratifiées comme une infirmation du traité. Le cheikh de Dubai a, par ailleurs, un temps hésité à « prendre le drapeau français afin d'échapper à la malice des Anglais[45] ».

Or, l'année 1894 voit l'ouverture d'un consulat français à Mascate. Le moment est stratégique pour les Français, aux yeux de qui le sultanat d'Oman représente une étape clé sur la route maritime qui relie Suez, Djibouti et le nord de l'océan Indien à l'Indochine française. Si Chapuy périt cinq années plus tard, cette disparition ne marque nullement la fin des ennuis pour les Britanniques ni celle des ambitions françaises dans la région, car, dès 1899, un autre personnage haut en couleur s'y installe : Antonin Goguyer (1846-1909).

Antonin Goguyer : le « Lawrence d'Arabie français » ?

À la fois ingénieur, marchand d'armes et aventurier arabisant, Goguyer n'est pas sans rappeler la figure de Chapuy, mais aussi celles d'un Rimbaud ou d'un Loti[46], auxquelles s'ajoute bientôt celle d'Henry de Monfreid.

Creusois de naissance, Goguyer quitte la France après des études d'arabe pour s'installer à Ouled Rahmoune, en Algérie, où il travaille comme interprète judiciaire. Passé par la Tunisie[47], il rejoint Djibouti en 1897, puis Mascate, accompagné de ses fils Jean et Auguste, que l'on retrouve inscrits comme élèves, en 1903, au sein de la maison des Carmes de Bagdad[48], mais également de son neveu algérien nommé Ibrahim Elbaz, qu'il considère comme un autre de ses fils et qui l'assiste désormais dans ses affaires.

Ce collectionneur orientaliste réputé, correspondant dans le golfe Arabo-Persique du *Bulletin du Comité de l'Asie française*, apparaît avant tout aux yeux de Lorimer comme « un anglophobe notoire[49] ». Parfois surnommé « le Lawrence d'Arabie français », Goguyer commence en effet à cette époque à intriguer dans l'espoir de voir apparaître une confédération sous influence française le long de la rive occidentale du Golfe, tandis que la rive perse reviendrait aux Russes[50]. L'un de ses principaux interlocuteurs locaux est alors l'émir Abderrahmane ben Fayçal Al Saoud (1850-1928), prince saoudien à ce moment en exil au Koweït et préparant la reconquête de l'Arabie par sa lignée[51]. Afin d'impressionner ce dernier, c'est en tant qu'invité de marque du cheikh Moubarak Al Sabah (1837-1915)

noted that these Frenchmen could cause great harm to the British if they so wished.[40] According to the British agents in post at Bandar Lengeh,[41] the Sheikh gave the two men a parcel of land near his own residence, after they had succeeded in enabling a dozen ships to navigate from Sur to Oman without being troubled by the British.[42] Chapuy and his compatriot had achieved this by raising a French flag, thus allowing his dhows to evade the British right to search and so to lend themselves unfearingly to all types of dealing.[43]

According to Adelbert C. Talbot (1845–1920), a British political representative in the Gulf, France and Russia reached an agreement in the late 1880s in order to try to weaken the general position of the British in the Gulf, with the western and southern parts of the region accorded to France. Talbot therefore proposed a formal agreement, based on that of December 1887, to make the new Trucial States a British protectorate and thereby to appease the greed of other European countries, mainly France and Russia.

Finally signed in March 1892 by the six sheikhs of the Trucial States (that is, the emirs of Abu Dhabi, Dubai, Sharjah, Ajman, Ras Al Khaimah and Umm Al Quwain), as well as the Sheikh of Bahrain,[44] this treaty stipulated that in no case would either the sheikhs or their heirs or successors enter any agreement or negotiation with any authority other than the British Government, and nor would they allow agents from other nations onto their soil. However, this exclusive

↗ Portrait d'Antonin Goguyer, 1890.
Portrait of Antonin Goguyer, 1890.

→ Collier de perles, vers 1880, perles fines, diamants, or, argent.
Pearl necklace, c. 1880, natural pearls, diamonds, gold, silver.
Collection Faerber.

que Goguyer accoste au Koweït en février 1904. La raison d'une telle visite ne fait aucun doute au vu du nombre de caisses d'armes et de munitions qui sont expédiées au cheikh depuis Mascate dès le mois suivant. Il faut en effet souligner que le commerce des armes connaît une forte croissance au Koweït en 1904. Mais plus encore que par les armes, c'est bien par les perles que l'on fait désormais fortune dans la région.

Si l'on en croit Lorimer, la valeur totale des exportations de perles depuis le Golfe atteint la somme de 1 493 375 livres sterling en 1904, soit plus du triple du bilan pour l'année 1901, dont les deux tiers pour la seule île de Bahreïn. Goguyer devient alors le représentant à Bahreïn de Sigismond N. Ettinghausen (1838-1918), négociant en diamants, perles et pierres de couleur originaire de Francfort, mais établi à Paris avant 1867[52], et pour le compte de qui il a acheté des perles[53].

Dumas, Perronne, Nattan, Sandoz… et Goguyer Jr.!

Dès février 1903, un homme d'affaires marseillais, Joseph Dumas, de chez Dumas & Guien[54], se rend à Bahreïn. Accompagné d'un ingénieur nommé Castelin, il espère obtenir du major C. A. Kemball, représentant politique britannique à Bouchehr, une concession pour pêcher des perles dans des eaux plus profondes que les pêcheurs locaux[55]. Malgré leurs lettres de recommandation du ministère du Commerce et des Affaires étrangères et quarante-deux paquets de mobilier, provisions et échantillons de tissus, savons et parfums issus de manufactures françaises, les deux hommes se voient opposer un refus doublé d'un avertissement.

Tandis que Castelin rejoignait Marseille afin d'y recruter un plongeur professionnel et de rapporter un engin sous-marin, Dumas s'est alors rendu « en Arabie turque ». De retour à Bahreïn, il aurait été contraint, à la suite d'une entrevue avec le cheikh, obtenue par l'entremise d'un marchand indien nommé Tekchand Dwarkadas, de quitter la région dès le mois de mai pour rejoindre Bagdad, puis la France, pressé par des rumeurs d'épidémie de peste[56].

Deux années s'écoulent ensuite avant qu'un jeune Français du nom de Gaston Perronne (1877-1954) foule le sol de Bahreïn le 6 avril 1905, afin de tenter sa chance dans le commerce des perles[57]. Le jeune Perronne vient alors de terminer son service militaire et de revenir d'un premier voyage jusqu'au Tibet par la Chine[58]. En raison d'un manque cruel de ressources financières et d'un relatif amateurisme dans les affaires, le jeune homme a été contraint de coupler son activité de marchand avec celle de correspondant de presse. Il quitte cependant le Golfe le 30 juillet, après avoir passé une semaine à Bandar Lengeh, si l'on en croit le rapport scrupuleux du capitaine britannique F. B. Prideaux, rédigé le 19 mai 1906 à Bahreïn[59].

agreement was not immediately respected by all of the coast's sheikhs: those of Dubai and Sharjah went on to claim that, upon receiving the ratified copies, they had interpreted these as signifying that the treaty had not been confirmed. Furthermore, for a time the Sheikh of Dubai considered "taking the French flag and so escaping from the malice of the English."[45]

The year 1894 saw the opening of a French consulate in Muscat. It was a strategic moment for the French, who saw the Sultanate of Oman as a key stopping point on the maritime route that linked Suez, Djibouti and the north of the Indian Ocean to French Indochina. Although Chapuy died five years later, his death in no sense signaled an end to the challenges the British faced in the region, or to French ambitions there, for as of 1899 another colorful character stepped onto the scene: Antonin Goguyer (1846–1909).

Antonin Goguyer: the "French Lawrence of Arabia?"

Simultaneously an engineer, arms dealer and Arabist adventurer, Goguyer was not unlike Chapuy, but also bore similarities to the French poets, authors and travelers Arthur Rimbaud and Pierre Loti,[46] and foreshadowed the character of Henry de Monfreid.

Born in the Creuse department of central France, Goguyer studied Arabic and then left his native country to live in Ouled Rahmoun, in Algeria, where he worked as a legal interpreter. After a spell in Tunisia,[47] he went to Djibouti in 1897, and then to Muscat, accompanied by his sons Jean and Auguste, who were registered as pupils in the Carmelite monastery in Baghdad,[48] and also by his Algerian nephew Ibrahim Elbaz, whom he considered as another son and who thereafter assisted him in his affairs.

Lorimer saw this well-known orientalist collector, who was a correspondent for the *Bulletin du Comité de l'Asie française* in the Gulf, as above all "a notorious Anglophobe."[49] Sometimes dubbed "the French Lawrence of Arabia," around this time Goguyer had begun to devise schemes in the hope of bringing about a French-influenced confederation along the Gulf's western shore, while the Persian shore would go to the Russians.[50] One of his main local interlocutors was Emir Abdul Rahman bin Faisal al-Saud (1850–1928), a Saudi prince who was then in exile in Kuwait and working towards his branch of the family reconquering Arabia.[51] To impress him, it was as a distinguished guest of Sheikh Mubarak al-Sabah (1837–1915) that Goguyer docked in Kuwait in February 1904. There is no doubt over the reason for his visit, given the number of crates of weapons and munitions that were sent to the Sheikh from Muscat the following month. That the arms trade expanded dramatically in Kuwait in 1904 is worthy of note. But thereafter, it was pearls, more than arms, that proved the path to wealth in the region.

If Lorimer is to be believed, the total value of pearl exports from the Gulf reached 1,493,375 pounds sterling in 1904 – that is, more than three times the sum

Ce même rapport nous informe que son départ a été immédiatement suivi, le 6 août 1905, de l'arrivée à Bahreïn d'une certaine madame Nattan, veuve du joaillier Maurice Nattan, anciennement installé à Paris depuis 1852 au 79, rue de Richelieu. Après son décès, en 1871, cette dernière lui succède et déménage d'abord au 12, rue Rougemont, puis au 11 de la rue Laffitte, où elle tient encore boutique en 1901, si l'on en croit le tribunal de commerce. En 1913, le fonds de la boutique est repris par l'orfèvre et joaillier Paul Canaux.

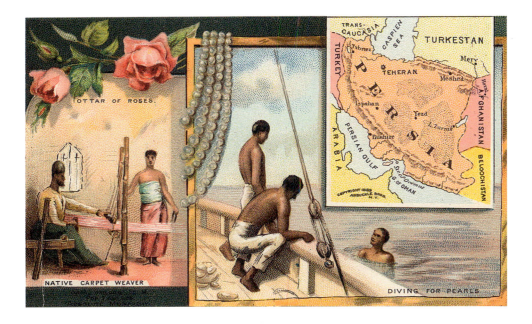

Mais madame Nattan ne se rend toutefois pas seule à Bahreïn. Elle est accompagnée à cette occasion de sa fille, de son neveu M. Pierre Sandoz[60], et s'adjoint les services d'un interprète nommé Jean Goguyer (1884-1907)! Ce dernier n'est autre que le fils d'Antonin Goguyer, qui, reconverti dans le commerce des perles après celui des armes, rejoint d'ailleurs la troupe une semaine plus tard. Aussi n'est-il pas étonnant que toute l'activité du groupe formé autour de madame Nattan soit placée sous étroite surveillance par les services de renseignements britanniques, qui n'hésitent pas à éplucher la correspondance des enfants sans parvenir pour autant à y reconnaître l'écriture de leurs parents[61].

L'on sait ainsi, grâce à leurs rapports, que madame Nattan reste à Manama environ un mois, avant de rejoindre à la voile le port de Bouchehr, sur la rive iranienne, laissant les Goguyer derrière elle, puis qu'elle revient à Bahreïn le 27 septembre, mais sans M. Sandoz, parti à Madagascar. Le 9 octobre, madame Nattan et sa fille regagnent l'Europe, tandis que les Goguyer retournent à Mascate onze jours plus tard[62]. Peu de temps après son retour, Jean Goguyer y meurt à l'âge de vingt-deux ans, au début de l'année 1907. Il est bientôt suivi par son père, Antonin, qui disparaît pour sa part en octobre 1909, à l'âge de soixante-trois ans.

La réussite commerciale des Français dans le Golfe est donc loin d'être immédiate, et ce, en dépit de plusieurs tentatives fort téméraires, opérées sous l'œil inquiet des Anglais, à l'instar de celles de Chapuy à la fin du XIXe siècle. Mais l'aventure des marchands français dans le Golfe ne s'arrête cependant pas là. Au contraire, elle ne fait même que commencer, car si les séjours dans le Golfe de Chapuy, des Goguyer, de Dumas et de Perronne ne sont guère fructueux, cette dernière tentative se révèle la bonne, et madame Nattan revient en France avec 400 000 francs (40 000 roupies) en valeur de perles[63]!

Carte miniature de l'Iran (Perse) décorée de vignettes de tisserands de tapis et de pêcheurs de perles, diffusée par la société des frères Arbuckle, 1889.
Miniature map of Iran (Persia) decorated with vignettes of carpet weavers and pearl fishers, distributed by the Arbuckle Brothers Company, 1889.

for 1901 – two-thirds of which were for the island of Bahrain alone. Goguyer then became the Bahrain representative for Sigismond N. Ettinghausen (1838–1918), a dealer in diamonds, pearls and colored stones who was originally from Frankfurt but had moved to Paris before 1867,[52] and on whose behalf he purchased pearls.[53]

Dumas, Perronne, Nattan, Sandoz… and Goguyer Jr!

From February 1903, a businessman from Marseille, Joseph Dumas of Dumas & Guien,[54] went to Bahrain. Accompanied by an engineer named Castelin, he was hoping to obtain a concession from C.A. Kemball, a British political representative in Bushehr, to undertake pearl-diving operations in deeper waters than the local divers.[55] Despite their letters of recommendation from the French Ministries of Commerce and Foreign Affairs, and forty-two packages containing furnishings, provisions and samples of fabrics, soaps and perfumes all made in France, the two men not only saw their proposal refused, but were warned off.

While Castelin returned to Marseille to recruit a professional diver and bring back a "diving machine," Dumas went on to "Turkish Arabia." Upon his return to Bahrain, following a meeting with the Sheikh that had been secured through the intervention of an Indian merchant named Tekchand Dwarkadas, rumors of a plague outbreak drove him to leave the region and go to Baghdad, then to France.[56]

Two more years went by before a young Frenchman named Gaston Perronne (1877–1954) set foot in Bahrain on 6 April 1905, to try his chances in the pearl business.[57] He had just completed his military service and returned from a first voyage to Tibet via China.[58] Due to his severe lack of financial resources and his relative inexperience in business, he was forced to combine his trading activities with work as a press

correspondent. However, he left the Gulf on 30 July, after spending a week in Bandar Lengeh, according to a scrupulously recorded account written by the British captain F.B. Prideaux on 19 May 1906 in Bahrain.[59]

The same account informs us that his departure was immediately followed, on 6 August 1905, by the arrival in Bahrain of a certain Madame Nattan, widow of the jeweler Maurice Nattan, who had been based at 79 Rue de Richelieu since 1852. After his death in 1871, his widow continued the business and moved first to 12 Rue Rougemont and then to 11 Rue Laffitte, where she was still running a shop in 1901, according to the commercial court records. In 1913 the business was taken over by the silversmith and jeweler Paul Canaux.

But Madame Nattan had not come to Bahrain alone. She was accompanied on this occasion by her daughter and her nephew, Pierre Sandoz,[60] and also engaged the services of an interpreter named Jean Goguyer (1884–1907)! He was none other than the son of Antonin Goguyer – who, having switched from the arms to the pearl trade, came to join them a week later. It is thus unsurprising that all the activities of the group centered around Madame Nattan were placed under high surveillance by the British intelligence services, who had no hesitation in dissecting the children's correspondence, while failing to recognize their parents" handwriting in the documents.[61]

Thanks to their reports, we know that Madame Nattan remained in Manama for about a month before sailing to Bushehr on the Iranian coast, leaving Goguyer behind, and that she then returned to Bahrain on 27 September but without her nephew, who had gone to Madagascar. On 9 October Madame Nattan and her daughter returned to Europe, while the Goguyers went back to Muscat eleven days later.[62] Jean Goguyer died there not long afterwards, in early 1907, at the age of twenty-two. He was soon followed by his father, Antonin, who died in October 1909, aged sixty-three.

French commercial success in the Gulf was therefore far from immediate, despite many daredevil ventures that were anxiously watched over by the British, starting with Chapuy's in the late 19th century. But the adventure of French merchants in the Gulf did not stop there. On the contrary, it had barely begun, for although Chapuy's, the Goguyers," Dumas's and Perronne's stays in the Gulf bore little fruit, this last attempt proved to be the effective one, and Madame Nattan returned to France with pearls representing a total value of 400,000 francs (40,000 rupees)![63]

↑ Émile Froment-Meurice, bracelet, vers 1870, perles fines, diamants, émail, or, argent.
Émile Froment-Meurice, bracelet, c. 1870, natural pearls, diamonds, enamel, gold, silver.
Petit Palais, musée des Beaux-Arts de la ville de Paris.

Brissac et Portal, demi-parure, 1868-1870, perles fines, diamants, or.
Brissac et Portal, half-set, 1868–1870, natural pearls, diamonds, gold.
Petit Palais, musée des Beaux-Arts de la ville de Paris.

→ Pendentif *Hibou,* vers 1880, perle baroque, diamants, rubis, or.
Collection Privée, avec l'autorisation du Albion Art Institute.
Owl pendant, c. 1880, baroque pearl, diamonds, rubies, gold.
Private Collection, courtesy of Albion Art Institute.
© Albion Art Jewellery Institute.

Reine des gemmes, gemme des reines... et des premières dames
The queen of gems, the gem of queens... and of first Ladies

Il est une nouvelle forme de « tête couronnée » qui émerge sous la IIIᵉ République : les premières dames, soit les épouses de président, un titre inauguré par la jeune Élise Thiers, qui partage avec l'impératrice Eugénie son goût prononcé pour les perles. La suivront à ce poste, et parfois aussi dans sa passion des perles, Élisabeth de Mac Mahon, Coralie Grévy, Cécile Carnot, Hélène Casimir-Perier, Berthe Faure, Marie-Louise Loubet, Henriette Poincaré, Germaine Deschanel, Jeanne Millerand, Jeanne Doumergue, Blanche Doumer et Marguerite Lebrun.

Le collier de la veuve Thiers

C'est en novembre 1833 qu'Élise Dosne (1818-1880) épouse le futur président de la République Adolphe Thiers, alors ministre du Commerce et des Travaux publics du gouvernement de Louis-Philippe Iᵉʳ[64]. Elle commence à cette époque à collectionner les perles auprès de divers joailliers parisiens, bénéficiant de prix raisonnables compte tenu de l'attrait encore modéré que suscite la gemme à l'époque. Sa collection grossit au fur et à mesure des années au point de se voir réunie sur un collier de deux rangs avec un fermoir de rubis et de diamants. Le collier comporte alors cent six perles pour un montant total d'achat estimé à 236 000 francs, dont 25 000 francs pour la perle la plus grosse.

Dans ses dernières volontés, Élise Thiers, veuve depuis trois ans, déclare léguer la collection d'œuvres d'art de feu son mari ainsi que son collier de perles au musée du Louvre.

L'usufruit des bijoux est cependant laissé à sa sœur Félicie, qui augmente

A new type of "crowned head" emerged under France's Third Republic: *premières dames* (first Ladies) – that is, presidents' wives; a title inaugurated by the young Élise Thiers, who shared the Empress Eugénie's passion for pearls. She was succeeded in the role, and sometimes in her taste for pearls, by Élisabeth de Mac Mahon, Coralie Grévy, Cécile Carnot, Hélène Casimir-Perier, Berthe Faure, Marie-Louise Loubet, Henriette Poincaré, Germaine Deschanel, Jeanne Millerand, Jeanne Doumergue, Blanche Doumer and Marguerite Lebrun.

Widow Thiers' necklace

It was in November 1833 that Élise Dosne (1818–1880) married Adolphe Thiers, future President of the French Republic, who was then Minister of Trade and Public Works in the government of Louis-Philippe I.[64] At that time she began to collect pearls from various Parisian jewelers, benefiting from reasonable prices because the gems were still only perceived as moderately desirable. Her collection grew gradually over the years, up to the point when it was brought together in a two-strand necklace with a diamond and ruby clasp. The necklace incorporated 106 pearls, representing a total expenditure estimated at 236,000 francs, 25,000 francs of which were for the largest pearl.

In her last will and testament, Élise Thiers, who had been widowed three years earlier, declared that she bequeathed her late husband's collection of artworks and her pearl necklace to the Musée du Louvre. The testament, dated 30 November 1880, stipulated as follows:

"I leave to the State the works of art collected by Monsieur Thiers, on the condition that they be placed in the Musée du Louvre, in a separate, exclusive room bearing the following indication: Donated by M. and Mme Thiers. [...] I give and bequeath to the Musée du Louvre, to be displayed among the most precious objects of M. Thiers' collection, my necklace of Eastern pearls, composed of two full strands and a third one yet to be completed."

← Frank Eugene, *La Perle*, 1900-1909.
Frank Eugene, *The Pearl*, 1900–1909.
New York, Metropolitan Museum of Art.

↑ Jean-Auguste-Dominique Ingres, *Portrait de madame Thiers*, 1834, crayon sur papier.
Jean-Auguste-Dominique Ingres, *Portrait of Madame Thiers*, 1834, pencil on paper.
Oberlin, Allen Memorial Art Museum.

à son tour le collier des trente-neuf perles qu'elle possédait, pour atteindre cent quarante-cinq perles en tout. Mlle Félicie Dosne rend finalement le collier et les bijoux au Louvre en 1881.

La collection Thiers, riche certes de mille quatre cent soixante-dix objets mais de qualité très inégale, est acceptée avec dépit par le Louvre et ridiculisée par les frères Goncourt : « Vendredi 17 octobre. — L'affreux et bourgeois ensemble d'art au Louvre que la collection Thiers, avec sa vaisselle de table d'hôte d'Allemagne, ses copies de Raphaël à l'aquarelle, le collier de perles de Madame[65]. »

Ce dernier est exposé avec les joyaux de la Couronne dans la galerie d'Apollon. Malgré la dispersion des joyaux en 1887 sur ordre du président Jules Grévy, après que la Chambre des députés a décidé de se séparer des symboles de la monarchie française et de l'Empire, jugés décadents, le collier Thiers est épargné, sans doute au vu de son origine récente, et davantage pour sa valeur extraordinaire que pour son importance historique et culturelle.

La perle au sein des Expositions de 1889 et 1900

« Les perles fines, elles, n'ont rien perdu de leur vogue, si elles sont véritablement des perles fines et des plus belles. Mais l'imitation fait aujourd'hui de tels tours de force que les bijoutiers s'amusent à poser des questions dans le genre de la suivante :
Il y a dans ce bracelet six perles fausses et six perles fines. Trouvez les six perles fines. Ces sortes de succédanés de *Cherchez le chat* sont répétées sept ou huit fois dans les vitrines. Il y a même une coquille d'huître perlière, dans laquelle on a joint une perle fausse à deux perles fines, qu'elle devait à la nature. Devant moi un joaillier, qui n'était pas l'exposant, affirmait qu'il était impossible de reconnaître la perle fausse[66]. »

Parmi les différents exposants de l'Exposition internationale de Paris de 1889 doit être cité Alphonse Camille Falco (1845-1926). Membre des comités d'admission et d'installation, Falco est « négociant en perles fines et coquilles perlières » et surtout président de la Chambre syndicale des négociants en diamants, perles, pierres précieuses et des lapi-

↑ Portrait d'Henriette Poincaré, 1914.
Portrait of Henriette Poincaré, 1914.

↗ William McGregor Paxton, *Le Collier de perles*, 1908, huile sur toile. **Collection privée.**
William McGregor Paxton, *The Pearl Necklace*, 1908, oil on canvas. **Private collection.**

However, the usufruct of the jewelry was left to her sister Félicie, who in turn added thirty-nine pearls of her own to the necklace, bringing it to 145 pearls in total. Félicie Dosne finally handed the necklace and the jewels over to the Louvre in 1881.

Despite boasting 1,470 objects, the Thiers collection was of very variable quality; it was reluctantly accepted by the Louvre, and was ridiculed by the Goncourt brothers: "Friday 17 October. – What a ghastly and bourgeois set of artefacts the Thiers collection is, with its German table-d'hôte tableware, its watercolor copies of Raphael, and Madame's pearl necklace." [65]

The necklace was displayed with the Crown Jewels in the Galerie d'Apollon. Although the jewels were sold off in 1887 on the orders of President Jules Grévy, after the Chamber of Deputies had decided to separate itself from symbols of the French monarchy and the Empire, which they judged decadent, the Thiers necklace was spared, no doubt in view of its recent origin, and more for its extraordinary value than for its historical or cultural importance.

Pearls at the 1889 and 1900 Expositions

"As for pearls, they are as fashionable as ever, if they are genuinely natural pearls and of the larger type. But imitation has become such a tour de force that today's jewelers amuse themselves by posing questions along the lines of the following:
In this bracelet there are six fake pearls and six genuine pearls. Find the six genuine pearls. These sorts of substitutes for *Spot the Cat* appear seven or eight times in the display cases. There is even a pearl-oyster shell in which someone has attached one fake pearl to two genuine pearls that are owed to nature. Before my very eyes, a jeweler who was not exhibiting asserted that it was impossible to identify the fake pearl." [66]

Of the many exhibitors at the Exposition Internationale in Paris in 1889, Alphonse Camille Falco (1845–1926) is particularly worthy of note. A member of the selection and installation committees, Falco was a "dealer of pearls and pearl shells" and most importantly president of the trade union encompassing this plus the precious stone trades – the Chambre Syndicale des Négociants en Diamants, Perles, Pierres Précieuses et des Lapidaires, founded in 1877. Presented in class 43, a round white pearl weighing 70 grains (3.5 grams[67]), valued at 50,000 francs, earned him a top prize.

A decade later, as the Worms jewelry Maison – which then specialized in pearls – opened its first boutique in Paris in 1900, at 7 Rue Royale in the 8th arrondissement, the new trade journal the *Revue de la bijouterie, joaillerie, orfèvrerie* reported that among the most remarkable of the Exposition Universelle's gems and pearls were:

– A string of 46 pearls, weighing about 1,595 ¾ *grains* (Goldsmith & Silversmith Co., England) Approx. value 2,000,000 (The central pearl weighs about

« Je donne à l'État les objets d'art réunis par M. Thiers
à la condition que ces objets seront placés au musée du Louvre,
dans une salle spéciale et exclusive portant l'indication suivante :
Donné par M. et Mme Thiers. [...] Je donne et lègue au musée
du Louvre pour figurer parmi les objets les plus précieux
de la collection de M. Thiers mon collier de perles d'Orient,
composé de deux rangs complets et d'un troisième rang inachevé. »
Testament olographe d'Élise Thiers, daté du 30 novembre 1880

↗ Maison Vever, Paul et Henri Vever, peigne *Gui*, 1900, écaille blonde, émail sur or ciselé, perles.
Maison Vever, Paul and Henri Vever, *Gui* comb, 1900, blond tortoiseshell, enamel on chased gold, pearls.
Paris, musée des Arts décoratifs.

→ René Lalique, dessin d'un peigne ruban orné de perles, vers 1900, crayon, gouache sur papier.
René Lalique, design of a ribbon comb decorated with pearls, c. 1900, pencil, gouache on paper.
Paris, Fonds Van Cleef & Arpels sur la Culture Joaillière.

daires, fondée en 1877. Présentée dans la classe 43, une perle ronde, blanche, pesant 70 grains, soit 3,5 grammes[67], estimée à 50 000 francs, lui permet de remporter un grand prix.

Une décennie plus tard, tandis que la maison de joaillerie Worms, alors spécialisée dans les perles fines, ouvre en 1900 sa première boutique à Paris, 7, rue Royale, dans le VIIIe arrondissement, la toute nouvelle *Revue de la bijouterie, joaillerie, orfèvrerie*[68] nous rapporte parmi les plus remarquables pierres et perles de l'Exposition universelle :

« – Un rang de 46 perles, pesant environ 1.595 grains 3/4 (Goldsmith et Silversmith C°, Angleterre) Val. appr. 2.000.000 (La perle du centre pèse environ 78 grs 1/2. La perle suivante 73 1/2. Celle qui lui fait pendant 55. La plus petite 20). Moyenne environ : 35 grains.
– Une perle blanche, forme bouton, poids environ 128 grains (Maison Frederic Koechly, Russie) Val. appr. 150.000.
– Une paire de perles blanches pesant environ 180 grains (Maison Vever). Val. appr. 150.000.
– Un rang, 39 perles, 1.100 grains environ (Maison Vever). Val. appr. 500.000.
– Une perle 162 grains (Maison Falize) Val. appr. 200.000.
– Un rang de 29 perles d'une moyenne de 55 grains, poids total environ 1.600 grains (Maison Chaumet) Val. appr. 1.800.000.
– Collier 20 rangs de 3.600 perles de 3 grains environ (Maison Coulon) Val. appr. 600.000. »

À titre de comparaison, le « clou » de l'Exposition, à savoir le diamant Jubilee, fraîchement issu des mines de Kimberley et pesant 239 carats, est alors estimé à 7 millions de francs.

78 ½ g. The next one 73 ½. The one that forms the pendant 55. The smallest one 20). Average: about 35 grains.
– A button-shaped white pearl, weight about 128 grains (Maison Frederic Koechly, Russia) Approx. value 150,000.
– A pair of white pearls weighing about 180 grains (Maison Vever). Approx. value 150,000
– A string, 39 pearls, about 1,100 grains (Maison Vever). Approx. value 500,000
– A pearl, 162 grains (Maison Falize) Approx. value 200,000
– A string of 29 pearls, 55 grains on average, total weight about 1,600 grains (Maison Chaumet) Approx. value 1,800,000
– Necklace, 20 strands, 3,600 pearls, each about 3 grains (Maison Coulon) Approx. value 600,000.[68]

By way of comparison, the highlight of the Exhibition – the Jubilee Diamond, fresh from the Kimberley mines and weighing 239 carats – was valued at 7 million francs.

↗ René Lalique, broche aux têtes de coqs affrontés, vers 1900, or, perle fine, coquillage.
René Lalique, brooch with facing rooster heads, c. 1900, gold, natural pearls, shell.
Petit Palais, musée des Beaux-Arts de la ville de Paris.

→ René Lalique, collier, vers 1900, or, émail et perles.
René Lalique, necklace, c. 1900, gold, enamel and pearls.
Londres, Wartski.

Georges Fouquet, broche *Fleur d'iris*, 1905-1906, perles de rivière, diamants, émail, or.
Georges Fouquet, *Iris flower* brooch, 1905–1906, freshwater pearls, diamonds, enamel, gold.
Paris, musée des Arts décoratifs.

René Lalique, bague *Feuilles*, vers 1900, perle fine, émail, or.
René Lalique, *Leaves* ring, c. 1900, natural pearl, enamel, gold.
Paris, musée des Arts décoratifs.

Bague, vers 1900, perle fine, diamants, or, platine.
Ring, c. 1900, natural pearl, diamonds, gold, platinum.
Collection Faerber.

Cartier Paris, bracelet, 1906, perles fines, diamants, émail, or, platine. Cartier Paris, bracelet, 1906, natural pearls, diamonds, enamel, gold, platinum. **Collection Cartier.**

Cartier Paris, sautoir, 1907, perles fines, diamants, platine.
Cartier Paris, sautoir, 1907, natural pearls, diamonds, platinum. **Collection Cartier.**

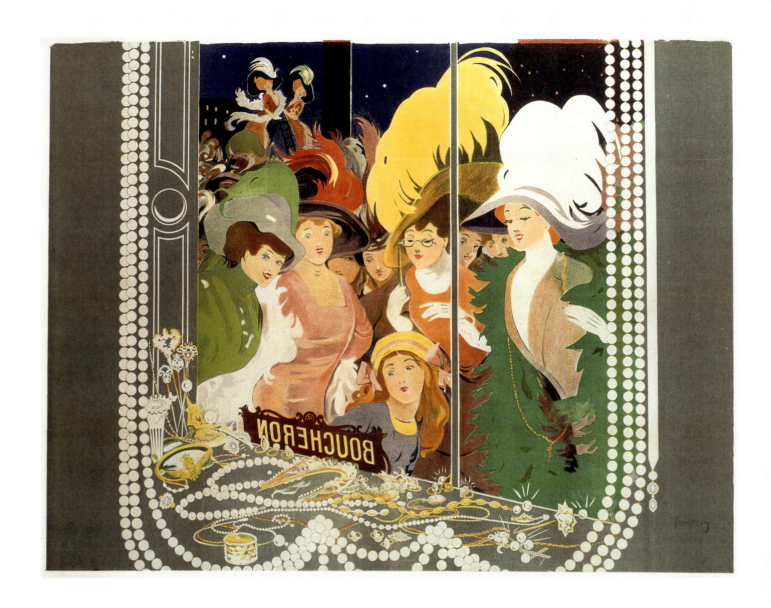

Publicité Boucheron, 1900.
Advertisement for Boucheron, 1900.

Frédéric Boucheron, bracelet, vers 1900, perles fines, diamants, or, argent.
Frédéric Boucheron, bracelet, c. 1900, natural pearls, diamonds, gold, silver.
Londres, Wartski.

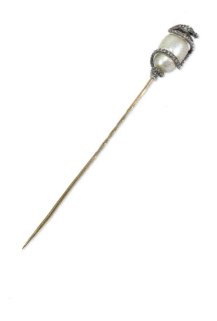

Portrait de Liane de Pougy, issu de : Léopold Reutlinger, *Album Reutlinger de portraits divers*, vol. 24, 1875-1917.
Portrait of Liane de Pougy, from: Léopold Reutlinger, *Album Reutlinger de portraits divers*, vol. 24, 1875–1917.

Épingle de cravate, vers 1890, perle baroque, diamants, or, argent.
Tie pin, c. 1890, baroque pearl, diamonds, gold, silver.
Collection Faerber.

René Lalique, collier de chien *Aubépines*, 1902-1904, or, émail translucide à jour, émail opaque, perles baroques, diamants.
René Lalique, *Hawthorns* dog collar, 1902–1904, gold, translucent openwork enamel, opaque enamel, baroque pearls, diamonds.
Paris, musée des Arts décoratifs.

René Lalique, bague, vers 1910, perle fine, diamants, émail, or jaune. **Collection privée.**
René Lalique, ring, c. 1910, natural pearl, diamonds, enamel, yellow gold. **Private collection**

René Lalique, bague *Deux couples*, 1899-1901, perle fine, or.
René Lalique, *Two Couples* ring, 1899–1901, natural pearl, gold.
Paris, musée des Arts décoratifs.

Georges Fouquet, peigne *Byzantin*, 1900-1905, perles fines, émail, matière animale.
Georges Fouquet, *Byzantine* comb, 1900–1905, natural pearls, enamel, animal matter.
Petit Palais, musée des Beaux-Arts de la ville de Paris.

René Lalique, broche *Tête de bouffon*, 1897-1898, perle baroque, perles fines brunes, émail, or.
René Lalique, *Buffoon Head* brooch, 1897–1898, baroque pearl, brown natural pearls, enamel, gold.
Paris, musée des Arts décoratifs.

Entre Londres et Paris, une guerre des perles

London versus Paris: a war of pearls

Témoignant d'une forme de concurrence entre les capitales anglaise et française, les différentes ventes publiques alors organisées de part et d'autre de la Manche nous renseignent sur la valeur des perles[69] : tandis qu'en 1901 sont vendus aux enchères à Paris les cinq rangs formant le collier de la comtesse de Castiglione, remportant la somme de 463 500 francs (92 600 dollars) de l'époque, les quatre cent vingt-quatre perles de madame Humbert atteignent une somme équivalente chez Christie's Londres la même année (20 000 guinées[70], soit 100 000 dollars).

Valeur des perles après 1900 : le cas des ventes publiques

Toujours chez Christie's, un collier de quarante-sept perles de 1 090 grains appartenant au comte Dudley est vendu l'année suivante à Londres, remportant 22 200 guinées, soit 110 000 dollars de l'époque, tandis que sa perle rose en goutte de 209 grains atteint à elle seule la somme de 13 500 guinées (67 500 dollars). De même, en 1903, le stock du bijoutier Paul Hamelin est dispersé à l'occasion d'une vente parisienne comportant des perles pouvant peser jusqu'à 415,25 grains.

Tandis que la valeur des perles à Paris ne cesse d'augmenter, Londres montre une oscillation amorcée dès 1903 avec la vente des cinq rangs de deux cent vingt-sept perles de lady Henry Gordon-Lennox (née Amelia Brooman) chez Christie's pour 25 500 guinées, soit 127 500 dollars. Trois années plus tard, la vente aux enchères d'un collier composé de cinq rangs de deux cent quatre-vingt-cinq perles n'obtient que 10 000 guinées (50 000 dollars), mais, l'année suivante, toujours chez Christie's, le rang de deux cent vingt-neuf perles de la philanthrope britannique Ada Lewis-Hill (1844-1906) remporte 16 700 guinées, soit 83 500 dollars.

À Paris, l'année 1904 voit pour sa part non seulement la vente, contre 107 000 francs, des trois rangs de deux cent neuf perles ainsi que d'un bracelet de quatre rangs de quatre-vingt-douze perles (contre 41 000 francs), issus de la collection de la princesse Janvière du Brésil (1822-1901), mais également les sept rangs de trois cent quatre-vingt-quatre perles de la princesse Mathilde Létizia Wilhelmine Bonaparte (1820-1904), disparue le 2 janvier.

← Collier, 1890, perles fines, diamants, or, argent.
Collection Privée, avec l'autorisation du Albion Art Institute.
Necklace, 1890, natural pearls, diamonds, gold, silver.
Private Collection, courtesy of Albion Art Institute.
© Albion Art Jewellery Institute.

↗ Collier, vers 1910, perle fine, diamants, or blanc, platine.
Collection privée.
Necklace, c. 1910, natural pearl, diamonds, white gold, platinum.
Private collection.

competition between the British and French capitals, and provide us with information on the value of pearls at the time:[69] the five strands that formed the Countess of Castiglione's necklace were sold at auction in Paris in 1901, fetching the sum of 463,500 francs (92,600 dollars), and Mrs Humbert's 424 pearls achieved a similar sum at Christie's in London in the same year (30,000 guineas,[70] equivalent to 100,000 dollars).

The value of pearls after 1900: prices fetched at auction

Again at Christie's, a necklace of forty-seven pearls weighing 1,090 grains, which belonged to the Earl of Dudley, was sold the following year in London for 22,200 guineas, equivalent to 110,000 dollars at the time; while his 209-grain pink drop pearl alone fetched the sum of 13,500 guineas (67,500 dollars). Equally, in 1903 the stock of the jeweler Paul Hamelin was dispersed at an auction in Paris that featured pearls weighing up to 415.25 grains.

While the value of pearls in Paris continued to rise, in London it began to oscillate in 1903 with the sale at Christie's of five strings of 227 pearls that had belonged to Lady Henry Gordon-Lennox (née Amelia Brooman), for 25,500 guineas (127,500 dollars). Three years later, the sale at auction of a necklace comprising five strands of 285 pearls fetched only 10,000 guineas (50,000 dollars), but the following year, again at Christie's, a string of 229 pearls latterly owned by the British philanthropist Ada Lewis-Hill (1844–1906) took 16,700 guineas (83,500 dollars).

In Paris, the year 1904 saw not only the sale of three strings of 209 pearls (for 107,000 francs), as well as a bracelet of four strands of 92 pearls (for 41,000 francs) from the collection of Princess Januária of Brazil (1822–1901), but also seven strings of 384 pearls that had belonged to Princess Mathilde Létizia Wilhelmine Bonaparte (1820–1904), who had died on 2 January.

Les sept rangs de la princesse Mathilde

1.

2.

3.

Princess Mathilde's seven strings of pearls

1. 2. 3. *Catalogue des joyaux, colliers de perles : parures en perles, brillants anciens, pierres de couleur, horloges ayant appartenu à S. A. I. Madame la Princesse Mathilde*, Paris, Georges Petit, 1904.
Catalog of jewels, pearl necklaces: pearl ornaments, antique diamonds, colored stones, clocks that belonged to H. I. H. Madame Princess Mathilde, Paris, Georges Petit, 1904.

↗ Édouard-Louis Dubufe, *Portrait de la princesse Mathilde*, 1861, huile sur toile.
Édouard-Louis Dubufe, *Portrait of Princess Mathilde*, 1861, oil on canvas.
Musée national du château de Versailles.

Fille de Jérôme Bonaparte, ex-roi de Westphalie et frère de Napoléon, et de sa deuxième épouse, Catherine de Wurtemberg, la princesse Mathilde naît à Trieste. Elle grandit entre Florence et Rome, où elle se voit fiancée à l'âge de quinze ans à son cousin, le futur Napoléon III. Cinq ans plus tard, elle épouse toutefois à Florence le comte Anatole Demidoff, aussi fortuné qu'irascible et fortement attaché à sa maîtresse. La princesse se réfugie à Paris, emportant avec elle ses bijoux personnels ainsi que ceux qui forment la dot du mariage, acquis auprès de Jérôme Bonaparte. Installée dès 1848 au palais de l'Élysée aux côtés de son cousin Louis-Napoléon, futur Napoléon III, elle ouvre dans la capitale un salon où accourt bientôt le Tout-Paris littéraire. Dans le journal *Les Arts* (mai 1904), l'historien Frédéric Masson se souvient de cette époque tout en annonçant la vente de ses bijoux, dont l'expertise revient au joaillier André Falize :
« La grande toilette convenait à sa beauté, les robes étoffées et longues, de soies claires, d'où, comme il était de mode sous le second Empire, les épaules jaillissaient toutes, les légères écharpes dont elle jouait, les éventails admirables qu'elle maniait de ses mains divines, les bijoux surtout, non qu'elle se chargeât de pierreries, mais que, à chaque fois, elle montrât une parure – une seule – telle que nul particulier n'en possède et que toutes les reines l'envieraient. Son écrin semblait inépuisable et soit qu'elle en tirât son collier de perles à sept rangs, son collier de perles noires, le collier de trois rangs de perles que l'empereur Napoléon donna à la reine de Westphalie lors de son mSariage, la rivière de diamants aux chatons énormes, le collier de diamants d'une si rare monture, le diadème impérial qui seyait si bien à sa tête, l'aigle de diamants qu'elle portait à son corsage, toujours le joyau était d'une valeur inappréciable et d'une puissance de beauté qui défiait toute rivalité. Après la vente des diamants de la Couronne, on vit, un soir, venir rue de Berry, des femmes qui, ayant acheté de ces parures impériales, avaient eu le goût de s'en parer dans ce salon. Elles comptaient sur un grand effet. La princesse

Born in Trieste, the daughter of Napoleon's brother Jérôme Bonaparte, former King of Westphalia, and his wife Katharina of Württemberg, the princess spent her childhood in Florence and in Rome, where she was betrothed at the age of fifteen to her cousin, the future Napoleon III. However, in Florence five years later she married Count Anatoly Demidov, whose great fortune was coupled with equally great irascibility and attachment to his mistress. The princess fled to Paris, taking her personal jewels with her, as well as the jewelry that formed her dowry, which had been acquired through Jérôme Bonaparte. Having set up home in 1848 in the Elysée Palace alongside her cousin Louis-Napoléon, the future Napoleon III, she set up a salon in the capital, where Paris's literary elite soon flocked. In the journal *Les Arts* (May 1904), the historian Frédéric Masson recalled that period as he announced the sale of her jewels, for which the jeweler André Falize had provided the valuation:
"The finery was befitting of her beauty, long and full gowns in pale silks from which, as was the fashion under the Second Empire, the shoulders would always stand proud, the light scarves that she toyed with, the marvelous fans that she would operate so deftly with her divine hands, and above all the jewelry, not that she loaded herself with precious stones, but that, every time, she would flaunt a parure – only one – such that no private individual possesses, and that would be the envy of queens. Her jewelry box seemed inexhaustible and, whether she drew from it her seven-strand pearl necklace, her necklace of black pearls, the three-strand pearl necklace that the Emperor Napoleon had given to the Queen of Westphalia upon her marriage, the river of diamonds with enormous bezels, the diamond necklace with a particularly unusual setting, the imperial tiara that so suited her or the diamond eagle that she wore upon her bodice, the chosen piece was of inestimable value and so beautiful that it defied all rivalry. After the sale of the Crown diamonds, some women were seen one evening coming to Rue de Berry who, having purchased some of these imperial

Les sept rangs de la princesse Mathilde – Princess Mathilde's seven strings of pearls

5.

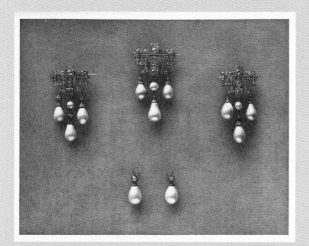

4.

6.

4. 5. 6. *Catalogue des joyaux, colliers de perles : parures en perles, brillants anciens, pierres de couleur, horloges ayant appartenu à S. A. I. Madame la Princesse Mathilde*, Paris, Georges Petit, 1904.
Catalog of jewels, pearl necklaces: pearl ornaments, antique diamonds, colored stones, clocks that belonged to H. I. H. Madame Princess Mathilde, Paris, Georges Petit, 1904.

un grand effet. La princesse parut avec ses perles noires autour du cou, et chacun reprit sa posture d'origine, l'air qui lui convenait et le rang qu'il devait avoir. »

Vendus pour 445 000 francs (89 000 dollars) et pesant environ 4 200 grains (soit 1 050 carats), ses sept rangs de perles avaient été offerts à sa mère la reine de Westphalie par Napoléon I[er 71]. Furent également vendus quatre colliers issus de la collection de la reine Sophie de Hollande, dont un de cinquante et une perles (1 380 grains).

La barre du million de francs est néanmoins franchie à Paris le jeudi 2 décembre 1909 avec la vente aux enchères des quatre rangs de perles de l'homme d'État, historien et mécène impérial russe Alexandre Alexandrovich Poloutsov (1843-1909), pesant 3 853 grains (pour 1 003 000 francs, soit 200 600 dollars), ainsi qu'un sautoir de trois cent soixante-dix-neuf perles de 1 437 grains, parmi d'autres bijoux en perles encore, tel un « important devant de corsage, formé d'une chaînette en forme de draperies serties de brillants, réunies par sept gros brillants et enrichies de huit belles et grosses perles poires » de 130 grains pour la plus grosse, le tout expertisé par les orfèvres George Falkenberg (1894-1928) et Robert Linzeler (1872-1941)[72].

Tandis que la vente parisienne de ces quatre rangs de perles défraie la chronique, trois ans plus tard, une perle seule est vendue à Paris pour 175 000 francs, si l'on en croit le correspondant parisien du *New York Times*[73]. L'année suivante, quarante-neuf perles pesant 656 grains sont vendues par Cartier New York à Mrs. Eva Stotesbury pour 810 000 francs (162 000 dollars) et trente-neuf autres avec des rondelles en diamant pesant 1 122 grains 3/4 à Mrs. Nancy Leeds[74]. Toujours en 1910, un collier de perles est vendu par la branche américaine de la Maison du 13, rue de la Paix à Mrs. George D. Widener.

jewels, had had the idea of adorning themselves with these at her salon there. They were confident of making a great impression. The princess appeared with her black pearls around her neck, and they all resumed their usual posture, the appropriate air and the rank that was expected of them."

Sold for 445,000 francs (89,000 dollars) and weighing approximately 4,200 grains (1,050 carats), her seven-strand pearl necklace had also been a gift from Napoleon I to her mother, the Queen of Westphalia.[71] Four necklaces from the collection of Queen Sophie of the Netherlands were also sold, one of which comprised fifty-one pearls (1,380 grains).

The million-franc threshold was, however, exceeded in Paris on Thursday 2 December 1909, with the sale at auction of the four-strand pearl necklace belonging to the Russian Imperial statesman, historian and patron Alexander Alexandrovich Poloutsov (1843–1909), weighing 3,853 grains, for 1,003,000 francs (200,600 dollars), together with a necklace of 379 pearls weighing 1,437 grains, among other pearl jewelry items such as a "large devant de corsage, comprised of a small chain in the form of drapery, set with brilliants, brought together by seven large brilliants and enhanced by eight large, beautiful teardrop pearls," the largest weighing 130 grains, all of which owed their valuations to the silversmiths Georges Falkenberg (1894–1928) and Robert Linzeler (1872–1941).[72]

Three years after the Paris sale of that four-strand pearl necklace had been the talk of the town, a single pearl was sold in Paris for 175,000 francs, according to the Paris correspondent for the *New York Times*.[73] The following year, forty-nine pearls weighing 656 grains were sold by Cartier New York to Mrs Eva Stotesbury for 810,000 francs (162,000 dollars), and thirty-nine others weighing 1,122 ¾ grains to Mrs Nancy Leeds.[74] Also in 1910, a pearl necklace was sold by Cartier's American branch, based at 13 Rue de la Paix, to Mrs George D. Widener.

La vente des perles, pierreries et bijoux du sultan Abdülhamid II

1.

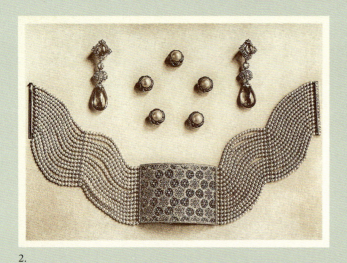

2.

3.

The sale of Sultan Abdulhamid II's pearls, precious stones and jewelry

1. 2. 3. *Catalogue des perles, pierreries, bijoux et objets d'art précieux, le tout ayant appartenu à S. M. le sultan Abd-ul-Hamid II*, Paris, Georges Petit, 1911.
Catalog of pearls, gems, jewels and precious objets d'art all belonging to S.M. Sultan Abd-Ul-Hamid II, Paris, Georges Petit, 1911.

↗ Portrait officiel du sultan Abdülhamid II au château de Balmoral, 1867.
Official portrait of Sultan Abdulhamid II at Balmoral Castle, 1867.

Abdülhamid II (1842-1918) est l'ultime monarque absolu de l'Empire ottoman, dont il n'a pu endiguer le déclin malgré sa politique de modernisation. Sultan ottoman et calife de l'Islam de 1876 à sa déposition en 1909, il est surnommé en Europe « le Sultan rouge » ou encore « le Grand Saigneur » en raison de sa répression brutale des révoltes de minorités. Après la débâcle suivant la guerre russo-turque de 1878, il est contraint de suspendre la première Constitution qu'il avait lui-même promulguée à son accession au trône avant de se voir forcé de la restaurer après la mutinerie de Macédoine en 1908, laissant le pouvoir aux Jeunes-Turcs. Une tentative ratée de contre-révolution monarchiste en avril 1909 entraîne son exil à Salonique. Tandis que son demi-frère cadet lui succède alors sous le nom de Mehmed V, l'ex-monarque n'emporte avec lui que quelques effets personnels. Le reste de son fabuleux trésor est d'abord conservé par le gouvernement turc avant d'être vendu à Paris, à la galerie Georges Petit et dans les salles de l'hôtel Drouot de novembre à décembre 1911, expertisé par le joaillier-orfèvre Robert Linzeler et décrit par le grand poète, romancier et dramaturge Jean Richepin (1849-1926) :

Abdulhamid II (1842–1918) was the last absolute monarch of the Ottoman Empire, unable to curb its decline despite his politics of modernization. An Ottoman sultan and Islamic caliph from 1876 until he was deposed in 1909, he was nicknamed "the Red Sultan" or "the Bloody Sultan" in Europe, because of his brutal suppression of minority revolts. After the debacle that followed the Russo-Turkish war in 1878, he was forced to suspend the first Constitution, which he himself had promulgated upon his accession to the throne, before finding himself forced to reinstate it after the Macedonian mutiny of 1908, ceding power to the Young Turks. A failed attempt at a monarchist counter-revolution in April 1909 led to his exile in Salonika (Thessaloniki). As his younger half-brother succeeded him under the name of Mehmed V, the former monarch took only a few personal effects with him. The rest of his fabulous treasury was initially kept by the Turkish government before being sold in Paris, at the Galerie Georges Petit and in the Drouot auction houses' salerooms in November and December 1911, with the silversmith-jeweler Robert Linzeler providing the valuation and the great poet, novelist and dramatist Jean Richepin (1849–1926) a description:

« Certes oui, tout arrive ! Voici qu'au XXᵉ siècle, en plein Paris, à quelques pas du boulevard, je viens de vivre une aventure orientale, et de l'Orient le plus imprévu, le plus merveilleux, le plus fantastique, une véritable féerie sultanesque, un chapitre inédit des fameux contes où s'est épanouie avec tant de prodigue opulence l'imagination arabe, mais auxquels cependant cet étrange rêve réalisé trouve encore moyen d'ajouter la fleur suprême d'une mille et deuxième nuit ! [...] Et la mille et deuxième nuit, l'heure de cette nuit où l'on ressuscite dans toute la féerie des fameux contes, c'est ici, à toucher les chapelets, à les égrener sous ses doigts, à palper, à manier les solitaires, à les faire rouler comme des billes dans ses paumes. Les chapelets ont pour grains des perles énormes, pures, grasses au toucher, douces ainsi qu'une peau de femme, et dont la surface ronde et polie semble avoir gardé la vie de toutes les chairs qu'elle a caressées. [...] Et on le sent bien, quand on les prend, quand on les serre, quand on les tient à poignées, comme on sent frémir les perles, et leur peau féminine se ranimer sous le contact de votre peau et répondre à votre caresse. Et ce que l'on sent aussi, dans les perles et dans les diamants, ce que l'on y sent encore, ce que l'on y sentira toujours palpiter, vibrer, ce sont les rêves que rêvait,

"Yes indeed, anything can happen! Thus it is that in the 20th century, in the heart of Paris, a few steps from the boulevard, I have just experienced an Eastern adventure, and one from the most unexpected, most wonderful, most fantastical East of all, a veritable sultanesque spectacular, an unknown chapter from those famous stories in which the Arab imagination flourished with such prodigious opulence, yet this strange dream-come-true has still found a way of adding to it the supreme bloom of a thousand-and-second night! [...] And the time of the thousand-and-second night, that night where the famous stories are revivified in all their enchantment, it is here, in touching the strings of beads, going over them one by one with one's fingers, palpating them, handling the solitaires, rolling them around like marbles in one's palms. The beads on these strings are enormous pure pearls, greasy to the touch, soft as a woman's skin, and their round, polished surfaces seem to have retained the life of all the flesh that they have caressed. [...] And one can feel it, as one takes them, grips them, holds them by the handful, how one senses the pearls trembling, and their feminine flesh brought back to life through contact with your skin, responding to your caress. And what one also feels in the pearls and the diamonds, still feels,

en les manipulant sans relâche, le sultan qu'on vint surprendre à Yildiz-Kiosk pour en faire un captif, le vieil enfant maniaque, sanguinaire, voluptueux et poltron. Car, parmi les Circassiennes de son harem, ses eunuques, ses lutteurs, ses esclaves, tandis qu'il ruminait des songeries de massacre, de débauche et d'épouvante, infatigablement ses mains fiévreuses égrenaient les perles de ses chapelets, ou bien roulaient sous leurs paumes et entre leurs doigts les diamants versés dans une coupe, et parfois s'y baignaient à même jusqu'au poignet ; et ainsi tous les rêves du sultan vampire, du sultan larve, du sultan sadique, tous ses rêves d'amour et de mort, tous ceux qu'il a réalisés et tous ceux qu'il a pu rêver seulement, tous sont endormis dans ces gemmes, dans ces perles, dans ces diamants[75]. »

Le prix finalement remporté pour les cent cinquante-quatre perles du sultan est de 920 000 francs ; un nouveau record pour un collier de trois rangs. On retrouve par ailleurs en mars 1912 « un rang de quarante-neuf perles blanches en chute et terminé par un fermoir brillant » vendu 404 000 francs[76], « un sautoir composé de deux cent vingt et une perles blanches et régulières », vendu 495 000 francs, « un collier composé de cent six perles blanches, de quatre grosses perles noires [pour 285 grains, NdA] et enrichi d'une pendeloque perle poire blanche [90 grains, NdA], avec un gland de perles bayadères à culot d'émeraude et de rubis », vendu 218 500 francs et provenant de la collection des joyaux de la princesse Mathilde, parmi les cent six perles blanches (1 052 grains) d'un collier ayant entre-temps appartenu à une certaine madame Roussel, vendus à la galerie Georges Petit et expertisés cette fois par MM. Boucheron et Mellerio dits Meller.

always will feel palpitating, vibrating, are the dreams that the sultan dreamed as he endlessly fondled them – the sultan who was pounced upon at Yildiz Kiosk and taken captive – maniacal, bloodthirsty, sensual, cowardly and childish as he was. For, amid the Circassian women in his harem, his eunuchs, his fighters and his slaves, while he ruminated upon daydreams of massacre, debauchery and horror, his feverish hands would be perpetually fiddling with each threaded pearl, or descending upon a dish of diamonds to roll them beneath his palms or around his fingers, sometimes delving deep into them up to the wrist; and all the dreams of the vampire sultan, the sluggard sultan, the sadistic sultan, all his dreams of love and death, the ones that he made come true and the ones that he could only dream of, all are sleeping here in these gems, these pearls, these diamonds."[75]

The price that the sultan's 154 pearls ultimately fetched was 920,000 francs – a new record for a three-strand necklace. Also, in March 1912 at the Galerie Georges Petit, with the valuations this time provided by the jewelers Boucheron and Mellerio dits Meller, we find a "necklace of forty-nine graduated white pearls culminating in a brilliant clasp" sold for 404,000 francs,[76] a "necklace of two hundred and twenty-one even-shaped white pearls" for 495,000 francs, and a "necklace composed of one hundred and six white pearls, four large black pearls [author's note: totaling 285 grains] and embellished with a white teardrop pearl pendant [author's note: 90 grains], with a tassel of bayadère pearls held in an emerald and ruby dome" for 218,500 francs, which was from Princess Mathilde's jewelry collection, along with the 106 white pearls (1,052 grains) of a necklace that had belonged to a certain Madame Roussel.

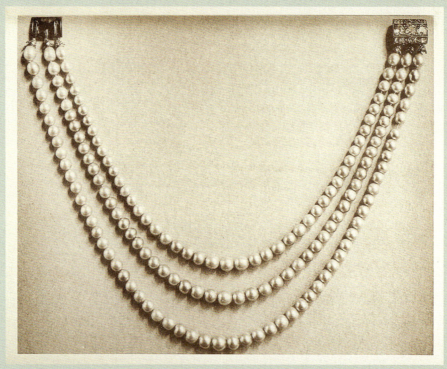

4.

La vente du sultan Abdülhamid II – The sale of Sultan Abdülhamid II

5.

4. 5. *Catalogue des perles, pierreries, bijoux et objets d'art précieux, le tout ayant appartenu à S. M. le sultan Abd-ul-Hamid II*, Paris, Georges Petit, 1911.
Catalog of pearls, gems, jewels and precious objets d'art all belonging to S.M. Sultan Abd-Ul-Hamid II, Paris, Georges Petit, 1911.

Les « nouvelles pêcheries de perles »
The "new pearl fisheries"

En 1900, la perle compte parmi ses principaux défenseurs non seulement des maisons comme Cartier et Boucheron mais également les frères Paul (1851-1915) et Henri Vever (1854-1942), le joaillier René Lalique (1860-1945) ou encore Georges Fouquet (1862-1957), qui s'intéressent notamment à ses variétés le plus baroques, n'hésitant pas à se détourner des perles du Golfe pour se pencher sur celles du Mississippi.

« Les grandes pêcheries marines, bien que fournissant toujours, et à juste titre, les perles les plus appréciées et les plus orientées, finiront peut-être par être distancées un jour par les pêcheries fluviales. Depuis peu, le Mississippi s'est révélé, en effet, comme une mine à perles des plus importantes. Il va sans dire qu'il ne s'agit ici que de la quantité, la qualité de ces perles étant très sensiblement inférieure à celle des perles d'Orient.
[...] Le prix s'établit, suivant la qualité et la forme plus ou moins régulière des perles, entre 2 fr. 50 et 15 francs le grain de 0 gr. 065. On peut juger, d'après ces prix et d'après la quantité de perles pêchées, qu'elles n'ont rien de commun avec ces belles perles d'Orient, qui ne seront jamais détrônées et dont la valeur, déjà si considérable, ne peut aller qu'en augmentant.

Among the main advocates of pearls in 1900 were not only jewelry Maisons such as Cartier and Boucheron but also the brothers Paul (1851–1915) and Henri Vever (1854–1942), the jeweler René Lalique (1860–1945) and Georges Fouquet (1862–1957), who were particularly interested in their most baroque varieties, having no hesitation in turning their back on Gulf pearls in favor of those from the Mississippi.

"Although the great marine pearl fisheries still supply the most prized and lustrous pearls, and rightly so, they may ultimately be eclipsed by the river fisheries. Indeed, the Mississippi has recently revealed itself as one of the most important sources of pearls. It goes without saying that this is purely a question of quantity, the quality of these pearls being very noticeably inferior to that of pearls from the East.

← Henri Vever, devant de corsage, 1900, perles du Mississippi, diamants, émail, or, argent.
Henri Vever, corsage ornament, 1900, Mississippi pearls, diamonds, enamel, gold, silver.
Collection Faerber.

↑ Robert de Meuse, « Golfe de Panama, îles aux Perles », dans *Excursions et explorations : Colombie, Venezuela, Antilles, États-Unis, Canada, Tahiti*, 1881-1887, vue 55.
Robert de Meuse, "Golfe de Panama, îles aux Perles," in *Excursions et explorations : Colombie, Venezuela, Antilles, États-Unis, Canada, Tahiti*, 1881–1887, view 55.

Il n'est pas rare de trouver dans les coquilles des perles de 30 à 90 grains, variant de la grosseur d'un pois à celle d'une cerise. Nous noterons particulièrement les deux grosses perles trouvées récemment et dont la découverte a fait, là-bas, un certain bruit.
Dans le courant du mois de mai dernier, un pêcheur du Wisconsin fit, presque malgré lui, la trouvaille d'une de ces perles. Après avoir dragué tout le jour, il rapporta sa pêche chez lui et en commença l'examen avec sa femme. Le butin était satisfaisant, mais n'offrait aucune pièce remarquable. Le triage terminé, la femme, frappée de la grande dimension d'une des coquilles rejetées comme vides par son mari, la fouilla une seconde fois avec attention. Tout à coup, le pêcheur l'entend pousser un cri ; il accourt et elle lui montre, dans l'écaille dédaignée, la plus grosse perle qu'il eût jamais vue. Un négociant, appelé sur l'heure, voulut l'emporter séance tenante ; le mari désirait bien la garder et la faire monter pour sa femme, mais le prix offert était si alléchant pour ce modeste pêcheur, qu'il finit par l'accepter, se contentant d'exiger que la perle portât le nom de sa femme, ce qui valut à cette perle le nom de Queen Mary, qui lui restera désormais. Sa longueur était de 19 millimètres et son diamètre de 15 millimètres. Sa coloration, d'un rose vif, jointe à sa grosseur l'a fait tellement apprécier, qu'elle a déjà changé trois fois de mains depuis deux mois.
En juillet dernier, le Mississippi livra une autre perle, dont le poids est encore supérieur à celui de la Queen Mary. Cette perle, ronde, d'une blancheur un peu mate, pèse 101 grains.
Quelque temps après, on retira du même banc une coquille qui, fait assez rare, contenait deux perles oblongues : la plus grosse atteint la dimension d'une groseille à maquereau ; la seconde est plus petite, mais d'une qualité supérieure, qui lui donne une valeur plus considérable[77]. »

[...] The price is set according to the quality of the pearls and how regularly shaped they are, from 2.5 to 15 francs per grain of 0.065 g. From these prices and from the quantity of pearls that are fished, it can be concluded that they have nothing in common with those beautiful pearls from the East, which will never be usurped and whose value, already so considerable, cannot but increase.
Inside shells, it is not unusual to find pearls of 30 to 90 grains, ranging from the size of a pea to that of a cherry. Of particular note are two large pearls that were found recently and whose discovery caused quite a stir there.
During May of this year, a fisher from Wisconsin unsuspectingly discovered one of these pearls. After spending the entire day dredging, he brought his catch back to his home and began to examine it with his wife. The takings were satisfying, but did not present anything remarkable. Having finished sorting through them, his wife, struck by the large size of one of the shells that her husband had rejected as empty, examined it a second time, attentively. Suddenly the fisher heard her let out a cry; he dashed over, and there, in the spurned shell, she showed him the largest pearl he had ever seen. They at once called a trader, who wanted to take it away immediately; the husband wished instead to keep it and have it mounted for his wife, but the price they were offered was so enticing for this modest fisher that he ended up accepting it, contenting himself with demanding that the pearl bear his wife's name,

which earned this pearl the name "Queen Mary", that it has carried ever since. It was 19 millimeters in length and 15 millimeters in diameter. Its bright pink coloring, together with its size, made it so admired that it has changed hands three times in the last two months.
In July, the Mississippi gave up another pearl, even heavier than the Queen Mary. Round, and of a slightly matte white, this pearl weighs 101 grains.
Some time later, a shell was taken from the same bed which, rather unusually, contained two oval pearls: the larger was the size of a gooseberry, the second smaller but of higher quality, making it more valuable."[77]

← Wiele and Klein, portrait de Sayaji Rao Gaekwad III de Baroda issu de l'album : *Delhi Coronation Durbar*, 1903.
Wiele and Klein, portrait of Sayaji Rao Gaekwad III of Baroda from the album: *Delhi Coronation Durbar*, 1903.

↗ John George Bartholomew, carte des pêcheries de perles (détail), 1907.
John George Bartholomew, pearl fisheries (detail), 1907.

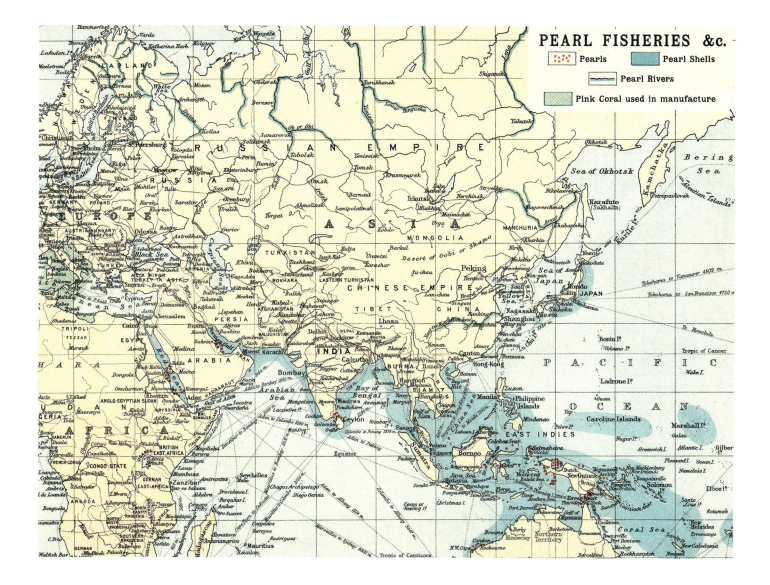

« L'île de Ceylan, dit-il, une terre célèbre par ses pêcheries de perles.
Vous serait-il agréable, monsieur Aronnax, de visiter l'une de ses pêcheries ?
– Sans aucun doute, capitaine.
– Bien. Ce sera chose facile. Seulement, si nous voyons les pêcheries, nous ne verrons pas les pêcheurs. L'exploitation annuelle n'est pas encore commencée. N'importe. Je vais donc donner l'ordre de rallier le golfe de Manaar, où nous arriverons dans la nuit. » [...]
« Monsieur le professeur, me dit alors le capitaine Nemo, on pêche des perles dans le golfe du Bengale, dans la mer des Indes, dans les mers de Chine et du Japon, dans les mers du sud de l'Amérique, au golfe de Panama, au golfe de Californie ; mais c'est à Ceylan que cette pêche obtient les plus beaux résultats. Nous arrivons un peu tôt, sans doute. Les pêcheurs ne se rassemblent que pendant le mois de mars au golfe de Manaar, et là, pendant trente jours, leurs trois cents bateaux se livrent à cette lucrative exploitation des trésors de la mer. Chaque bateau est monté par dix rameurs et par dix pêcheurs. Ceux-ci, divisés en deux groupes, plongent alternativement et descendent à une profondeur de douze mètres au moyen d'une lourde pierre qu'ils saisissent entre leurs pieds et qu'une corde rattache au bateau. »

Jules Verne, *20 000 lieues sous les mers*, Paris, J. Hetzel, 1900-1901

L'arrivée du « roi de la perle » Léonard Rosenthal
The arrival of the "king of pearls" Léonard Rosenthal

La *Revue de la bijouterie, joaillerie, orfèvrerie* qui narre ces découvertes mentionne par ailleurs les récentes conquêtes menées par les frères Rosenthal dans les Caraïbes :

« À côté de ces exploitations fluviales, nous devons signaler également les nouvelles pêcheries marines de l'île Marguerite [Margarita, NdA], au Venezuela, dont une certaine partie vient d'être affermée à un négociant de Paris. Les perles qu'on y récolte sont, en général, petites et irrégulières, mais d'assez bonne qualité, et leur couleur va du blanc mat au jaune ; parfois, mais rarement, on y trouve quelqu'une de ces perles noires sans prix. L'ensemble de ces pêcheries n'occupe pas moins de 400 voiliers de 15 tonneaux et un personnel de 2 000 hommes. L'île Marguerite produit annuellement environ 3 000 000 de perles, chiffre que le concessionnaire français espère dépasser par l'emploi d'un nouveau matériel perfectionné[78]. »

La vie, pour le moins romanesque, de Léonard Rosenthal (1874?-1955) nous est en grande partie connue grâce à ses propres écrits[79]. Or, ces derniers comportent autant de lacunes que d'imprécisions aussi importantes que ses date et lieu de naissance, qui demeurent incertains. On peut cependant affirmer sans se tromper que Rosenthal est né non loin de Grozny, à Vladicaucase, autour du 19 décembre 1874, dans une famille de commerçants juifs originaires du Daghestan.

Dès 1889, Léonard Rosenthal décide de quitter son pays natal pour

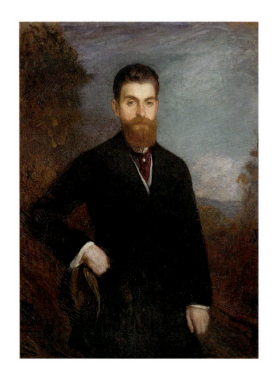

Portrait de Léonard Rosenthal, huile sur toile.
Collection privée (Cyril Rosenthal).
Portrait of Léonard Rosenthal, oil on canvas.
Private collection (Cyril Rosenthal).

The *Revue de la bijouterie, joaillerie, orfèvrerie* that recounted these discoveries also mentioned the recent conquests of the Rosenthal brothers in the Caribbean:

"Worth mentioning alongside these river operations are the new marine fisheries of the Isla Margarita, in Venezuela, some of which have recently been leased to a Paris trader. The pearls fished there are generally small and unevenly shaped, but of fairly good quality, and their coloring ranges from matte white to yellow; sometimes, though rarely, one of those priceless black pearls is found there. Over all, these fisheries occupy no fewer than four hundred sailing boats with a capacity of 15 gross register tons and a staff of 2,000 men. The Isla Margarita produces some 3,000,000 pearls annually, a figure that the French franchise holder is hoping to exceed through using new, perfected equipment."[78]

A romantic tale to say the least, the life story of Léonard Rosenthal (1874?–1955) is largely known to us through his own writings.[79] However, these contain both multiple gaps and many inaccuracies on aspects as important as his date and place of birth, which remain uncertain. It can, however, be confidently asserted that Rosenthal was born not far from Grozny, in Vladikavkaz, around 19 December 1874, to a Jewish merchant family who were originally from Dagestan.

In 1889, Léonard Rosenthal decided to leave the country of his birth and go to Paris. Staying with friends in their modest Montmartre lodgings, he studied at the business school on Avenue Trudaine thanks to financial support from his father. Equally gifted at languages and business, he had no difficulty securing a first post with the Baccarat crystal firm on Rue de Paradis, while assiduously scouring salerooms. He next set up home in a humble garret on Rue Mayran, and began to work as an art broker until he was able to rent a small flat on Rue Cadet and turn his hand to trading in pearls on Avenue de l'Opéra.

After the death of his mother, Rachel Vichnenska, young Léonard's family joined him in Paris. Thanks to the capital and the contacts he accumulated over this period, in 1896 he founded the firm Rosenthal & Frères, specializing in the trade of precious stones and notably of pearls.

Less of a traveler than his legend might lead one to imagine, in 1901 he sent his two younger brothers

rejoindre Paris. Hébergé par des amis modestes vivant à Montmartre, il fait ses études à l'École commerciale de l'avenue Trudaine grâce à l'aide financière de son père. Aussi doué pour les langues que pour les affaires, il obtient sans difficulté un premier poste à la cristallerie de Baccarat, rue de Paradis, tout en fréquentant assidûment les salles des ventes. Il s'installe ensuite dans une humble mansarde de la rue Mayran et commence à travailler dans le milieu du courtage en art avant de pouvoir louer un petit appartement rue Cadet et de se tourner vers le commerce des perles fines, avenue de l'Opéra.

Après la mort de sa mère, Rachel Vichnenska, le jeune Léonard est rejoint à Paris par sa famille. Grâce au capital et aux contacts qu'il accumule au cours de cette période, il fonde la firme Rosenthal & Frères, spécialisée dans le négoce des pierres précieuses et notamment des perles fines à partir de 1896.

Moins voyageur que sa légende le laisse imaginer, il envoie dès 1901 au Venezuela ses deux frères cadets, Victor (1880-1961) et Adolphe (1877-1941), afin d'acquérir des perles auprès de pêcheurs de l'île Margarita, la « perle des Caraïbes », réputée en Europe pour la richesse de ses bancs de perles depuis son exploration par Christophe Colomb.

Quatre années durant, ces derniers lui expédient des perles qu'il parvient à écouler à Paris au prix fort en raison d'une demande soutenue : en 1906, un concours est organisé par le magazine *Femina*, avec comme premier prix, au choix, une voiture automobile ou un collier de perles. Parmi les six mille trois cent cinquante-huit candidats, mille sept cent soixante-seize choisissent les perles[80].

Forte de son récent succès dans le Golfe, madame Nattan cherche alors à retourner dans la région mais commissionne finalement à sa place Léonard Rosenthal, appelé à devenir le « roi de la perle » parisien. Car « si les perles de rivière ne peuvent avoir la prétention de faire concurrence aux perles des mers américaines, plus connues sous le nom de perles de Panama, il est évident que ces dernières ne sauraient, à leur tour, rivaliser en aucune manière avec les splendides perles d'Orient que, de temps immémorial, l'océan Indien fournit aux têtes couronnées et aux favorisés de la fortune […] ».

– Victor (1880–1961) and Adolphe (1877–1941) – to Venezuela to purchase pearls from the fishers of the Isla Margarita, the "Pearl of the Caribbean," renowned in Europe for the abundance of its pearl oyster beds since it was explored by Christopher Columbus.

For four years, his brothers sent him pearls which he managed to sell in Paris at high prices because of the sustained demand for them. In 1906 a competition was organized by the magazine *Femina*, the top prize for which was a choice between a motorcar and a pearl necklace; of the 6,358 participants, 1,776 chose the pearls.[80]

Buoyed by her recent success in the Gulf, Madame Nattan wanted to return to the region, but ultimately commissioned Léonard Rosenthal – soon to become Paris's "king of pearls" – to go there in place of her. For "while river pearls cannot aspire to compete with pearls from the American seas, better known as Panama pearls, it is clear that the latter in turn can in no way rival the splendid pearls from the Orient which the Indian ocean has supplied since time immemorial to crowned heads and those favored by fortune […]."

Illustration d'Edmond Dulac issue de : Léonard Rosenthal, *Au royaume de la perle*, 1920.
Illustration by Edmond Dulac from: Léonard Rosenthal, *The Pearl Kingdom*, 1920.

Chute de Londres et émergence de Paris
London's fall, rise of Paris

Les capitales britannique et française continuent de se livrer une lutte féroce dans le but de s'approprier le marché des perles, dont la valeur ne cesse d'augmenter à l'aube du XXe siècle, au point de détrôner le diamant. Or, les années 1906-1907 sont marquées par une première crise économique internationale qui provoque la faillite de près de soixante des plus importants négociants en perles fines dans le monde. En raison de ce contexte pour le moins tumultueux, les marchands de perles du Golfe et de l'Inde se voient retirer des crédits bancaires qui leur permettaient jusqu'alors de fournir le marché de Bombay. Les négociants Abdul Rahman al-Ibrahim et son cousin Cheikh Qassim bin Mohammad al-Ibrahim (1869-1956), originaires du Koweït, dont ils sont à cette époque les hommes les plus riches, y tiennent le haut du pavé, aux côtés de Muhammad al-Shaya. Les al-Ibrahim figurent en effet parmi les toutes premières familles de marchands du Golfe à s'installer à Bombay.

Avec la crise, toute la chaîne commerciale se trouve interrompue, provoquant une chute retentissante des exportations et laissant la voie libre à de nouveaux investisseurs étrangers et notamment français[81]. C'est donc Victor Rosenthal, qui parle couramment arabe, et non son frère Léonard, qui se rend pour la première fois à Bahreïn le 3 août 1906, accompagné d'un marchand italien nommé Duse. Avant de repartir pour Bandar Lengeh le 12 octobre, les deux hommes ont acheté une quantité considérable de perles (on estime la valeur de leur achat entre 187 000 et 350 000 roupies), tout en prétendant avoir fait de mauvaises affaires[82].

De même que la grande majorité des perles vendues à Paris à la fin du XIXe siècle provenait de la rive occidentale du Golfe, la quasi-totalité des perles alors pêchées dans cette zone va désormais être expédiée en France pour être vendue à Paris, ainsi propulsé au rang de capitale mondiale du commerce de la perle. Se pose, dès lors, la question des facteurs qui ont permis aux Français de devenir les partenaires privilégiés des marchands arabes malgré la présence britannique dans le Golfe.

Il faut souligner ici l'importance politique des marchands de perles locaux dans cette époque précédant la découverte du pétrole. On peut en effet imaginer leur puissance étant donné qu'ils concentrent alors l'essentiel de l'activité économique de la région et

Edvard Munch, *Rue Lafayette*, 1891, huile sur toile.
Edvard Munch, *Rue Lafayette*, 1891, oil on canvas.
Oslo, Nasjonalmuseet.

The British and French capitals continued to engage in a fierce battle to dominate the pearl market, and the value of pearls carried on at the dawn of the 20th century, increasing to the point of usurping diamonds. The years 1906–1907 were marked by a first international financial crisis which bankrupted almost sixty of the world's most significant pearl traders. Given what was a tumultuous context to say the least, the pearl merchants of the Gulf and India found themselves faced with the withdrawal of the bank loans that had hitherto enabled them to supply the Bombay (now Mumbai) market. The traders Abdul Rahman al-Ibrahim and his cousin Sheikh Qassim bin Mohammad al-Ibrahim (1869–1956), both from Kuwait and at the time the country's wealthiest men, were the leading figures there, alongside Muhammad al-Shaya. The al-Ibrahims were among the very first Gulf merchant families to move to Bombay.

The financial crisis disrupted the entire trade chain, causing a dramatic fall in exports and leaving the way clear for new foreign – and notably French – investors.[81] It was therefore Victor Rosenthal, who spoke fluent Arabic, and not his brother Léonard, who arrived in Bahrain for the first time on 3 August 1906, accompanied by an Italian merchant named Duse. Before setting off again for Bandar Lengeh on 12 October, the two men bought a considerable quantity of pearls (valued at between 187,000 and 350,000 rupees), while claiming to have lost money on the purchases.[82]

Just as the vast majority of pearls sold in Paris in the late 19th century came from the Gulf's western shore, almost all those fished in that zone would henceforth be sent to France to be sold in Paris, which thus shot up to the rank of world capital of the pearl trade. At this point the question arises as to what factors enabled the French to become the Arab merchants' preferred partners, despite the British presence in the Gulf.

It is important to emphasize the political significance of the local pearl merchants in this period prior to the discovery of oil. It is not difficult to imagine how powerful they were, given that theirs constituted the bulk of the region's economic activity and that the pearl trade formed the main source of revenue and employment: in 1905, half of Kuwait's working-age population was involved in oyster fishing.

que le commerce de la perle forme la principale source de revenus et d'emplois : en 1905, la pêche des huîtres occupe la moitié de la population du Koweït en âge de travailler.

Conséquence directe de ces nouveaux échanges franco-khalijiens et suite à la chute économique de Londres en ce début de XXe siècle, Paris devient à partir de 1907 une place incontournable du courtage des « yeux de poisson », comme on surnomme alors les perles. Les frères Rosenthal sont parvenus à court-circuiter la chaîne traditionnelle d'approvisionnement formée par un grand nombre d'étapes intermédiaires qui faisaient transiter les perles par Bombay, l'Égypte ou la Turquie avant de rejoindre Marseille puis Paris :

« Le marché des perles – toutefois – ne fut définitivement acquis à ma maison qu'après trois ou quatre ans d'efforts. Mais c'était enfin le triomphe de notre idée et la récompense de la confiance que notre banquier nous avait témoignée. Elle eut pour notre pays un résultat remarquable, car c'est à l'affluence des arrivages de perles du golfe Persique que Paris doit désormais de voir venir à lui les marchands acheteurs du monde entier, ainsi d'ailleurs que les vendeurs de perles déjà portées. Chose qui vaut d'être soulignée, ce marché est le seul que la France ait arraché à l'étranger depuis 1871[83]. »

Un sens aigu des affaires

Dès le 8 septembre 1907, Victor Rosenthal revient à Bahreïn accompagné par M. Bahnson, de la maison Robert Wönckhaus & Co. Vivement intéressé par la nacre, qui connaît elle aussi un fort succès à cette époque en Europe, cet homme d'affaires allemand a ouvert, entre 1899 et 1906, des bureaux en différents endroits du Golfe et notamment à Bassorah, à Bandar Lengeh et à Bahreïn. Victor Rosenthal dépense alors 9,5 lakhs de roupie de perles (1 lakh vaut 100 000 roupies) pour des perles avant de repartir le 9 décembre[84]. Peut-être a-t-il pu également faire à cette occasion la connaissance de M. Elbaz de Mascate, dit « Ibrahim », le neveu d'Antonin Goguyer, arrivé à Bahreïn le 8 novembre afin

↑ Un homme perçant une perle fine chez Léonard Rosenthal, le 8 septembre 1928.
Man piercing a natural pearl at Léonard Rosenthal's place, 8 September 1928.

↗ Portrait de Léonard Rosenthal.
Portrait of Léonard Rosenthal.

As a direct consequence of these new relations between France and the Gulf, and following London's economic decline at the start of the 20th century, from 1907 Paris became a pearl brokering hotspot. The Rosenthal brothers managed to short-circuit the traditional supply chain, which involved a large number of intermediate stages that had pearls transiting through Bombay, Egypt and Turkey before reaching Marseille and then Paris:

"However, it was only after three or four years' effort that my firm definitively mastered the pearl market. Then at last our idea triumphed and the confidence that our bank manager had shown us was rewarded. It had a remarkable outcome for our country, for it is thanks to the high traffic of pearls arriving from the Persian Gulf that merchant buyers from all over the world then came to Paris, as well as sellers of pearls that were already being worn. It should be emphasized that this is the only foreign market that France had taken over since 1871."[83]

Sharp business sense

On 9 September 1907, Victor Rosenthal returned to Bahrain along with a German businessman, Mr Bahnson, of the Maison Robert Wönckhaus & Co. Bahnson had a keen interest in mother-of-pearl, which likewise was hugely popular at the time, and between 1899 and 1906 he had opened offices in various Gulf locations, notably including Basra, Bandar Lengeh and Bahrain. Victor Rosenthal spent 9.5 lakhs (1 lakh is worth 100,000 rupees) on pearls, before setting off on his return journey on 9 December.[84] On this occasion he may also have made the acquaintance of the nephew of Antonin Goguyer, Mr Elbaz of Muscat, known as "Ibrahim," who had arrived in Bahrain on 8 November to meet the famous pearl merchant Haji Mugbil al-Thukair ("adh Dhakair") to discuss a system for raising water from a well, which Al-Thukair had had imported from France.

On 25 July 1908, Victor Rosenthal arrived in Bahrain for the third time, again accompanied by employees from Wönckhaus & Co., before going on to Bandar Lengeh on 24 October. If Captain Prideaux is to be believed, he invested 10 lakhs or more, and at the best possible rate, taking advantage of an economic climate that was particularly favorable for his line of business, given the currency shortage there. Léonard Rosenthal gave his own account of the story:

"It was the end of the last year of our campaign in the Persian Gulf. The Arabs, ever wary of newcomers, were still hesitant to show us their finest batches of pearls. They no doubt feared that they would not be paid a sufficiently high price, or doubted the buyer's finances. We needed absolutely to capture their imagination. It was then that my brother V[ictor] had an idea which came to him thanks to the three years he had spent among the Arabs, which had enabled him to study the complex psychology of their soul. Returning from Europe with a

de rencontrer le célèbre marchand de perles Haji Mugbil adh Dhakair (Al-Thukair), qui vient de commander un puits à eau à la France.

Le 25 juillet 1908, Victor Rosenthal se rend pour la troisième fois à Bahreïn, toujours accompagné des employés de Wönckhaus & Co., avant de rejoindre Bandar Lengeh le 24 octobre. Si l'on en croit le major Prideaux, il a investi 10 lakhs ou plus, et ce au meilleur taux, profitant d'un contexte économique particulièrement favorable à ses affaires, étant donné le manque de devises sur place. Léonard Rosenthal raconte lui-même l'aventure :

« C'était à la fin de la troisième année de notre campagne au golfe Persique. Les Arabes, toujours méfiants à l'égard des nouveaux venus, hésitaient encore à nous montrer leurs plus jolis lots de perles. Sans doute craignaient-ils de n'être pas payés assez cher ou doutaient-ils des ressources financières de leur acheteur. Il fallait de toute nécessité frapper leur imagination. C'est alors que mon frère V[ictor] eut une idée qui lui fut suggérée par l'étude que trois années de séjour parmi les Arabes lui avaient permis de faire de la complexe psychologie de leur âme. Revenant d'Europe avec une somme relativement modeste, il l'avait apportée – on verra pourquoi – en pièces de cinquante centimes.

Le jour de l'arrivée des fonds, les Arabes stupéfaits, virent 50 ânes transportant sans arrêt des caisses pleines d'argent, du bateau à sa demeure. Comme ils ne connaissaient que les livres sterling en or, le défilé des ânes les remplit d'admiration et de respect. Dans leur imagination, je devins une sorte de nabab d'une richesse fabuleuse, et dès lors, les plus beaux lots de perles me furent offerts sans la moindre hésitation[85]. »

Il est estimé un mois après le départ de Victor Rosenthal en 1908 qu'au moins 5 lakhs supplémentaires auraient été normalement nécessaires pour payer ses achats mais également que leur valeur aurait augmenté de 100 % en 1909[86]. Aucun de ces achats ne sera par la suite immédiatement réglé en liquide et certains paiements ne seront parfois pas même complétés jusqu'à la saison suivante[87]. Cela permet aussi de comprendre la régularité de la présence de Victor Rosenthal dans le Golfe, ce dernier revenant à Bahreïn cette année-là pour y rester de juillet à septembre et acheter des perles[88].

Ces années sont fastes pour les Rosenthal : demeurant rue de Rivoli à Paris, Léonard acquiert, en 1908, *La Vallée des Roses* (traduction française du nom « Rosenthal »), une villa de Villennes-sur-Seine où il vient passer ses vacances avec sa première épouse, Jeanne Salomon, et ses enfants Jean, Pierre et Lucille.

Victor se fait pour sa part construire un véritable palais à Neuilly mais habite dans un hôtel particulier près de l'avenue du Bois (l'actuelle avenue Foch) : « une sorte de coffre-fort en pierre de taille, tendu de velours et de satin, meublé en laque de Chine avec un

relatively modest sum, he had brought it as fifty-centime pieces – for reasons that we shall soon see. On the day that the funds arrived, the dumbfounded Arabs saw 50 donkeys endlessly going back and forth to carry crates full of money from the boat to his residence. Since they knew only of golden pound coins, the procession of donkeys filled them with admiration and respect. In their imagination, I had become a sort of fabulously wealthy nabob, and henceforth the finest batches of pearls were offered to me without the slightest hesitation."[85]

A month after Victor Rosenthal's departure in 1908 it was estimated that his purchases were worth at least 5 lakhs more than the price he had paid for them, and by 1909 their value was judged to have risen by 100%.[86] Thereafter none of his purchases were paid for in cash, and some payments would not even be completed until the following season.[87] Records of such payments give a sense of how regularly Victor Rosenthal was in the Gulf; he returned to Bahrain the same year to buy pearls, staying from July to September.[88]

These were prosperous years for the Rosenthals: residing in Paris's Rue de Rivoli, in 1908 Léonard bought a villa named "La Vallée des Roses" (a French translation of the family name, meaning "Rose Valley") in Villennes-sur-Seine, north-west of the capital, where he would come to spend his holidays with his first wife, Jeanne Salomon, and his children Jean, Pierre and Lucille.

escalier en marbre de Carrare ». De même, s'il préfère le polo au golf, c'est pour le pratiquer « davantage à la manière des mandarins chinois et des cavaliers hindous qu'à celle des millionnaires sud-américains ou des membres du Jockey Club[89] ».

Adolphe préfère quant à lui la vallée de Chevreuse, où il possède tout un domaine composé de jardins (avec roseraie et potager) ainsi que de diverses dépendances (parmi lesquelles une orangerie, des serres, des écuries, une ferme et un poulailler).

Naturalisé français le 20 mars 1910, Léonard Rosenthal déménage au 156, boulevard Haussmann avant de s'installer rue Chauchat, non loin de l'hôtel des ventes de Drouot. Or, dans le temps même où Léonard se rapproche des lieux de négoce parisiens, son frère travaille dans le Golfe à se rapprocher de la source même des perles.

La question des concessions

En juin 1910, Victor Rosenthal retourne en effet pour une cinquième visite à Bahreïn afin d'y acheter des perles, résidant sur place tout au long de la saison estivale de pêche. Cette année-là, les Rosenthal rapporteront de Bahreïn à Paris, pour leur propre compagnie nouvellement fondée, pour 6,4 millions de roupies de perles[90].

Dans une lettre confidentielle adressée le 4 décembre 1910 au secrétaire des Affaires étrangères du gouvernement indien depuis Bouchehr[91], le lieutenant-colonel Percy Zachariah Cox (1864-1937) cite le rapport commercial bahreïni pour l'année 1909-1910 au sein duquel le capitaine Mackenzie, successeur du major Prideaux, souligne la réussite de l'entreprise d'achat de perles sur place par les frères Rosenthal. Surtout, Mackenzie craint que les Européens,

Victor, for his part, had a veritable palace built at Neuilly on Paris's western outskirts, but lived in a mansion near the Avenue du Bois (now Avenue Foch): "a sort of ashlar stone safe, lined with velvet and satin, furnished with Chinese lacquer and with a Carrara marble staircase." Indeed, his preference for polo rather than golf was based on practicing it "more in the manner of Chinese mandarins and Hindu horsemen than of those South American millionaires or members of the Jockey Club."[89]

Adolphe meanwhile preferred the Chevreuse Valley, where he owned an entire estate with various gardens (including a rose garden and kitchen garden) as well as a range of outhouses (among them an orangery, greenhouses, stables, a farm and a hen-house).

Having been granted French nationality on 20 March 1910, Léonard Rosenthal moved to 156 Boulevard Haussmann and then to Rue Chauchat, not far from the Drouot auction house. Yet, at the same time that Léonard was moving closer to Parisian trading locations, his brother was in the Gulf, working on getting closer to the very source of pearls.

The question of concessions

In June 1910, Victor Rosenthal returned to Bahrain for his fifth pearl-purchasing visit, staying there throughout the summer fishing season. That year, the Rosenthals would bring 6.4 million rupees' worth of pearls back from Bahrain to Paris, for their own newly founded company.[90]

In a confidential letter to the Secretary of the Government of India in the Foreign Department, sent from Bushehr on 4 December 1910, Lieutenant-Colonel Percy Zachariah Cox (1864–1937) referred to the Bahrain Trade Report for 1909–1910 in which Captain Mackenzie, successor of Captain Prideaux, had highlighted the success of the Rosenthal brothers' "enterprise in buying pearls on the spot."[91] Mackenzie's fear was, above all, that as they became aware of the vast possibilities of buying locally, the Europeans would be tempted to acquire their own boats and obtain fishing concessions, thus "disturb[ing] the time-honoured usages of the industry."

La préparation d'un collier de perles chez Léonard Rosenthal.
Preparing a pearl necklace at Léonard Rosenthal's place.

s'apercevant des vastes possibilités d'achat locales, ne soient tentés d'acquérir leurs propres bateaux et d'obtenir des concessions de pêche, perturbant ainsi les usages traditionnels d'une telle industrie.

Ce dernier se lamente par ailleurs qu'aucune des entreprises de commerce anglaises anciennement établies dans le Golfe ne soit capable de rivaliser avec les Français en termes d'expertise, de capitaux disponibles, de courage et de liberté d'action[92]. À défaut de pouvoir empêcher leurs activités commerciales, le capitaine Mackenzie souhaite imposer à ces Français œuvrant dans le Golfe une forme de concurrence britannique. Ce sera chose faite l'année suivante, des arrangements ayant été finalement conclus avec les compagnies de MM. Gray Paul et Ullmann de Hatton Garden[93].

Afin de creuser leur avance, les frères Rosenthal répliquent donc à cette époque en tentant d'obtenir des concessions de pêche. Dans une lettre aussitôt adressée au cheikh Isa bin Ali Al Khalifah (1848-1932), le lieutenant-colonel Percy Cox prévient ce dernier qu'il serait contre ses intérêts d'accorder de telles concessions à des étrangers et qu'il devrait dorénavant être lui-même consulté pour de telles affaires[94]. Dans sa réponse, le cheikh abonde poliment dans son sens mais lui suggère également que de telles concessions ne seraient pas non plus allouées à des compagnies britanniques[95]. Des accords secrets sont finalement conclus par Cox en avril 1911 afin d'interdire aux chefs de Bahreïn d'allouer des concessions de pêche perlière aux Rosenthal, qui réalisent depuis cinq ans des profits faramineux grâce à leurs achats dans la région[96]. C'est toutefois compter sans Victor Rosenthal, qui élabore aussitôt d'autres solutions.

Le cas de Dubai

À cette époque, les Rosenthal, comme d'autres marchands, tels l'Allemand Wönckhaus ou l'Anglais Gray, Paul & Co., commencent à s'intéresser à Dubai[97]. Le 20 juillet 1911, dans une lettre écrite depuis Bouchehr, Percy Cox informe en effet le cheikh Butti bin Suhail Al Maktoum (1851-1912), émir de Dubai alors au terme de sa vie[98], que Rosenthal lui a écrit depuis Bahreïn afin d'obtenir l'autorisation que son collègue et représentant Albert Habib, originaire de Tunisie et parlant arabe, puisse se rendre cette fois à Dubai, où il était déjà allé l'année précédente[99].

Il faut dire que les relations entre l'émirat et les Britanniques sont alors loin d'être au beau fixe : le 24 décembre 1910, soixante-quatre soldats et marins anglais du HMS *Hyacinth* pénètrent dans la ville au matin afin d'y fouiller des maisons suspectées de cacher des armes. Deux heures de bataille rangée s'ensuivent. Si un seul soldat britannique y perd la vie contre trente-sept Arabes, un nombre important de blessés est à déplorer dans chaque camp.

Portrait d'Isa bin Ali Al Khalifah, 1869.
Collection privée.
Portrait of Isa bin Ali Al Khalifah, 1869.
Private collection.

Furthermore, he lamented that none of the established British trading firms in the Gulf could rival the French in terms of expertise, available capital, courage and freedom to act.[92] For want of being able to prevent their trading activities, Captain Mackenzie sought to subject the French who were operating in the Gulf to some form of British competition. This would be achieved the following year, when arrangements were finally concluded by Messrs Gray Paul & Co. with Messrs Ulmann & Co. of Hatton Garden.[93]

To keep ahead during this period, the Rosenthal brothers responded by trying to obtain fishing concessions. In a letter addressed soon afterwards to Sheikh Isa bin Ali al-Khalifa (1848–1932), Lieutenant-Colonel Percy Cox warned the Sheikh that it would be against his interests to accord such concessions to foreigners and that he himself should henceforth be consulted over any such affairs.[94] In his response, the Sheikh politely concurred but also suggested to him that such concessions would not be accorded to British companies either.[95] Secret agreements were finally concluded by Cox in April 1911 in order to prohibit the Bahraini chiefs from granting pearl-fishing

concessions to the Rosenthals, who had been making enormous profits from their purchases in the region over the preceding five years.[96] This might have proved effective had it not been for Victor Rosenthal, who immediately devised alternative solutions.

The case of Dubai

At that time, the Rosenthals, along with other merchants such as the German firm Wönckhaus and the British firm Gray Paul & Co., were beginning to take an interest in Dubai.[97] On 20 July 1911, in a letter written in Bushehr, Percy Cox informed Sheikh Butti bin Suhail al-Maktoum (1851–1912), Emir of Dubai, who was approaching the end of his life,[98] that Rosenthal had written to him from Bahrain to obtain permission for his colleague and representative Albert Habib, who hailed from Tunisia and spoke Arabic, to go this time to Dubai, where he had already been the previous year.[99]

The relationship between the Emirate and the British was far from sunny at the time: on the morning of 24 December 1910, sixty-four soldiers and sailors from the HMS *Hyacinth* descended on the town in order to search some houses that were suspected of being used to hide weapons. Two hours of pitched battles ensued. While only one British soldier lost his life, compared with thirty-seven Arabs, there were a significant number of wounded in both camps.

↑ Boucles d'oreilles, vers 1920, perles fines, diamants, platine.
Collection privée.
Earrings, c. 1920, natural pearls, diamonds, platinum.
Private collection.

→ Collier, 1900, perle fine, diamants, platine.
Necklace, 1900, natural pearl, diamonds, platinum.
Collection Templier.

Du Koweït à la rue La Fayette… et retour
From Kuwait to Rue La Fayette… and back

L'année 1910 voit par ailleurs l'arrivée à Paris de deux marchands arabes, les cousins Abdul Rahman et Qassim bin Mohammad al-Ibrahim (1869-1956)[100], venus spécialement du Koweït afin de chercher de meilleurs prix encore que ceux alors proposés dans le Golfe par les Rosenthal, ou à Bombay par les marchands indiens[101].

Les deux cousins logent alors au Grand Hôtel, rue Scribe, tout près des bureaux et boutiques des nombreux marchands de perles installés rue La Fayette. L'essentiel du commerce parisien de la perle se concentre en effet à cette époque le long de cette rue qui prolonge la rue de la Paix au-delà de l'opéra Garnier. Profitant de la proximité du seul bureau des douanes, installé rue Choron, les acteurs du négoce, du marchand jusqu'à l'enfileuse, s'y comptent par centaines.

L'activité du quartier est par ailleurs renforcée, le 5 novembre 1910, par l'inauguration de l'actuelle station de métro Chaussée-d'Antin-La Fayette à l'intersection du boulevard Haussmann, de la rue de la Chaussée-d'Antin, de la rue Halévy et de la rue La Fayette.

On dénombre en effet en 1912 deux cent vingt-trois membres de la Chambre syndicale des négociants en diamants, perles, pierres précieuses et des lapidaires. Parmi eux, cinquante et un négociants en perles fines sont alors installés dans la seule rue La Fayette. Peuvent être ajoutés à ces derniers trente marchands supplémentaires dans la rue, adjacente, de Châteaudun et plus de vingt rue Le Peletier, également très proche. Parmi ces marchands se distingue très nettement à cette époque la figure de Jacques Bienenfeld (1875-1933), l'« autre roi de la perle ».

« Le grand Jacques Bienenfeld »

C'est à Kalouch, en Galicie austro-hongroise (aujourd'hui en Ukraine), que naît dans une modeste famille Jacob « Jacques » Bienenfeld, le 15 novembre 1875. Arrivé en France sans le moindre sou en poche autour de 1889[102], soit la même année que Léonard Rosenthal, il commence par vendre des bijoux de seconde main dans la rue.

Portrait de Jacques Bienenfeld, publié dans le *Bulletin de la Société historique de Suresnes*, 1995.
Portrait of Jacques Bienenfeld, published in *Bulletin de la Société historique de Suresnes*, 1995.

The year 1910 also saw the arrival in Paris of two Arab merchants, cousins Abdul Rahman and Qassim bin Mohammad al-Ibrahim,[100] who had come specially from Kuwait to seek out even better prices than were then being offered in the Gulf by the Rosenthals or in Bombay by the Indian merchants.[101]

The two cousins were staying at the Grand Hôtel on Rue Scribe, very near to the offices and shops of the many pearl merchants of Rue La Fayette. The latter street, a continuation of Rue de la Paix beyond the Opéra Garnier, was the center of Paris's pearl trade at the time. Taking advantage of the proximity of the sole customs office, at Rue Choron, hundreds of people involved in the trade, from merchants to threaders, were based there.

The area became even busier after the inauguration on 5 November 1910 of what is now the Chaussée-d'Antin-La Fayette metro station, at the intersection of Boulevard Haussmann, the Rue de la Chaussée-d'Antin, the Rue Halévy and the Rue La Fayette.

In 1912 there were twenty-three members of the Chambre Syndicale des Négociants en Diamants, Perles, Pierres Précieuses et des Lapidaires. Of these, fifty-one of the pearl traders were then based in Rue La Fayette alone. Added to these were thirty further merchants in the adjacent Rue de Châteaudun, and more than twenty on Rue Le Peletier, which was also very nearby. A figure who stood out among these merchants at the time was Jacques Bienenfeld (1875–1933), the "other king of pearls."

"The great Jacques Bienenfeld"

It was in Kalush, in Austro-Hungarian Galicia (now in Ukraine), that Jacob "Jacques" Bienenfeld was born to a family of modest means on 15 November 1875. After arriving in France without a centime to his name around 1889[102] – the same year as Léonard Rosenthal – he started out as a street vendor of second-hand jewelry.

Legend has it that his first significant business venture was when he purchased an African king's jewelry on credit, and then sold it. Bienenfeld soon found himself

La légende raconte que sa première affaire d'importance fut l'achat à crédit puis la revente de joyaux d'un certain roi africain. Bienenfeld se retrouve bientôt à la tête d'un petit empire commercial : il se tourne entre-temps vers le commerce des perles fines, consultant pour ce faire des spécialistes de la biologie et de l'écologie ostréicole avant d'en devenir un expert lui-même.

Il ouvre finalement sa propre boutique de négoce en 1914, au 62, rue La Fayette. Citons parmi les différents négociants en perles fines alors installés à cette adresse : S. & M. Abouhamad, Mohamedali Zainal Alireza, Pierre Barboza (par ailleurs au 356 de la rue Saint-Honoré), Sodo & Poli Cardinale, Choskibros, Gordon Frères, L. Landsmann, Ed. Rosenthal, Strauss, B. Thiélès, etc. Au gré du formidable développement de ses affaires, Bienenfeld en acquiert les cinquième, sixième et septième étages avant de détenir l'ensemble de l'immeuble, où il emploie plus de quatre-vingts personnes.

Tandis que le nombre de marchands de perles à ouvrir boutique à Paris subit à cette époque une forte hausse, le commerce total de Bahreïn augmente de 2 crores à 6,5 crores en dix ans (1 crore ou koti équivaut à 100 lakhs).

heading a small commercial empire, having in the meantime turned his attention to the pearl trade, for the purposes of which he consulted specialists in oyster biology and ecology, himself then becoming an expert.

He finally opened his own shop in 1914, at 62 Rue La Fayette. Among the other pearl traders who were then at this address were S. & M. Abouhamad, Mohamedali Zainal Alireza, Pierre Barboza (who also had premises at 356 Rue Saint-Honoré), Sodo & Poli Cardinale, Choskibros, Gordon Frères, L. Landsmann, Ed. Rosenthal, Strauss, B. Thiélès and others. As his business flourished, Bienenfeld went on to acquire the fifth, sixth and seventh floors before becoming the owner of the entire building, where he employed more than eighty people.

The number of pearl merchants opening shops in Paris shot up during this period, and the total value of business from Bahrain increased by 2 crores to 6.5 crores in ten years (1 crore was equal to 100 lakhs).

Maison Verax, fabrique de bijouterie en or, 64, rue La Fayette, Paris, 1861.
Maison Verax, gold jewelry factory, 64 Rue La Fayette, Paris, 1861.

Dans le Golfe, des années de surabondance

L'âge de la perle parisien a bel et bien commencé et les Rosenthal sont bientôt rejoints par d'autres entrepreneurs, aventuriers et explorateurs désireux de tirer leur épingle du jeu khalijien. Ils jouissent cependant d'une belle avance et c'est pour d'autres horizons encore, et notamment la Chine, que Victor décolle finalement le 22 octobre 1910[103].

Il se rend de nouveau à Bahreïn l'année suivante, accompagné de son petit frère et d'un cousin[104]. Il fait de bonnes affaires et achète pour 30 à 40 lakhs de roupie de perles à des prix bien supérieurs à ceux alors offerts par un certain Marx, représentant d'une firme anglaise et des deux frères Pack travaillant à Bombay. À peine arrivé, un Allemand nommé Weiss est pour sa part reparti par le premier avion courrier, n'ayant pas supporté la chaleur. La saison perlière de 1911 a donc été prospère sans que les prix aient diminué à Bahreïn. On y trouve cette année-là autour de quatre cents bateaux employés dans les pêcheries perlières des îles, payant chacune une taxe au cheikh, et l'exportation des perles depuis Bandar Lengeh est alors estimée à environ 30 000 à 35 000 livres sterling par an[105].

Tandis qu'en 1912 Bahreïn voit arriver plus de 1,25 million de livres sterling *via* la vente à bon prix d'une pêche abondante, les années 1912-1913 sont, pour le Koweït, « *sinat al-tufha*[106] », l'« année de la surabondance », et voient certains pêcheurs gagner jusqu'à 2 000 roupies. Cette même période, Saïd bin Maktoum bin Hasher Al Maktoum (1878-1958) succède au cheikh Butti pour devenir émir de Dubaï. Lui revient alors la tâche complexe de gérer les différentes ambitions occidentales dans le Golfe, ainsi que leurs tentatives d'ingérence. C'est également lui qui, en tant que « sheikh de Dobaï », pourrait avoir personnellement reçu cette même année, sur son chemin pour Bahreïn, le joaillier français Jacques Cartier qui revient alors du couronnement du roi d'Angleterre George V en tant qu'empereur des Indes à la fin de l'année 1911.

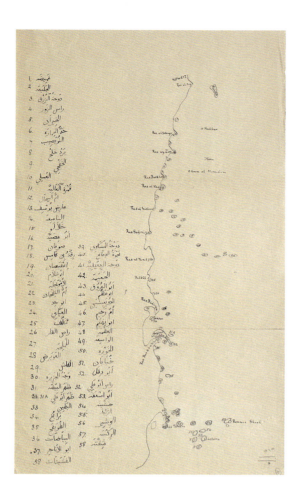

Glut years in the Gulf

Paris's age of pearls had well and truly begun, and the Rosenthals were soon joined by other entrepreneurs, adventurers and explorers seeking to profit from the Gulf game. They had, however, benefited from a good head-start, and it was for other new horizons, notably China, that Victor finally set off on 22 October 1910.[103]

He went to Bahrain again the following year, accompanied by his younger brother and a cousin.[104] He managed to secure purchases of 30 to 40 lakhs' worth of pearls at far higher prices than those that had been offered by a certain Marx, the representative of a British firm and the two Pack brothers who were working in Bombay. Meanwhile, a German named Weiss had barely arrived when he left again by the first mail plane, unable to bear the heat. The 1911 pearl season was thus a successful one, without any drop in prices in Bahrain. In that year, some four hundred boats were used in the island pearl fisheries, each paying a tax to the Sheikh, and exports of pearls from Bandar Lengeh were estimated at about 30,000 to 35,000 pounds sterling per year.[105]

Cartier, boucles d'oreilles, vers 1920, perles fines, diamants, platine.
Collection privée.
Cartier, earrings, c. 1920, natural pearls, diamonds, platinum.
Private collection.

Cartographie esquissée des bancs de perles entre le Koweït et Ras Tanura (Arabie saoudite), novembre 1906.
Sketch map of the pearl beds between Kuwait and Ras Tanura (Saudi Arabia), November 1906.

Illustration d'Edmond Dulac issue de : Léonard Rosenthal, *Au royaume de la perle*, 1920.
Illustration by Edmond Dulac from: Léonard Rosenthal, *The Pearl Kingdom*, 1920.

While Bahrain saw more than 1.25 million pounds sterling come in from sales of the abundant catch at good prices, the year 1912–1913 was, for Kuwait, "*sinat al-tufha*"[106] – the "glut year" – and saw some fishers earning up to 2,000 rupees. In the same year, Saeed bin Maktoum bin Hasher al-Maktoum (1878–1958) succeeded Sheikh Butti as emir of Dubai. The complex task of managing the various Western ambitions in the Gulf, and their attempts at interference, then fell to him. It may also have been he who, as "Sheikh of Dobai," personally hosted the French jeweler Jacques Cartier in the same year, when Cartier was traveling back to Bahrain after attending the coronation of the British King George V as Emperor of India at the end of 1911.

1912 : Jacques Cartier découvre le golfe Arabo-Persique

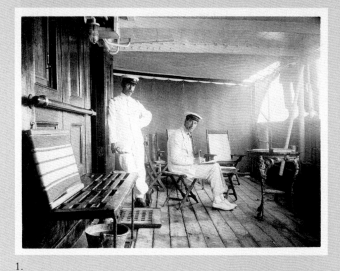

1.

2.

3.

1912: Jacques Cartier discovers the Arabo-Persian Gulf

1. Jacques Cartier à bord du bateau *Tynesider* qui le mènera jusqu'à Oman puis Bahreïn, mars 1912.
Jacques Cartier on the boat *Tynesider* on its way to Oman and then Bahrain, March 1912.

2. Jacques Cartier dans la maison de Mugbil Abdul Rahman al-Thukair à Manama, Bahreïn. Il est assis en compagnie de son agent commercial, Maurice Richard, et Abdulrahman bin 'Aydan, mars 1912. Jacques Cartier in the house of Muqbil 'Abd al-Rahman Al-Dhukair in Manama, Bahrain. He is seating with his trading agent, Maurice Richard, and Abdulrahman bin 'Aydan, March 1912.

3. Jacques Cartier au large de Mascate à Oman, mars 1912.
Jacques Cartier off the coast of Muscate in Oman, March 1912.

Archives Cartier Paris.

Depuis l'ouverture de la boutique Cartier à Londres en 1902, à la suite du couronnement d'Édouard VII, Jacques Cartier (1884-1941) a pu tisser des liens particuliers avec l'Inde. Tandis que Louis Boucheron, dont la maison est également présente à Londres à partir de l'année suivante, se rend pour la première fois en Inde en 1909 afin d'acquérir des pierres précieuses, deux années plus tard, c'est au tour de Jacques Cartier de se rendre à Delhi, dans le but d'assister au troisième durbar, prévu le 12 décembre 1911. Ce prestigieux événement est destiné à fêter le couronnement du roi George V et de la reine Mary ainsi que leur réception des titres d'empereur et d'impératrice des Indes, mais également le transfert de la capitale de l'Inde de Calcutta à Delhi, où Jacques Cartier va pouvoir rencontrer et recevoir à cette occasion les commandes de nombreux princes indiens. Dans son journal ainsi que dans les lettres envoyées à ses frères, Jacques Cartier a retracé avec précision les différentes étapes de son séjour en Orient, d'octobre 1911 à avril 1912. Il a effectué un second voyage en Orient en 1912-1913. On sait ainsi qu'il a quitté le port de Marseille et navigué seize jours durant *via* la Corse, le détroit de Messine, Port-Saïd, le canal de Suez et Aden avant de rejoindre Delhi.

Assister aux célébrations n'est cependant pas le seul objectif d'un tel séjour pour le joaillier, comme Cartier l'explique lui-même à son frère : « Mon cher Louis, si j'ai bien compris ma mission, le travail le plus important qui m'a été confié pendant mon voyage aux Indes était d'investiguer le marché des perles et de rapporter de quelle façon nous pouvons le mieux nous ravitailler. D'après ce que je vous ai déjà écrit, je considère un bureau à Bombay comme indispensable si nous voulons notre place au soleil, parmi les premières mains[107]. »

Jacques Cartier décide en effet de profiter de son voyage pour rendre visite aux pêcheurs et marchands de perles du Golfe et notamment à Bahreïn et à Dubai, accompagné entre autres de Maurice Richard, son assistant commercial, et de son traducteur parsi, nommé Sethna, qu'il a rencontré en Inde grâce à ce dernier : « Richard m'a présenté un homme qui je crois pourra nous rendre des services. C'est un Parsi du nom de Sethna ; âgé de 55 ans, qui a été pendant 20 ans collecteur à Surat (Revenu département) [*sic*]. Après il a été placé au service des Douanes, et là il a été en rapports constants avec tous les Arabes qui apportent leurs marchandises aux Indes. »

Représentant permanent de Cartier à Bombay, Sethna renseignera à partir d'août 1912 les bureaux de Paris et de Londres sur la situation du marché ; c'est également lui qui sera chargé d'organiser l'envoi en Europe des perles achetées en Inde et dans le Golfe, où il se rend régulièrement, parfois en compagnie de Maurice Richard.

« J'emmène aussi le Farsi Sethna que tu connais par mes lettres. Il nous est utile tous les jours et tous les instants, nous a servis

Following the opening of the Cartier boutique in London in 1902 after Edward VII's coronation, Jacques Cartier (1884-1941) was able to foster a special relationship with India. While Louis Boucheron, whose Maison also had a presence in London from the following year, went to India for the first time in 1909 to buy precious stones, two years later it was Jacques Cartier's turn to make his way to Delhi with the intention of attending the third Durbar, held on 12 December 1911. The purpose of this prestigious event was to celebrate the coronation of King George V and Queen Mary and their acquiring the titles of Emperor and Empress of India, but also the transfer of the Indian capital from Calcutta (now Kolkata) to Delhi, where the occasion enabled Jacques Cartier to meet many Indian princes and receive orders from them.

In his diary and in letters he sent to his brothers, Jacques Cartier chronicled the various stages of his stay in the East, from October 1911 to April 1912, in detail. He made a second trip there in 1912-1913. We know that he set off from the port of Marseille on a sixteen-day journey via Corsica, the Strait of Messina, Port Said, the Suez Canal and Aden, before reaching Delhi.

Attending the celebrations was not, however, the sole objective for his stay, as he explained to his brother:

"My dear Louis, if I have understood my mission correctly, the most important task that was entrusted to me for my journey to India was to investigate the pearl market and report on how we might best obtain fresh supplies. As I have already written to you, I consider an office in Bombay to be crucial if we want to be well positioned, at the forefront of operations."

Cartier decided to take advantage of his journey by visiting Gulf pearl fishers and merchants, notably in Bahrain and Dubai, accompanied among others by his business assistant Maurice Richard and his Persian translator named Sethna, whom he had met through the former in India:

"Richard introduced me to a man who I believe could be of service to us. He is a Parsi named Sethna, 55 years of age, who for 20 years was a collector in Surat (Revenue Department). Thereafter he was posted to the Customs service, where he was in constant contact with all the Arabs who brought their merchandise to India."[107]

As Cartier's permanent representative in Bombay, from August 1912 Sethna would keep the Paris and London offices informed on the market conditions; he was also charged with organizing the transport to Europe of pearls purchased in India and the Gulf, where he went regularly, sometimes accompanied by Maurice Richard.

"I am also bringing Sethna, the Farsi, whom you know through my letters. He is useful to us on every day and at every moment, has served us faithfully and will be sufficient as an interpreter in the Gulf, as the Arabs in whom we are interested all speak a little Hindustani."[108]

fidèlement et il sera un interprète suffisant au Golfe, car les Arabes qui nous intéressent parlent tous un peu l'hindoustani[108]. »
Jacques Cartier et son cuisinier, Maurice Richard, le premier mécanicien du bateau et le capitaine quittent le port de Karachi la première semaine du mois de mars 1912 sur le *Tynesider*. Arrivée à Mascate le 9 mars, la troupe est reçue par le sultan d'Oman :
« Le consul a fait demander une audience pour nous au sultan et nous avons été reçus de la façon la plus affable ; c'est un homme charmant et très solaire bien qu'il ne parle que l'arabe et l'hindoustani[109]. »
Le sultan se révèle également un grand amateur de mobilier français, et Cartier est le témoin de sa rencontre avec le cheikh de Dubai. Quittant les eaux de Mascate le lendemain à 11 heures du soir, Cartier atteint le matin suivant à 10 heures le territoire de Musandam[110], avant d'arriver à Bandar Abbas, sur la rive orientale et septentrionale du Golfe :
« J'ai vu la mer phosphorescente. – De la passerelle du capitaine, les deux vagues qui s'écartent de l'avant du navire étaient bleues comme si elles étaient éclairées par-dessous – tout le bateau était entouré d'une ceinture lumineuse et les poissons de tous côtés rayaient la surface de l'eau d'étincelles zigzaguées. C'était un feu d'artifice à la surface de la mer[111]. »
Quelques jours plus tard, l'équipage remonte la rive iranienne jusqu'au port de Bandar Lengeh. Le *Tynesider* rejoint ensuite le port de Dubai.

L'équipage atteint finalement les eaux de Bahreïn mi-mars. Jacques Cartier est accueilli à la douane de Manama par al-Thukair et son fils, âgé de dix-sept ans, « parlant couramment l'hindustani et un petit peu d'anglais ». Leur générosité culinaire surprend les invités : « Nous avons reçu trois poulets rôtis, trois plats de riz, trois plats de bœuf, trois plats de pâtisserie fine, trois plats de gâteaux, enfin de quoi nourrir des naufragés de *La Méduse*[112] pendant un mois. » « On nous offre du thé et des gâteaux secs (à l'européenne) aussi des sortes de biscottes de pays avec du beurre de lait de chèvre pas désagréable du tout. »
Le cheikh prête également à Cartier l'un des deux seuls fiacres que compte alors l'île, le transport se faisant généralement à dos d'âne : « Il nous a amenés à son jardin qui est délicieusement placé, au bord d'une lagune abondamment ombragée[113]. »
Le cheikh propose enfin à ses invités de visiter sa pêcherie ainsi qu'un banc d'huîtres. Pas une perle n'est cependant trouvée parmi les quelque deux cents coquilles ouvertes à l'occasion de cette sortie en mer. Se rendant ensuite au bazar, Cartier en profite pour y acheter contre 500 roupies une perle de 16 grains (env. 4 carats) qu'il souhaite envoyer à Bombay pour la blanchir.
Jacques Cartier et son équipe décident alors de découvrir la ville insulaire de Muharraq, capitale du Bahreïn de 1810 à 1923, dont les environs leur apparaissaient jusqu'ici comme un mirage. Ils y sont

Jacques Cartier, his cook, Maurice Richard, the boat's first mechanic and the captain left the port of Karachi in the first week of March 1912 on the *Tynesider*. On their arrival in Muscat on 9 March, the entire group were welcomed by the Sultan of Oman:
"The Consul had an audience with the Sultan requested for us and we were received most affably; he is a charming man, with a very sunny disposition, although he speaks only Arabic and Hindustani."[109]
The sultan turned out to have a great love of French furniture. While with him, Cartier encountered the Sheikh of Dubai. Leaving the waters of Muscat at 11 o'clock in the evening of the following day, Cartier reached the territory of Musandam[110] at 10 o'clock the next morning, before arriving in Bandar Abbas, at the southern end of the Gulf's eastern shore:
"I saw the luminous sea. – From the captain's bridge, the two waves that were parted by the front of the ship were of a blue that appeared as if lit from beneath – the entire vessel was surrounded by a ring of light, and fish scored the water's surface with zigzag flashes all around. It was a firework display on the surface of the sea."[111]
A few days later, the crew navigated up the Iranian coast to the port of Bandar Lengeh. The *Tynesider* then went on to the port of Dubai.

The crew at last reached Bahraini waters in mid-March. Jacques Cartier was welcomed at the Manama customs office by al-Thukair and his seventeen-year-old son, "who spoke fluent Hindustani and a little English." Their culinary generosity surprised their guests: "We were given three roast chickens, three rice dishes, three beef dishes, three plates of fine pastries, three plates of cakes, in short sufficient to feed all the victims of the *Méduse*[112] shipwreck for a month." "We were offered tea and biscuits (European style) as well as some sorts of local rusks with goat's butter, which was not at all unpleasant."
The Sheikh also lent Cartier one of the island's few horse-drawn carriages, the main means of transport there being by donkey: "He brought him to his garden, which is deliciously positioned, on the edge of a lagoon with abundant shade."[113] Eventually, the Sheikh invited them to visit his fishery, as well as an oyster bed. However, not a single pearl was found among some two hundred shells that were opened during this nautical excursion. Heading next to the bazaar, Cartier took advantage of the opportunity to purchase, for 500 rupees, a pearl weighing 16 grains (about 4 carats) which he planned to send to Bombay to have it whitened.
Jacques Cartier and his team then decided to visit the island city of Muharraq, Bahrain's capital from 1810 to 1923, the setting of which had previously appeared to them as if a mirage. They

Jacques Cartier découvre le golfe Arabo-Persique – Jacques Cartier discovers the Arabo-Persian Gulf

4.

5.

6.

4. Jacques Cartier entouré de marchands de perles influents au Bahreïn, mars 1912.
Jacques Cartier in Bahrain sitting with some of the well-known pearl merchants of the time, March 1912.

5. Jacques Cartier dans la maison de Mugbil Abdul Rahman al-Thukair à Manama, Bahreïn, mars 1912.
Jacques Cartier in the house of Muqbil 'Abd al-Rahman Al-Dhukair in Manama, Bahrain, March 1912.

6. Jacques Cartier au Barheïn partageant un repas avec des marchands de perles influents, mars 1912.
Jacques Cartier in Bahrain sharing a lunch with some of the well-known pearl merchants of the time, March 1912.

Archives Cartier Paris.

accueillis par le cheikh Isa bin Ali Al Khalifah (1848-1932). Autorisé par le cheikh à le prendre en photo, Cartier parvient tant bien que mal à s'entretenir avec lui. Tout le groupe part ensuite visiter à dos d'âne l'intérieur des terres de l'île et notamment les tumuli phéniciens du cimetière d'Ali, datant de l'âge du bronze et bien connus des archéologues britanniques et français.
« Le cheik Ali qui est le chef de la communauté installée (ou plutôt campée) près de ces tombes, nous a offert le déjeuner dans sa tente[114]. » Parmi les différentes visites ultérieures que fait Cartier de la région vient l'occasion de voir un établissement allemand qui importe du riz, du café et du coton contre de la nacre. Plusieurs jours s'écoulent ensuite jusqu'à ce que vienne l'heure du départ à bord du *Tynesider* et des adieux au cheikh : « Comme cadeau de départ je lui ai donné ma montre, ma chaîne et mon crayon. Cela a été une joie énorme et vraiment ce n'était pas trop pour toutes les amabilités qu'ils ont eues pour nous et la vraie amitié qu'ils témoignent. J'ai aussi apporté ce soir-là 2 pièces d'étoffe (en soie brochée), pour les dames de la maison car ce sont elles qui nous ont envoyé et préparé chaque jour nos provisions (beurre etc.). Nous ne pouvions pas nous faire un ami plus utile que le cheik Mujbal et la nature des sentiments qu'il nous a témoignés ne donne aucun doute sur sa foi[115]. »
Revenu à Bombay, Jacques Cartier quitte finalement l'Inde début avril pour rejoindre Marseille à bord de *L'Océanien*. Le séjour oriental de Jacques Cartier paraît avoir considérablement influencé les créations contemporaines de la maison. En témoigne le nombre de gouachés joailliers et de créations ultérieures de la maison Cartier présentant des perles.

were welcomed there by Sheikh Isa bin Ali al-Khalifah (1848–1932). Having secured the Sheikh's permission to take a photograph of him, Cartier did his best to converse with him. The entire group then set off astride donkeys to visit the island's interior and in particular the Phoenician tumuli of the A'Ali burial ground, which date back to the Bronze Age and were well known among British and French archaeologists. "Sheikh Ali, who is the chief of the community that lives (or, rather, camps) near these tombs, provided us with luncheon in his tent."[114] Among the various subsequent visits that Cartier undertook in the region came the opportunity to visit a German establishment that imported rice, coffee and cotton in exchange for mother-of-pearl. Several days went by before the time came for them to depart aboard the *Tynesider* and wish the Sheikh farewell:
As a parting gift, I gave him my watch, my chain and my pencil. It was a great joy to do so, and it truly was not too much for all the kindness that they had shown us and the genuine friendship that they displayed. That evening I also brought the 2 pieces of fabric (silk brocade), for the ladies of the house, for it is they who had sent and prepared our provisions (butter etc.) every day. We could not have made a more useful friend than Sheikh Mujbal, and the nature of the sentiments he displayed to us leaves us in no doubt as to his good faith.[115]
Having returned to Bombay, Jacques Cartier finally left India in early April to sail back to Marseille on the *Océanien*. His stay in the East seems to have had a considerable influence on his Maison's creations at the time, as witnessed by the number of jewelry gouaches and later pieces by Cartier that feature pearls.

7.

Jacques Cartier découvre le golfe Arabo-Persique – Jacques Cartier discovers the Arabo-Persian Gulf

8.

7. Jacques Cartier en compagnie du cheikh Ali, à proximité de la nécropole de 'Ali à Bahreïn, mars 1912.
Jacques Cartier with Sheikh Ali, near the A'ali necropolis in Bahrain, March 1912.

8. Jacques Cartier tenant une perle montée en pendant à Patiala lors de son voyage en Inde, décembre 1911.
Jacques Cartier holding a pearl mounted on a pendant in Patiala during his trip to India, December 1911.

Archives Cartier Paris.

La perle, forme symbolique de la modernité

The pearl as a symbol of modernity

De l'Art nouveau au « Nouveau style »

From Art Nouveau to the "new style"

Marquées par l'explosion du marché parisien de la perle, les années 1910 sont longtemps restées un point aveugle dans l'étude des arts décoratifs[116], ombragées par les diverses floraisons de ce que l'on nommera plus tard l'« Art nouveau » qui s'épanouissent en Europe au tournant du XXe siècle, ainsi que par l'avènement de ce qui deviendra l'Art déco dans l'entre-deux-guerres. Pourtant, une période cruciale dans l'histoire des arts décoratifs, récemment identifiée par Jérémie Cerman, s'ouvre bel et bien avec l'arrivée de créateurs allemands au Salon d'automne de 1910, aboutissant à la fondation du Bauhaus à Weimar en 1919[117].

Cette période nécessite d'être approchée de manière autonome, ne serait-ce que pour mieux apprécier les différentes commandes que passe alors le grand couturier Jacques Doucet (1853-1929) à divers décorateurs ou la création de la Société du chemin de fer électrique souterrain Nord-Sud de Paris, bien décidée à se distinguer de sa concurrente, la Compagnie du chemin de fer métropolitain de Paris, dont Hector Guimard incarne l'étendard.

Le goût pour les couleurs vives et tranchées fortement contrastées, qui s'oppose explicitement aux teintes souvent plus pastel de l'Art nouveau propres à la Belle Époque, est déjà bien présent au tournant des années 1910[118]. S'il relève alors, tout du moins en partie, d'une inspiration puisée dans les costumes et décors des Ballets russes, qui se produisent au théâtre du Châtelet dès 1909, c'est en revanche sur un modèle plus ou moins proche de l'« atelier viennois » que se fondent alors en France plusieurs ateliers dévolus aux arts décoratifs, même s'ils demeurent de types très divers.

Sont ainsi créés l'Atelier Martine de Paul Poiret (1879-1944) en 1911, l'Atelier français de Louis Süe (1875-1968) en 1912, ancêtre de la Compagnie des arts français qu'il fonde sept ans plus tard avec André Mare (1885-1932), mais aussi, toujours en 1912, les Ateliers modernes de Francis Jourdain (1876-1958) ou encore Primavera, atelier d'art du Printemps. Au Salon d'automne de 1913, si Jacques-Émile Ruhlmann (1879-1933) se fait remarquer avec un mobilier plutôt traditionaliste, Jourdain s'affirme radicalement *via* les aménagements de son propre appartement de la rue Vavin, à Paris, par la simplicité de ses installations et l'« absence totale de tout décor[119] ».

Marked by the explosion of the Paris pearl market, the 1910s have long remained a blind spot in the study of the decorative arts,[116] overshadowed by the various forms of what later came to be called "Art Nouveau" which flourished across Europe in the years around 1900, as well as by the advent of what would become Art Deco in the interwar period. However, a crucial chapter in the history of the decorative arts, as recently identified by Jérémie Cerman, did indeed begin with the arrival of German designers at the Salon d'Automne of 1910, and culminated in the foundation of the Bauhaus in Weimar in 1919.[117]

This period should be approached as a separate entity, even if only to better appreciate the various commissions that the great couturier Jacques Doucet (1853–1929) gave to a range of designers for his interiors, or the establishment of the north–south Paris metro company (Société du Chemin de Fer Électrique Souterrain Nord-Sud de Paris), which was determined to distinguish itself from its competitor, the original metro company (Compagnie du Chemin de Fer Métropolitain de Paris), as emblematized by Hector Guimard.

The taste for vivid and sharply contrasting colors, unequivocally contrary to the often more pastel tones of Art Nouveau that were typical of the Belle Époque, was already much in evidence by the early 1910s.[118]

← Publicité de Técla, publiée dans la *Gazette du bon ton*, n° 10, planche 88.
Advertising by Técla, published in *Gazette du bon ton*, no. 10, plate 88.

↗ Portrait de Paul Poiret.
Portrait of Paul Poiret.

→ Simone Puget, « Salomé. Robe du soir de Paul Poiret », *Gazette du bon ton*, n° 3, planche 28, 1914.
Simone Puget, "Salome. Evening gown by Paul Poiret," *Gazette du bon ton*, no. 3, plate 28, 1914.

"SALOMÉ"

Robe du soir de Paul Poiret

Cartier Paris, collier, 1910, perles fines, diamants, saphirs, platine.
Cartier Paris, necklace, 1910, natural pearls, diamonds, sapphires, platinum.
Collection Cartier.

Cartier Paris, 1913-Cartier Londres, 1923, broche draperie, perle de conque rose, perles fines, diamants, platine.
Cartier Paris, 1913 – Cartier Londres, 1923, brooch-pendant, pink-colored conch pearl, natural pearls, diamonds, platinum.
Collection Cartier.

Cartier Paris, épingle de voilette, 1913, perle fine, diamants, platine.
Cartier Paris, veil pin, 1913, natural pearl, diamonds, platinum.
Collection Cartier.

Bague, vers 1910, perle fine, diamants, or.
Ring, c. 1910, natural pearl, diamonds, gold.
Paris, musée des Arts décoratifs.

Cartier Paris, montre-bracelet, 1911, mouvement LeCoultre, perles fines, diamants, émail, or, platine, bracelet daim.
Cartier Paris, bracelet-watch, 1911, LeCoultre movement, natural pearls, diamonds, enamel, gold, platinum, suede bracelet.
Collection Cartier.

Cartier Paris, montre-bracelet, 1910, mouvement LeCoultre, perles fines, diamants, platine.
Cartier Paris, bracelet-watch, 1910, LeCoultre movement, natural pearls, diamonds, platinum.
Collection Cartier.

La recherche récente a bien montré comment se distingue au cours de cette période une forme de conversion décorative de l'avant-garde fin de siècle, oscillant entre renouveau baroque et recherche puriste[120]. Tandis que les arts décoratifs français modernes s'institutionnalisent *via* l'émergence de la Société des artistes décorateurs[121], la réflexion portée par Léon Rosenthal (1870-1932) vise à une « résurrection des villes[122] ». Renaît également le service de table avec Jean Luce (1895-1964)[123], pendant que s'opère un retour aux ordres et à l'ornement géométriques en architecture. Surtout, aux côtés des guirlandes et corbeilles qui fleurissent au coin des rues comme des pages, la perle se distingue comme ornement central de ce nouveau système.

Riche en débats, cette période est bien sûr marquée par un conflit international imposant la suspension des productions à venir. La France est néanmoins présente à la *Panama-Pacific International Exposition* de San Francisco de 1915[124], où la mode parisienne détrône les arts décoratifs modernes. La place occupée par la mode dans ces années devient en effet prédominante, grâce notamment à de nouveaux supports de communication, et tant les activités de Jean Patou pour la maison Parry que celles de Paul Iribe[125] ou la publication de la *Gazette du bon ton* par Lucien Vogel (1886-1954), à partir de 1912[126], peuvent être perçues comme des révolutions.

While this was at least partially inspired by the costumes and sets of the Ballets Russes, which performed at the Théâtre du Châtelet from 1909, it was more on the model of Viennese artist's studios that a number of French workshops devoted to the decorative arts were founded at that time, albeit very diverse in character.

Thus, Paul Poiret (1879–1944) founded the Atelier Martine in 1911, and in 1912 Louis Süe (1875–1968) established the Atelier Français, a precursor of the Compagnie des Arts Français which he founded seven years later with André Mare (1885–1932); and, still in 1912, Francis Jourdain (1876–1958) set up the Ateliers Modernes, while the Printemps department store opened its art workshop named Primavera. At the Salon d'Automne of 1913, as Jacques-Émile Ruhlmann (1879–1933) attracted attention for his relatively traditionalist furniture, Jourdain radically asserted himself via the furnishings of his own apartment in Paris's Rue Vavin, through the simplicity of his fit-outs and the "total absence of any interior decoration."[119]

Recent research has clearly demonstrated how, over the course of this period, there was a discernible sort of decorative conversion of the *fin-de-siècle avant-garde*, oscillating between baroque revival and a quest for purism.[120] While the modern French decorative arts became institutionalized through the emergence of the Société des Artistes Décorateurs,[121] Léon Rosenthal (1870–1932) propounded a thinking that aimed to "resurrect" towns and cities.[122] The table service was also reborn thanks to Jean Luce (1895–1964),[123] while architecture underwent a return to the orders and to geometric ornament. Above all, alongside the festoons and capitals that sprung up on street corners like page boys, the pearl stood out as the central ornament of this new system.

As well as being rich in debate, the period was also of course marked by international conflict that put a halt to new production for a time. France was nonetheless present at the Panama-Pacific International Exhibition in San Francisco in 1915,[124] where Parisian fashion pushed the modern decorative arts into second place. Indeed, fashion acquired a status of predominance in those years, notably thanks to new publicity media, and Jean Patou's activities for the Parry couture house can be as much considered revolutions as can Paul Iribe's[125] or the publication of the *Gazette du bon ton* by Lucien Vogel (1886–1954) from 1912.[126]

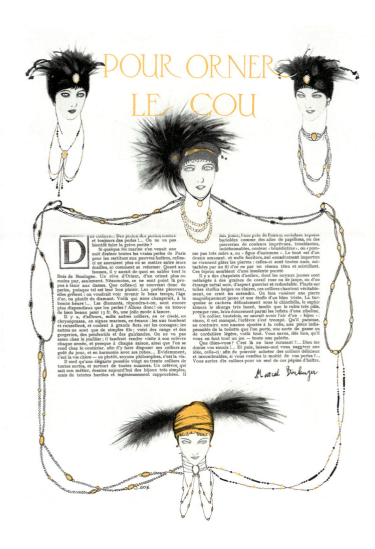

↖ Marcel Boulenger, « Pour orner le cou », illustré par Francisco Javier Gosé, *Femina*, octobre 1913.
Marcel Boulenger, "To adorn the neck," illustrated by Francisco Javier Gosé, *Femina*, October 1913.

← Georges Fouquet, collier *Mûrier*, 1912, perles fines, émail, or.
Georges Fouquet, *Mulberry* necklace, 1912, natural pearls, enamel, gold.

Paris, musée des Arts décoratifs.

Lucien Vogel et les « Chevaliers du bracelet »

Le 15 juin 1914 paraît dans l'édition new-yorkaise de *Vogue* un article louant les talents d'un groupe de jeunes artistes-dandys parisiens, tous nés dans les années 1880[127]. Qualifiés de « Beau Brummell du pinceau », ils se surnomment eux-mêmes « les Chevaliers du bracelet ». Il s'agit de Bernard Boutet de Monvel (1881-1949), son cousin Pierre Brissaud (1885-1964) et George Barbier (1882-1932), Jean Besnard (1889-1958), Georges Lepape (1887-1971), Charles Martin (1884-1934), Paul Iribe (1883-1935) ou encore André Édouard Marty (1882-1974), qui gravitent alors autour des ateliers de Jean-Paul Laurens (1838-1921) et de Fernand Cormon (1845-1924), leurs maîtres spirituels au sein de l'École des beaux-arts à Paris. À ce groupe doit être ajouté le nom de Lucien Vogel (1886-1954), en qualité d'impresario.
Bien décidé à mettre à profit leur créativité et en guise d'exercice de style, Vogel demande à chacun de ses amis dessinateurs une illustration inspirée d'une robe de couturier, mais également la création d'un ou plusieurs modèles de robe. Ainsi naissent en 1914 les « Petites choses pour après minuit » de Lepape d'après Poiret, « La fontaine de coquillages » de Barbier pour Paquin, « M. Bergson a promis de venir » de Boutet de Monvel pour Worth ainsi que « Les femmes et les saisons » de Brissaud pour Chéruit, mais également d'autres créations encore de Marty d'après Dœuillet ou de Besnard d'après Redfern, etc.
Or, si les « Chevaliers du bracelet » partagent un même goût pour le bijou masculin à porter au poignet, il est un autre dénominateur commun et précieux que l'on retrouve presque systématiquement au sein de leurs créations des années 1910 à 1920 : la perle[128].

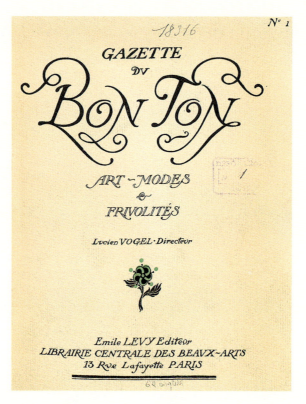

On 15 June 1914, an article in praise of the talents of a group of Parisian artist-dandies, all born in the 1880s, appeared in the New York edition of *Vogue*.[127] Described as the "Beau Brummels [*sic*] of the Brush," they dubbed themselves "the Knights of the Bracelet." They were Bernard Boutet de Monvel (1881–1949), his cousins Pierre Brissaud (1885–1964) and George Barbier (1882–1932), Jean Besnard (1889–1958), Georges Lepape (1887–1971), Charles Martin (1884–1934), Paul Iribe (1883–1935) and André Édouard Marty (1882–1974) – a group that revolved around the workshops of Jean-Paul Laurens (1838–1921) and Fernand Cormon (1845–1924), their spiritual mentors at the École des Beaux-Arts in Paris. Acting as their impresario, the name of Lucien Vogel (1886–1954) should be added to the group.
Determined to profit from their creativity, and as a style exercise, Vogel asked each of his illustrator friends for a design inspired by a couture gown, but also to create one or several dress designs themselves. Thus the year 1914 saw the birth of Lepape's "Petites choses pour après minuit" ("Little Things for After Midnight") after Poiret, Barbier's "La fontaine de coquillages" ("The Fountain of Shells") for Paquin, Boutet de Monvel's "M. Bergson a promis de venir" ("Mr Bergson Promised to Come") for Worth, and Brissaud's "Les femmes et les saisons" ("Women and Seasons") for Chéruit, as well as other creations by Marty after Dœuillet and by Besnard after Redfern, etc.
While the "Knights of the Bracelet" all shared the same taste for the item of jewelry worn on a man's wrist, they also had another precious common denominator that is found almost systematically in their creations from 1910 to 1920: pearls.[128]

Lucien Vogel and the "Knights of the Bracelet"

Plat supérieur de la *Gazette du bon ton*, n° 1, 1912, papier fort imprimé et rehaussé au pochoir.
Top cover of *Gazette du bon ton*, no. 1, 1912, printed and stenciled heavy paper.

→ George Barbier, « La fontaine de coquillages. Robe du soir de Paquin », *Gazette du bon ton*, n° 3, planche 27, 1914.
George Barbier, "The fountain of shells. Paquin evening gown," *Gazette du bon ton*, no. 3, plate 27, 1914.

Francisco Javier Gosé, « Faites entrer ! Robe de dîner de Dœuillet », *Gazette du bon ton*, n° 2, planche 3, 1912.
Francisco Javier Gosé, "Show them in! Dœuillet dinner gown," *Gazette du bon ton*, no. 2, plate 3, 1912.

Georges Lepape, « Lassitude. Robe de dîner, de Paul Poiret », *Gazette du bon ton*, 1912.
Georges Lepape, "Weariness, Paul Poiret dinner gown" *Gazette du bon ton*, 1912.

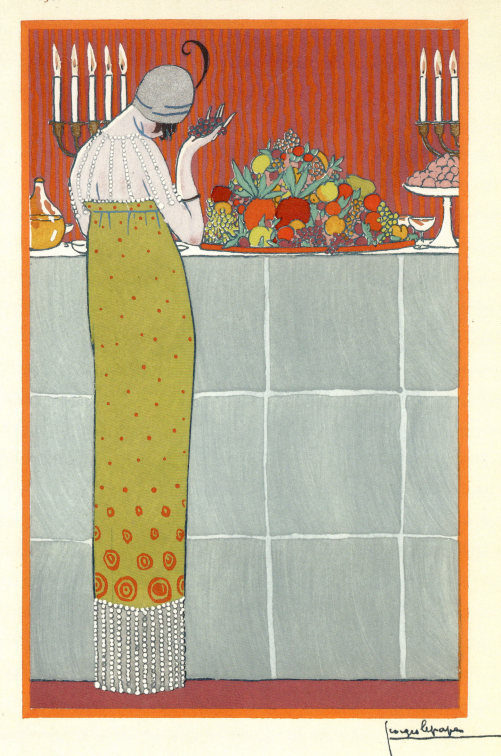

Georges Lepape, « Le Festin », *Modes et manières d'aujourd'hui*, planche 7, 1912.
Georges Lepape, "The Feast," *Modes et manières d'aujourd'hui*, plate 7, 1912.

LE JALOUX
Robe du soir de Paul Poiret

UNE CHINOISE
Costume de Divertissement par Dœuillet

DE LA POMME AUX LÈVRES
Travesti de Redfern

LE CONSEILLER DES DAMES
Robe et Manteau pour le Théâtre

Georges Lepape, « Le jaloux. Robe du soir de Paul Poiret », *Gazette du bon ton*, n° 6, planche 10, 1913. Pierre Brissaud, « Une Chinoise. Costume de Divertissement de Dœuillet », *Gazette du bon ton*, n° 4, planche 9, 1913. George Barbier, « De la pomme aux lèvres. Travesti de Redfern », *Gazette du bon ton*, 1912. George Barbier, « Le conseiller des dames. Robe et manteau pour le Théâtre », *Gazette du bon ton*, planche 1, 1913.
Georges Lepape, "The jealous man. Paul Poiret evening gown," *Gazette du bon ton*, no. 6, plate 10, 1913. Pierre Brissaud, "Chinese Woman. Dœuillet Entertainment Costume," *Gazette du bon ton*, no. 4, plate 9, 1913. George Barbier, "From Apple to Lips. Redfern Cross-dresser," *Gazette du bon ton*, 1912. George Barbier, "The Lady's advisor. Dress and coat for le Théâtre," *Gazette du bon ton*, plate 1, 1913.

George Barbier, « Grande robe du soir, corsage de mousseline chair, tunique de soie brodée dans le goût de la "Compagnie des Indes" »,
Journal des dames et des modes, n° 32, 1913 ; « Manteau de velours blanc brodé de perles, robe de damas blanc, souliers roses »,
Journal des dames et des modes, n° 20, 1913.

George Barbier, "Large evening gown, flesh-colored muslin bodice, silk tunic embroidered in the style of the 'Compagnie des Indes',"
Journal des dames et des modes, no. 32, 1913; "White velvet coat embroidered with pearls, white damask dress, pink shoes,"
Journal des dames et des modes, no. 20, 1913.

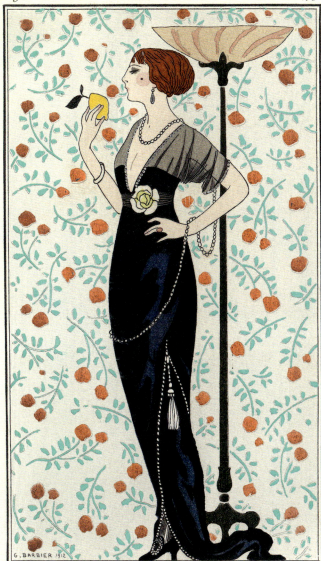

George Barbier, « Robe de charmeuse noire avec corsage et panier formés d'un obi drapé », *Journal des dames et des modes*, n° 36, 1913 ;
« Robe du soir satin noir et tulle bordée de brillants », *Journal des dames et des modes*, n° 20, 1913.

George Barbier, "Black charmeuse dress with bodice and basket made from a draped obi," *Journal des dames et des modes*, no. 36, 1913;
"Black satin and tulle evening gown edged with diamonds," *Journal des dames et des modes*, no. 20, 1913.

Grande robe du soir en tulle et satin.—
Echarpe de velours à glands de perles.

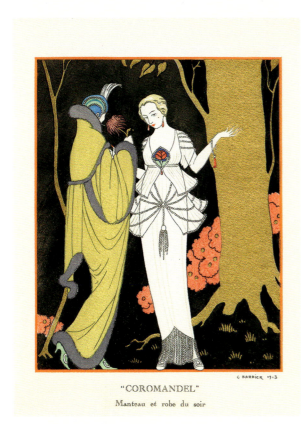
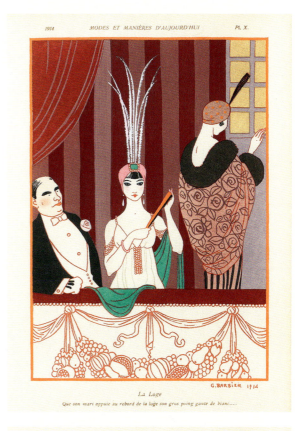
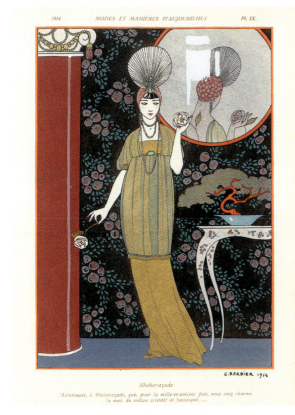

George Barbier, « Coromandel. Manteau et robe du soir », *Gazette du bon ton*, n° 2, planche 12, 1913 ; « La loge. Que son mari appuie au rebord de la loge son gros poing ganté de blanc », *Modes et manières d'aujourd'hui*, planche 10, 1914 ; « Sheherazade. Maintenant, ô Sheherazade, que, pour la mille-et-unième fois, vous avez charmé la nuit du sultan attentif et fantasque », *Modes et manières d'aujourd'hui*, planche 9, 1914 ; « La danse. Je suis beau. Mon corps maigre que vêt une ample robe d'or s'incruste dans le panneau de laque noire », *Modes et manières d'aujourd'hui*, planche 11, 1914.
George Barbier, "Coromandel. Coat and evening gown," *Gazette du bon ton*, no. 2, plate 12, 1913; "The box. May her husband rest his thick white-gloved fist on the box's ledge," *Modes et manières d'aujourd'hui*, plate 10, 1914; "Sheherazade. Now, O Sheherazade, that you have enchanted the night of the attentive and fantastical sultan for the thousand and first time," *Modes et manières d'aujourd'hui*, plate 9, 1914; "The Dance. I am beautiful. My lean body, clothed in a great gold gown, is embedded in the black lacquer panel," *Modes et manières d'aujourd'hui*, plate 11, 1914.

← George Barbier, « Grande robe du soir en tulle et satin. Écharpe velours à glands de perles », *Journal des dames et des modes*, n° 37, planche 84, 1913.
George Barbier, "Large evening gown in tulle and satin. Velvet scarf with pearl tassels," *Journal des dames et des modes*, no. 36, 1913.

Bernard Boutet de Monvel, « M. Bergson a promis de venir. Robe de dîner de Worth », *Gazette du bon ton*, n° 3, planche 30, 1914.
Bernard Boutet de Monvel, "Mr. Bergson promised to come. Worth dinner gown," *Gazette du bon ton*, no. 3, plate 30, 1914.

George Barbier, « La folie du jour. Dédié à l'occasion du 1er Janvier 1914 aux Amis du Journal des Dames et des Modes », *Journal des dames et des modes*, n° 58, 1914.
George Barbier, "The day's folly. Dedicated to the Amis du Journal des Dames et des Modes on 1 January 1914," *Journal des dames et des modes*, no. 58, 1914.

Paul Iribe

Issu du premier numéro de l'année 1911 de la revue *Art et Décoration*, l'article « Bijoux dessinés par Iribe » permet à Robert Carsix de présenter en quoi les créations joaillières de Paul Iribe (1883-1935) pour l'orfèvre joaillier Robert Linzeler opèrent en 1910 une synthèse des deux grandes tendances du bijou, incarnées d'une part par les joailliers de la Belle Époque tels Fabergé, Cartier ou Lacloche, et par les tenants de l'Art nouveau tels Vever, Fouquet ou Lalique, d'autre part.
Partenaire majeur du milieu de la couture parisienne, il est le proche collaborateur de Paul Poiret, de Jeanne Lanvin ou encore de Jacques Doucet. Il sera surtout l'amant de Gabrielle Chanel dont il dessinera l'unique collection de joaillerie en 1932.

In an article on the jewelry designs of Paul Iribe (1883–1935) that appeared in the journal *Art et Décoration*'s first issue of 1911, its author Robert Carsix sets out how Iribe's creations for the silversmith Robert Linzeler in 1910 achieved a synthesis of the two major tendencies in jewelry at the time, embodied on the one hand by the jewelers of the Belle Époque such as Fabergé, Cartier and Lacloche, and on the other by the proponents of Art Nouveau such as Vever, Fouquet and Lalique.
A major partner in the Paris couture world, he worked closely with Paul Poiret, Jeanne Lanvin and Jacques Doucet. Above all, he was the lover of Gabrielle Chanel and the designer of her only jewelry collection in 1932.

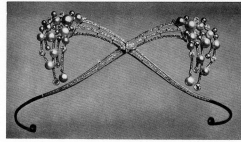

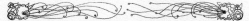

Robert Carsix, « Bijoux dessinés par Iribe », *Art et décoration : revue mensuelle d'art moderne*, Paris, Librairie centrale des Beaux-Arts, 1er janvier 1911, p. 27-32.
Robert Carsix, "Jewels designed by Iribe," *Art et décoration : revue mensuelle d'art moderne*, Paris, Librairie centrale des Beaux-Arts, 1 January 1911, pp. 27–32.

valeur tonale; le bijou était conçu en dehors d'elles et souvent sans elles.

Plaque d'Aigrette.

La seconde formule, ce qu'on a appelé techniquement le genre Cartier, réagissait heureusement contre cet emploi de pierres médiocres et rétablissait à leur place les pierres les plus belles par leur éclat et leur rareté, diamants, perles, rubis, émeraudes, saphirs. La réaction même ne conservait rien des formes qu'avaient essayées les artistes de 1900 et revenant nettement à la copie ou à l'imitation des styles anciens, cherchait à adapter aux bijoux tous les éléments décoratifs des époques Louis XIV ou Louis XVI qui pouvaient se reproduire en pierres précieuses. Les paniers fleuris des panneaux sculptés devenaient des pendentifs ou des broches; les postes courant sur du velours ou dans les cheveux servaient de colliers ou de diadèmes, les balcons laissant le fer pour le platine se transformaient en plaques de cou ou en devant du corsage. Ce n'était évidemment qu'une adaptation, mais le public reprenait ainsi le goût des belles matières, des lignes plus nettes, des montures plus souples, plus fines et quand il se trouva des gens pour vouloir des bijoux d'un art plus précis et plus neuf il fut possible de les inventer, en retenant de ces deux formules ce qu'elles contenaient de meilleur, de l'une son sens de la couleur, de l'autre son emploi des pierres éclatantes et des montures très délicates.

Il fallait lier ces deux techniques. On n'osait pas encore établir de rapports entre

Gerbe de corsage.

les couleurs des pierres précieuses et faire des bijoux qui fussent uniquement fondés sur le

charme ou l'éclat de ces rapports. On perdait un peu le sens de la proportion et on ne pensait pas que des pierres de grosseur inégale ne devaient pas être montées toutes de la même façon. Il fallait pour établir une nouvelle conception du bijou quelqu'un qui, étranger à la profession, n'eût pas subi l'influence de la technique, qui eût le goût très hardi à la fois et très sûr, et en même temps le sens exact des mœurs actuelles. Il fallait penser que ces bijoux doivent être portés et que s'ils servent à orner les femmes, ils ne sont pourtant pas un de ces accessoires sans valeur qu'on peut briser sans regret quand la mode en est passée. Paul Iribe avait montré dans ses dessins depuis quelques années ce sens fin et net de la société contemporaine. L'album où il groupait les femmes en robes très simples, ou en manteaux amples et lourds, sous des foulards et des aigrettes, des bonnets de fourrure ou de légers turbans, autour de minces guéridons ou de commodes un peu grêles, ses dessins de Shéherazade et tous ceux qu'il tra-

çait d'une plume subtile et précise dans "le Témoin", montraient en même temps que son goût pour la forme de la femme, son souci de

Sac en daim.

ce qui pouvait servir à la mettre mieux en valeur, vêtements, meubles et bijoux. Il ne la comprenait que parée avec une extrême recherche et dans le décor le plus vraiment luxueux dont elle pût s'entourer. Le bijou

ou des lignes droites, mais pour un rayonnement par exemple et comme un éclat prolongé d'une pierre dont on a voulu augmenter l'effet; nouveau surtout par le dessin, d'une si grande simplicité, si naturelle souvent qu'on s'étonne de n'y avoir par soi-même songé. Rien n'est aussi simple que cette épingle de jabot, éclatement lumineux d'une

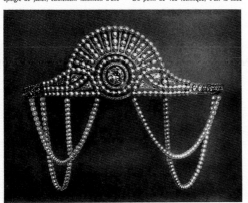

Diadème.

fusée, où les perles de grosseur inégale, très rondes et très belles, pendues à des lignes très minces de brillants, tremblent comme de petits globes de feu qui vont s'éteindre dans la nuit. Et les lignes sont souples et pleines, ces formes sont très bien proportionnées, sans maigreur et sans sécheresse, sans la pauvreté des dessins géométriques, losanges, cercles ou lignes droites ou l'aversion des styles ou du modern style conduisait trop de bons esprits. C'est aussi quelque chose de très traditionnel par le goût de la proportion, l'adaptation exacte à la robe actuelle, comme le grand devant de corsage du portrait de Tocqué ne se conçoit pas sans la robe de brocart de Marie Leczinska.

Du point de vue technique, c'est la mise en œuvre des procédés les plus simples et les plus délicats. L'alliage du platine avec l'iridium permet de réaliser des montures d'une finesse extrême. Le serti dressé amincit encore la ligne de métal en donnant l'impression du tranchant d'un rasoir. Le joaillier a pu accomplir ainsi ce qu'avait désiré le dessinateur et rendu à peine plus visible qu'un trait de plume le métal sertissant la pierre.

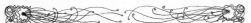

Garniture de Toilette.

C'est donc bien une formule nouvelle que montre la conception de ces bijoux; tout y est sacrifié à la mise en valeur de la pierre précieuse. Elle y occupe toute la place. On tient compte de sa dimension d'abord, de sa forme, de sa couleur et de son éclat pour composer le bijou d'après ses éléments. La monture n'est plus que le soutien et la mise en place de ses qualités de volume et de tonalité. Elle comporte l'emploi exclusif du platine, métal terne et presque invisible. Un des bijoux les mieux venus en est un exemple frappant. Il est constitué par une grosse émeraude gravée aux Indes; sa forme hexagonale et sa couleur verte sont soulignées par une ligne bleue de petits saphirs; les faces inférieures de l'hexagone, très longues, terminent le bijou, les faces supérieures, plus courtes, sont agrandies par quelques lignes de brillants, par des rayons de saphirs et de perles dont l'éclat bleu foncé et le blanc velouté prolongent et complètent l'effet discret de l'émeraude.

On dira que c'est oriental, que ces lignes très simples et très minces ne conviennent qu'à des femmes comme en dessinait Beardley qu'on a si souvent nommé en parlant d'Iribe; en réalité il y a dans ces bijoux, une adaptation tout à fait nouvelle d'éléments connus et cela prouve assez leur originalité qu'ils puissent rappeler à des gens raisonnables des choses aussi différentes que les dessins d'un anglais contemporain et les miniatures persanes du XVIIe siècle.

ROBERT CARSIX.

George Barbier

Natif de Nantes, George Barbier (1882-1932) s'installe à Paris en 1908 pour suivre les cours de l'Académie Julian et remporte le concours de l'École des beaux-arts à Paris. Sous le patronage de Jean-Paul Laurens, dont il intègre l'atelier, il fréquente le cercle formé par Segonzac, Moreau, Boussingault, Boutet de Monvel, Brissaud, Martin, Besnard, Iribe ou encore Lepape.

Sa première exposition, en 1911, lui procure un succès aussi intense qu'immédiat. Propulsé à l'avant-garde de sa profession avant ses trente ans, Barbier voit les commandes affluer : artiste prolifique et protéiforme, il exerce en effet ses talents de dessinateur tant dans l'illustration d'ouvrages que dans la création de costumes qu'il imagine pour la mode, le théâtre, le cinéma ou encore le music-hall. Il fréquente par ailleurs le monde littéraire et se lie d'amitié avec les plus belles plumes de son temps, telles que Robert de Montesquiou, Jean Giraudoux, Anna de Noailles, Pierre Louÿs, dont il illustre les très érotiques *Chansons de Bilitis* en 1922, ou encore Paul Valéry, qui déclare en 1928 dans la préface des *Poèmes en prose* de Maurice de Guérin, illustrés par Barbier : « Tandis que mon vague ramage parle de mythes dans l'abstrait, Barbier les capte d'un pur trait vainqueur du néant par l'image. » Mais Barbier s'intéresse également à la verrerie, créant pour Murano, et dessine du papier peint, notamment pour la manufacture Alfred Hans. Il est par ailleurs l'auteur d'essais et d'articles pour de prestigieuses revues féminines telles que le *Journal des dames et des modes* (1912-1914), la *Gazette du bon ton* (1912-1925) ou encore *La Guirlande*. Son œuvre graphique, tentaculaire, s'étend de l'affiche au catalogue, de l'éventail au menu de restaurant. Enfin, Barbier s'adonne à la création de bijoux (une fabuleuse aigrette est datée de 1913), ainsi pour Lalique, et dessine des cartons d'invitation pour la maison Cartier.

Parmi les exemples les plus éminents de cette prestigieuse entente peut être cité le dessin « La femme à la panthère » de 1914, destiné à illustrer une invitation pour une exposition de joaillerie[129]. Organisée au 13, rue de la Paix du 27 mai au 6 juin 1914, celle-ci s'intitule *Exposition d'une collection unique de perles et de bijoux de décadence antique*. Cette même année, le motif « panthère » apparaît sur une montre-bracelet pour femme, en diamant et onyx.

Born in Nantes, George Barbier (1882–1932) moved to Paris in 1908 to attend classes at the Académie Julian, and succeeded in gaining admission to the city's École des Beaux-Arts. Backed by Jean-Paul Laurens, in whose studio he studied, he mingled within the circle formed by Segonzac, Moreau, Boussingault, Boutet de Monvel, Brissaud, Martin, Besnard, Iribe and Lepape.

His first exhibition, in 1911, procured him instant and intense success. Propelled to the forefront of his profession before he had even reached thirty, commissions came flooding in: a prolific and versatile artist, Barbier put his design talents to use both in book illustration and in costume designs that he created for fashion, theatre, cinema and music hall. He also mingled with the literary set, and forged friendships with some of the finest writers of the time, such as Robert de Montesquiou, Jean Giraudoux, Anna de Noailles, Pierre Louÿs, whose highly erotic *Les Chansons de Bilitis* (*The Songs of Bilitis*) he illustrated in 1922, and Paul Valéry, who declared in his 1928 preface to Maurice de Guérin's *Poèmes en prose* (*Prose Poems*), illustrated by Barbier: "While my vague warbling speaks of myths in the abstract, Barbier captures them in a single stroke that conquers the void through the image."

But Barbier was equally interested in glassware, creating designs for Murano, and designed wallpapers, notably for the manufacturer Alfred Hans. He also wrote essays and articles for prestigious women's journals such as the *Journal des dames et des modes* (1912–1914), the *Gazette du bon ton* (1912–1925) and *La Guirlande*. His extensive graphic output ranged from posters to catalogues and from fans to restaurant menus. Finally, Barbier engaged in jewelry design (a fabulous aigrette dates from 1913), notably for Lalique, and designed invitation cards for Cartier. Notable among the most outstanding examples of this glamorous pairing is the design *La femme à la panthère* (*Woman with Panther*) of 1914, made as an illustration for invitations to an "exhibition of a unique collection of ancient decadent jewelry and pearls" held at 13 Rue de la Paix from 27 May to 6 June that year.[129] In the same year, the "panther" motif appeared on a women's wristwatch set with diamonds and onyx.

George Barbier, *Femme à la panthère*, dessins d'un carton d'invitation réalisé pour Cartier à l'occasion de l'*Exposition d'une collection unique de perles et de bijoux de décadence antique*, 1914, crayon, encre, gouache sur papier.
George Barbier, *Woman with Panther*, design for an invitation card made for Cartier on the occasion of the "Exposition d'une collection unique de perles et de bijoux de décadence antique," 1914, pencil, ink, gouache on paper.
Paris, Fonds Van Cleef & Arpels sur la Culture Joaillière.

Charles Jacqueau

Toujours chez Cartier, un autre représentant éminent de ce style si difficilement définissable propre aux années 1910 est Charles Jacqueau (1885-1968). À peine sorti de l'École des arts décoratifs en 1908, ce dernier est engagé à l'âge de vingt-quatre ans par Louis Cartier, qui lui accorde une place de choix au sein du studio de création. Si la maison Cartier conserve dans ses archives nombre de ses créations, en 1998, ses carnets personnels ainsi que quatre mille deux cents de ses dessins ont été donnés au musée des Beaux-Arts de la ville de Paris (le Petit Palais) par ses filles Marie-Rose et Fanny Jacqueau. Parfois trop rapidement assimilées au style « Art déco », ses créations, d'une géométrie lenticulaire aux couleurs contrastées, témoignent d'un intérêt constant pour la perle, un intérêt bientôt nourri par les styles indo-moghols.

Again at Cartier, another outstanding representative of this hard-to-define style that was characteristic of the 1910s was Charles Jacqueau (1885–1968). He had barely left the École des Arts Décoratifs in 1908 when he was taken on at the age of twenty-four by Louis Cartier, who entrusted him with a prime position in his design studio. Although the Cartier Maison holds many of his creations in its archives, in 1998 his personal sketchbooks along with 4,200 of his designs were donated to the Musée des Beaux-Arts de la Ville de Paris (the Petit Palais) by his daughters Marie-Rose and Fanny Jacqueau. Sometimes too hastily categorized as "Art Deco," his creations, with their lenticular geometry and contrasting colors, testify to his constant interest in pearls – an interest that was soon further nurtured by the Mughal styles of India.

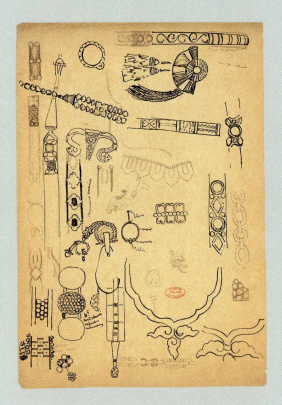

Charles Jacqueau, planche *Renaissance*, vers 1910, crayon graphite, encre noire, papier.
Charles Jacqueau, *Renaissance* plate, c. 1910, graphite pencil, black ink, paper.

Charles Jacqueau, *Bijoux et civilisations*, vers 1910, crayon graphite, encre noire, papier vélin.
Charles Jacqueau, *Jewels and Civilizations*, c. 1910, graphite pencil, black ink, woven paper.

Petit Palais, musée des Beaux-Arts de la ville de Paris.

Charles Jacqueau, planche *Renaissance*, vers 1910, crayon graphite, encre noire, papier.
Charles Jacqueau, *Renaissance* plate, c. 1910, graphite pencil, black ink, paper.
Petit Palais, musée des Beaux-Arts de la ville de Paris.

Léon Hatot

Originaire de Châtillon-sur-Seine, Léon Hatot (1883-1953) se forme à partir de 1895 à l'École d'horlogerie de Besançon avant de poursuivre ses études à l'École des Beaux-Arts de la ville[130]. Une décennie plus tard, à l'âge de vingt-deux ans, il dirige déjà sa propre entreprise, spécialisée dans la gravure de boîtiers de montre, et crée rapidement un atelier avec une douzaine de collègues produisant des montres et des bijoux de haute qualité souvent ornés de perles. Pour profiter de son succès, Hatot a besoin d'une succursale à Paris, et en 1911 il reprend la maison Brédillard, tout en continuant à diriger de grands ateliers à Besançon. Très impliqué dans l'activité horlogère parisienne, Alexandre Brédillard a longtemps fourni la maison Cartier en mouvements de précision aux côtés des ateliers Verger Frères, ainsi que René Boivin. En 1910, il démissionne de son poste de secrétaire du bureau de la Chambre syndicale de l'horlogerie et quitte la rue Jean-Jacques-Rousseau pour s'installer au 23, rue de La Michodière. Dès l'année suivante toutefois, son fonds de commerce est vendu à Léon Hatot. Vingt-cinq années durant, la maison Hatot prospère en tant qu'important fournisseur de bijoux et de montres des principaux détaillants de la rue de la Paix et d'ailleurs. Parmi leurs clients les plus célèbres peuvent être citées les maisons Asprey, Boucheron, Dunhill, Janesich, Lacloche, Mappin & Webb, Mauboussin, Ostertag, Van Cleef & Arpels et Vever.
En 1919, Hatot forme une société anonyme dans le but de rechercher et de fabriquer des montres et des horloges électriques ; c'est la naissance de la marque ATO.

Born in Châtillon-sur-Seine, Léon Hatot (1883–1953) received his training from 1895 at the watchmaking school, the École d'Horlogerie, in Besançon, before pursuing his studies at the same city's École des Beaux-Arts.[130] A decade later, aged twenty-two, he was already directing his own business, specializing in engraving watchcases, and soon set up a workshop with a dozen colleagues producing high-quality jewelry and watches often ornamented with pearls. To make the most of his success, Hatot needed a branch in Paris, and in 1911 he took over the Brédillard Maison, while continuing to direct large workshops in Besançon. Deeply involved in the Parisian watchmaking industry, Alexandre Brédillard had long been a supplier of precision movements to the Cartier Maison, alongside the Verger Frères workshops and René Boivin. In 1910 he resigned from his post as secretary of the board of the watchmakers' trade union, the Chambre Syndicale de l'Horlogerie, and left Rue Jean-Jacques-Rousseau to move to 23 Rue de La Michodière. However, his business was sold to Léon Hatot the following year. For twenty-five years, the Hatot Maison thrived as a major supplier of jewelry and watches for the main retailers on Rue de la Paix and elsewhere. Among their most famous clients were the Maisons Asprey, Boucheron, Dunhill, Janesich, Lacloche, Mappin & Webb, Mauboussin, Ostertag, Van Cleef & Arpels and Vever.
In 1919, Hatot set up a limited company with the aim of researching and manufacturing electric watches and clocks; thus, the brand ATO was born.

Léon Hatot, broche porte-montre, vers 1910, platine, lapis-lazuli, diamants, perles. **Collection privée.**
Léon Hatot, watch brooch, c.1910, platinum, lapis-lazuli, diamonds, pearls. **Private Collection.**

Atelier Brédillard-Hatot, dessin de pendentif, vers 1911, gouache sur papier préparé gris, tampon humide.
Atelier Brédillard-Hatot, design of a pendant, c. 1911, gouache on gray prepared paper, wet stamp.

Léon Hatot, dessin de pendentif, vers 1912, gouache sur papier cartonné.
Léon Hatot, design of a pendant, c. 1912, gouache on card.

Atelier Brédillard-Hatot, dessin de pendentif, vers 1912, crayon, encre et gouache sur papier cartonné.
Atelier Brédillard-Hatot, design of a pendant, c. 1912, pencil, ink and gouache on card.

Atelier Brédillard-Hatot, dessin de pendentif, vers 1912, crayon, encre et gouache sur papier cartonné.
Atelier Brédillard-Hatot, design of a pendant, c. 1912, pencil, ink and gouache on card.

Paris, Fonds Van Cleef & Arpels sur la Culture Joaillière.

Le commerce de la perle pendant la Première Guerre mondiale
The pearl trade during the First World War

Dès 1913, le marché de la perle dans le Golfe se voit perturbé par la stratégie employée par Albert Habib, le représentant de Rosenthal, payant des prix très élevés afin de disqualifier ses confrères européens. Il faut reconnaître que la concurrence est désormais rude : quatre firmes joaillières, en l'espèce trois françaises et une anglaise (MM. Marx et L. F. Wiggins, de Londres), ont envoyé pour trois à quatre mois, cette année-là, des représentants à Bahreïn pour y acheter des perles. Parmi ces représentants, neuf sont européens et sept viennent de Paris, qui travaillent pour trois compagnies différentes : Albert Habib et William Rosenthal, de Paris et Bombay, M. Rosanis, accompagné des frères M. et W. Pack, et enfin Léon Reinhorn et Karl Dermer[131].

Un règne sans partage

Seul Albert Habib fait des affaires en 1913 : il est parvenu à distancer ses concurrents en offrant davantage aux marchands de perles locaux, augmentant de fait les prix. Les frères Rosenthal, les premiers à s'être rendus à Bahreïn, ont en effet chaque fois dépensé ces dernières années 60 à 70 lakhs. Paul Harrison estime même en 1924 que les perles

Georges Raymond, bâtiment de l'Union française de la bijouterie, joaillerie, orfèvrerie, des pierres et des perles (détail), Paris, 58, rue du Louvre, 1916.
Georges Raymond, headquarters of the Union française de la bijouterie, joaillerie, orfèvrerie, des pierres et des perles (detail), Paris, 58, Rue du Louvre, 1916.

From 1913, the pearl market in the Gulf was disrupted by Rosenthal's representative Albert Habib's strategy of paying very high prices in order to shut out his European counterparts. Henceforth the competition was undeniably harsh: four jewelry Maisons – in this case three French ones and a British one (Messrs Marx with L.F. Wiggins, of London) – sent representatives to Bahrain for three to four months of that year, to buy pearls there. Of these representatives, nine were European and seven came from Paris, and they worked for three different companies: Albert Habib and William Rosenthal, of Paris and Bombay, Monsieur Rosanis accompanied by the brothers "Mr M. Pack and Mr W. Pack," and lastly Léon Reinhorn and Karl Dermer.[131]

An undivided reign

Only Albert Habib did business in 1913: he succeeded in seeing off the competition by offering the local pearl merchants more money, thus effectively increasing the prices. The Rosenthal brothers, who were the first to go to Bahrain, had spent 60 to 70 lakhs each time over the preceding years. Paul Harrison even estimated in 1924 that the pearls sold in Bahrain over the 1913 season alone brought in 9 million US dollars.[132]

The merchants of Bombay, who had access to sufficient stocks, therefore decided to ignore the Bahraini market in 1913. Simultaneously demoralized by this competition and in a weak position given their low sales, the Arab merchants who were unable to do business with the Rosenthals found themselves forced to start the following year with large stocks.[133] However, the fact that the festival of Ramadan in 1914 fell at the same time as the fishing season cruelly reduced the Arab merchants' stocks. Added to these troubles was the impact of the First World War within a pearl economy that was entirely dependent on external relations.

A pause in activity

Two representatives of the Rosenthal brothers and another Frenchman from Rubin & Co., an Australian firm with Paris premises, went to Bahrain at the start of the 1914 pearl season. Although they did succeed in returning to Bombay at the start of the war,[134] not

vendues à Bahreïn pendant la seule saison de 1913 ont rapporté 9 millions de dollars américains[132].

Les marchands de Bombay, disposant de stocks suffisants, décident donc d'ignorer le marché bahreïni en 1913. À la fois démoralisés par cette concurrence et en faible position au vu de leurs maigres ventes, les marchands arabes qui n'ont pu traiter avec les Rosenthal se voient contraints d'aborder l'année suivante avec d'importants stocks[133]. Cependant, le fait que les fêtes du ramadan correspondent en 1914 à la saison de la pêche vient cruellement diminuer le stock des marchands arabes. S'ajoute à ces troubles l'irruption de la Première Guerre mondiale dans une économie perlière entièrement dépendante des relations extérieures.

Une activité interrompue

Deux représentants des frères Rosenthal et un autre Français, de chez Rubin & Co., firme australienne installée à Paris, se rendent à Bahreïn à l'ouverture de la saison perlière de 1914. S'ils parviennent à retourner à Bombay au début de la guerre[134], tous les marchands occidentaux présents dans le Golfe n'ont pas cette chance : les représentants de l'Allemand Robert Wönckhaus & Co., seuls capables de payer des prix supérieurs à ceux que pratiquent les Britanniques ou les Italiens, ne réussissent ainsi à embarquer qu'une petite partie de leur important stock en Europe avant que la guerre ne débute. Surtout, leur bureau est fermé lorsque leur responsable est fait prisonnier de guerre à l'automne.

Les Britanniques surveillent en effet de très près les activités commerciales des Allemands dans le Golfe, suspectant certains de leurs marchands de travailler en réalité comme agents de renseignement pour leur gouvernement. Lorsqu'en novembre 1914 des descriptions des mouvements de troupes britanniques sont découvertes dans les bureaux de Wönckhaus à Bahreïn, un certain Harling de la réserve Hersatz est capturé par la Force expéditionnaire Indienne accostée à Bahreïn, puis envoyé en Inde tandis que son collègue, nommé « Trumper », lieutenant dans la réserve active, doit revenir à la hâte en Allemagne *via* Bagdad. En tant que membre des Landsturms[135], un certain Abraham, de chez Rubin & Co., est également fait prisonnier de guerre à Karachi après avoir tenté de rejoindre l'Europe depuis Bahreïn.

Si les Allemands ne sont pas aussi populaires aux yeux des Bahreïnis que les Français, alors au centre du commerce mondial de la perle, les marchands locaux ne réalisent pas tout de suite l'impact que pourrait avoir la guerre sur leur commerce. La plupart pensent au contraire que la guerre sera rapide, que les Allemands seront bientôt écrasés et que les affaires reprendront aussitôt[136].

« A Trip Through Cartier's. The Lustrous Gems In Occidental Suroudings. » Publicité institutionnelle parue dans le magazine *The Spur*, 1er novembre 1928.
"A Trip Through Cartier's. The Lustrous Gems In Occidental Suroudings." Institutional advertising published in *The Spur* magazine, November 1, 1928.
Archives Cartier New York.

all the Western merchants who were in the Gulf at the time were as fortunate: the representatives of the German firm Robert Wönckhaus & Co., the only ones able to pay higher prices than the British or Italians, only managed to take a small portion of their extensive stocks away to Europe before war broke out. Moreover, their office was shut when the man heading it was made a prisoner of war in the autumn.

The British kept a very close eye on the Germans' trade activity in the Gulf, suspecting some of their merchants of acting as intelligence officers for their government. When, in November 1914, descriptions of British troops' movements were found in the Wönckhaus offices in Bahrain, a certain Herr Harling of the Ersatz Reserve was captured by the Indian Expeditionary Force anchored off Bahrain, then sent to India, while his colleague, a Lieutenant of the active Reserve

Henry de Monfreid à Obock en 1912, aquarelle d'Hugo Pratt, 1986, Cong, S. A. Suisse.
Tous droits réservés.
Henry de Monfreid in Obock in 1912, watercolor by Hugo Pratt, 1986, Cong, S.A. Suisse.
All rights reserved.

« Le malheur des uns… »

Enfermé en tant qu'étranger suspect pendant la Première Guerre mondiale, Bienenfeld profite étonnamment du contexte : nombreuses sont alors les riches familles contraintes de se séparer de leurs objets précieux. Or, les bijoux, et notamment les perles, représentent une valeur d'échange des plus discrètes et Bienenfeld acquiert à cette époque certains biens des Habsbourg, dont un manche à parapluie incrusté de joyaux. Il offre également à sa belle-sœur Esther un bracelet ayant appartenu à l'ex-impératrice Zita de Hongrie.

Le conflit n'empêche pas non plus les frères Rosenthal d'exposer leurs plus belles perles au sein du pavillon français de la *Panama-Pacific International Exposition* de San Francisco en 1915. Mobilisé en août 1914, Léonard Rosenthal est pour sa part affecté au service auxiliaire en avril 1915, puis en septembre au service armé. Cela ne semble avoir nullement nui à son activité. Bien au contraire, il organise alors l'École Rachel, nommée ainsi en souvenir de sa mère et qu'il a fondée en 1910 à Montrouge ; elle est transformée pour l'occasion en école de rééducation professionnelle pour les mutilés. Il crée également une nouvelle École Rachel pour la rééducation professionnelle des femmes veuves ou victimes de la guerre, rue de l'Estrapade. En 1916, il transforme *La Vallée des Roses*, sa villa de Villennes-sur-Seine, près de Paris, en asile de blessés convalescents pour une durée de deux ans.

Le 17 juillet 1916, Albert Habib, représentant de Léonard Rosenthal dans le Golfe, se rend à Bahreïn en compagnie de marchands indiens avant de rejoindre Bombay le 29 juillet 1916[137]. Réformé temporairement en décembre 1916, Léonard Rosenthal l'est de nouveau en octobre 1917 après être tombé malade durant son service.

La demande pour la perle en France demeure en effet au plus haut, et c'est en 1914 que le marchand et aventurier français Henry de Monfreid (1879-1974) décide de s'initier, parmi bien d'autres trafics à la légalité

named Trumper, had to return hastily to Germany via Baghdad. As a member of the Landsturm,[135] a certain Herr Abraham of Rubin & Co. was also made a prisoner of war, in Karachi, after attempting to reach Europe from Bahrain.

While the Germans were not as popular from the Bahraini point of view as the French, who were then at the center of the global pearl trade, the local merchants did not immediately realize the impact that the war would have on their industry. On the contrary: most thought that the war would be brief, that the Germans would quickly be crushed and that business would immediately take off again.[136]

"One man's misfortune…"

Locked up as a foreign suspect during the First World War, Bienenfeld managed, extraordinarily, to take advantage of the situation: many wealthy families at the time were being forced to part with their precious objects. Jewelry, and notably pearls, offered a particularly discreet exchange value, and Bienenfeld acquired some Habsburg possessions during this period, including a jewel-encrusted umbrella handle. He also gave his sister-in-law Esther a bracelet that had belonged to the former Empress Zita of Austria-Hungary.

Neither did the conflict prevent the Rosenthal brothers from exhibiting their finest pearls in the French pavilion at the Panama-Pacific International Exhibition in San Francisco in 1915. Léonard Rosenthal, for his part, was mobilized as an auxiliary in April 1915, then in September for service in the armed forces. This does not seem to have been at all detrimental to his own pursuits. Quite the reverse: he set about organizing the École Rachel – named in memory of his mother, and which he had founded in Montrouge, on the southwest margin of Paris, in 1910 – transforming it for the occasion into a vocational rehabilitation school for the maimed. He also set up a new École Rachel for the vocational rehabilitation of women widowed or injured in the war, on Rue de l'Estrapade. For two years from 1916 he transformed his villa "La Vallée des Roses," at Villennes-sur-Seine near Paris, into a convalescent home for the injured.

On 17 July 1916, Albert Habib, Léonard Rosenthal's representative in the Gulf, went to Bahrain accompanied by Indian merchants, then proceeded to Bombay where he arrived on 29 July.[137] Léonard Rosenthal was temporarily discharged in December that year and then again in October 1917 after falling ill during his military service.

Demand for pearls in France remained at a peak, and in 1914 the merchant and adventurer Henry de Monfreid (1879–1974) decided to start exploring the pearl

variable, au commerce de la perle, « car l'argent [lui] manque pour acheter des armes ».

Son initiation se fait auprès d'un certain Ali al-Nahari, ou Saïd Ali, comme il le relate en 1931 dans son best-seller *Les Secrets de la mer Rouge* :

« — Si tu vas à Dahlak, tu trouveras, à Djemelé, Saï Ali. C'est un homme fort riche, à qui j'ai rendu des services. [...]
» Il possède plus de perles fines que les génies de la mer.
» Si tu lui parles de moi, il te les fera voir et te dira peut-être des choses utiles.
» Mais sais-tu que tu fais comme l'homme qui portait sur lui sans le savoir la clef d'un trésor qu'il cherchait à l'autre bout du monde.
» Tu vas chercher des perles pour gagner de l'argent, je pense ?
— Oui et non… J'aime surtout aller vers l'inconnu, faire une chose qui me plaît et vivre la vie libre, que seule donne la mer. »

1917 : l'année charnière

La guerre économique fait rage et chacun cherche à protéger son industrie : à partir du 1er février 1917, devient interdite l'entrée dans l'Empire russe des pierres précieuses naturelles ou synthétiques, des pierres fines, des perles fines ou fausses (qu'elles soient d'imitation ou de culture), des grenats et des coraux de même que les ouvrages en or, argent ou platine, ainsi que la bijouterie et la joaillerie avec ou sans pierres et perles[138].

En France, l'importation des fleurs et ornements en perles et porcelaine est prohibée par un décret datant du 11 mai 1916, et ce, jusqu'au 22 mars 1917[139]. L'importation des perles fines et des pierres est placée sous le contrôle de la Commission des diamants et pierres fines, dans les conditions prévues par les arrêtés des 27 mars et 22 juillet 1916[140].

Ces arrêtés sont toutefois complétés par celui du 27 juillet 1917, dont les deux premiers articles stipulent que les importations de perles fines en provenance de l'étranger ne sont pas soumises à la formalité de la demande préalable d'autorisation d'entrée, à l'instar des diamants bruts et pierres fines. Ces importations continueront à être contrôlées, dans les conditions prévues par les arrêtés des 27 mars et 22 juillet 1916, par la Commission des diamants et pierres fines, qui, après vérification de l'origine, admettra les envois sous réserve de la réexportation, dans les délais fixés, d'une quantité de perles fines représentant 130 % de la valeur des produits bruts importés[141].

Les perles fines ne peuvent donc alors être importées en France que « sous le couvert d'une autorisation préalable délivrée sur la demande de l'importateur et après avis de la Chambre syndicale des négociants en diamants, perles, pierres précieuses et des lapidaires, 18, rue de Provence, Paris ». Celle-ci transmet alors la demande revêtue de son visa au ministère du Commerce. De même, à partir du 8 août 1917, l'exportation des perles non montées est interdite en Suisse. Certaines sources suggèrent que sur le marché indien 1 g de perles du Golfe équivaudrait désormais à 320 g d'or ou 7,7 kg d'argent[142].

trade, among multiple other dealings of varying legality, "because [he] was short of money to buy weapons."

He learned about the trade through a certain Ali al-Nahari, or Saïd Ali, as he related in 1931 in his best-seller *Les Secrets de la mer Rouge* (*Secrets of the Red Sea*):

"If you go to Dahlak, you will find Saï Ali in Djemelé [author's note: Jimhil]. He is an extremely wealthy man, whom I assisted for a time.
He owns more pearls than the genies of the sea.
If you mention me to him, he will show them to you, and may have some helpful things to say to you.
Now, do you realize that you seem like a man who, without knowing it, has on his very person the key to a treasure that he is searching for on the other side of the world?
You are hunting for pearls to make money, I imagine?
– Yes and no… Most of all I like to explore the unknown, to do something I enjoy and live a life of freedom, which the sea alone can provide."

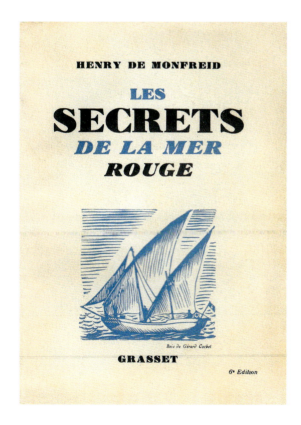

Henry de Monfreid, *Les Secrets de la mer Rouge*, Paris, Grasset, 1931.
Henry de Monfreid, *The Secrets of the Red Sea*, Paris, Grasset, 1931.

Monfreid au turban, vers 1930.
Monfreid with Turban, c. 1930.

1917: a pivotal year

Economic war was raging and each industry sought to protect itself: on 1 February 1917, it became forbidden for natural or synthetic precious or semiprecious stones, genuine, imitation or cultured pearls, garnets, corals, or jewelry or other items made of gold, silver or platinum, whether set with gems or not, to be taken into the Russian Empire.[138]

Imports of flowers and ornaments made of pearls or porcelain into France were prohibited by a decree of 11 May 1916, until 22 March 1917.[139] The importing of pearls and stones was placed under the control of the Commission des Diamants et Pierres Fines (Commission on Diamonds and Precious Stones), under conditions provided for by decrees dated 27 March and 22 July 1916.[140]

These decrees, however, were complemented by one from 27 July 1917 whose first two articles stipulated that imports of pearls from abroad, like those of uncut diamonds and other precious stones, would not be subjected to the formality of requiring a prior authorization request for customs clearance. These imports would continue to be monitored by the Commission des Diamants et Pierres Fines, under the circumstances set forth by the decrees of 27 March and 22 July 1916; after verifying their origin, the Commission would authorize consignments on the condition that a quantity of pearls representing 130% of the value of the raw products imported be re-exported within a fixed timeframe.[141]

Pearls therefore could only be imported into France "if covered by a prior authorization delivered upon the importer's request, after consultation with the Chambre Syndicale des Négociants en Diamants, Perles, Pierres Précieuses et des Lapidaires, 18 Rue de Provence, Paris." The latter would then pass on the request, with visa appended, to the Ministry of Commerce. Likewise, from 8 August 1917, exports of unmounted pearls were forbidden in Switzerland. Some sources suggest that on the Indian market, 1 g of Gulf pearls was then worth as much as 320 g of gold or 7.7 kg of silver.[142]

Dahlak, l'île aux perles

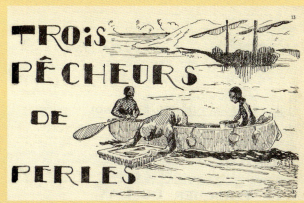

1.

Situé dans le sud de la mer Rouge, l'archipel des Dahlak se compose de plus de cent îles, îlots et récifs regroupés autour de deux îles principales, formant un État indépendant musulman dès le VIIIe siècle. Ses habitants sont en effet les premiers Africains à avoir été convertis à l'islam, comme l'attestent certaines pierres tombales aux inscriptions en coufique. Rattaché au califat omeyyade, puis au royaume chrétien d'Éthiopie au siècle suivant, l'archipel est conquis par le sultanat yéménite de Zabid du Xe à la fin du XIe siècle[143], période à partir de laquelle il regagne son indépendance. Il faut attendre l'année 1559 pour que l'Empire ottoman le replace sous l'autorité du pacha de Suakin, dans l'actuel Soudan, mais à l'époque en Abyssinie.
Attestée depuis l'Antiquité, la pêche des perles se poursuit à Dahlak jusqu'au XIXe siècle[144], avec un commerce organisé depuis Aden, au Yémen :
« Il se fait à Aden un important commerce du café de l'Yemen bien connu sous le nom de moka, de riz des Indes, de *dourah* (sorgho) et d'autres graines d'Arabie, de gomme, d'encens, de myrrhe, de plumes d'autruche, d'ivoire, d'or d'Afrique, de nacre et de perles de la mer Rouge et du golfe d'Aden, de peaux de bœufs, de chèvres et de moutons etc. Ce commerce est entre les mains de marchands de toutes sortes : israélites, parsis adorateurs du feu, banians (hindous végétariens), bouris (hindous musulmans) et Arabes de l'Yemen[145]. »
C'est également à Dahlak que commence, en 1930, l'enquête d'Albert Londres sur les pêcheurs de perles, finalement publiée la même année que *Les Secrets de la mer Rouge* de Monfreid, portés par leur succès, après la guerre, sur les grands puis les petits écrans.

Situated in the southern Red Sea, the Dahlak Archipelago consists of over a hundred islands and reefs grouped around two main islands, and formed an independent Muslim state from the 8th century. Its inhabitants were the first Africans to have converted to Islam, as testified by a number of gravestones that bear Kufic inscriptions. Brought under the jurisdiction of the Umayyad Caliphate, and then that of the Christian kingdom of Ethiopia in the following century, the archipelago was conquered by the Yemeni sultanate of Zabid from the 10th to the late 11th centuries,[143] after which period it regained its independence. It was not until 1559 that the Ottoman Empire placed it under the rule of the Pasha at Suakin, in what is now Sudan but was then in Abyssinia.
There is evidence of pearl fishing in Dahlak from Antiquity, and it continued until the 19th century,[144] with trade organized from Aden in Yemen:
"In Aden, there is a major trade in the Yemeni coffee that is well known under the name 'mocha', as well as in Indian rice, *durra* (sorgo) and other Arabian grains, gum, incense, myrrh, ostrich feathers, ivory, African gold, mother-of-pearl and pearls from the Red Sea and the Gulf of Aden, cowhides, goatskins, sheepskins, etc. This trade is run by all sorts of merchants: Israelis, fire-loving Parsis, Banias (vegetarian Hindus), Bohra (Muslim Hindus) and Yemeni Arabs."[145]
It was also in Dahlak that, in 1930, Albert Londres began his investigation on pearl fishers; it was finally published in the same year as Monfreid's *Les Secrets de la mer rouge*, which met with such success that it was brought to cinema screens after the war, and later to television screens.

2.

Dahlak Kebir, island of pearls

1. « Trois pêcheurs de perles », *Pierrot : journal des garçons*, Paris, 19 novembre 1933.
"Three Pearl Fishers," *Pierrot : journal des garçons*, Paris, 19 November 1933.

2. Carte, « Partie occidentale d'une partie d'Asie où sont les isles de Zocotora, de l'Amirante… », P. Mortier (Amsterdam), XVIIe siècle.
Map, "Western section of a part of Asia where the isles of Zocotora, Amirante are located…," P. Mortier (Amsterdam), 17th century.

Rehavia « Maurice » Moussaieff

Toujours en 1917, les archives britanniques rapportent la présence dans le Golfe d'un acheteur prêt à offrir aux marchands locaux des prix de 5 à 10 % supérieurs à ceux que proposent ses concurrents occidentaux et notamment français, tels que les frères Rosenthal, eux-mêmes connus pour pratiquer la surenchère afin de damer le pion à leurs concurrents[146]. Un télégramme anglais envoyé le 24 mai 1917 de Bassorah à Bahreïn[147] s'inquiète en effet qu'un Russe, nommé Rahoia [Rehavia] Moussaieff et inconnu des services britanniques, souhaite se rendre de Bombay à Bahreïn pour y acheter des perles. Importateur et exportateur de perles, son frère est le propriétaire de la compagnie des Frères Moussaieff à Paris.

Né en 1852 dans l'Émirat de Bukhara, aujourd'hui en Ouzbékistan, le rabbin et marchand Shlomo Moussaieff (1852-1922), à l'origine de l'actuelle famille de joailliers londoniens, part à la recherche des plus belles perles du Golfe, qu'il achète directement aux pêcheurs avant de les échanger contre des pierres indiennes dans la région. À la fin du XIXe siècle, il émigre avec son épouse Ester Gaonoff en Palestine, où il participe à la fondation du célèbre quartier Bukharan, au centre de Jérusalem.

Lorsque la Première Guerre mondiale éclate, l'un de ses sept enfants, nommé Yehuda (1875-1921), quitte Jérusalem pour Paris, afin d'éviter d'être enrôlé dans l'armée turque. Il s'y spécialise dans le commerce des perles et épouse une cousine afin de conserver ses biens acquis dans la famille. Mari volage, Yehuda Moussaieff contracte la syphilis et meurt sans descendance à Paris à l'âge de trente-deux ans.

L'un de ses frères cadets, nommé Tzvi (1889-1985), marche alors dans ses pas, le suivant à la fois dans son commerce parisien et dans la maladie. S'il survit à la syphilis, il meurt aux États-Unis à l'âge de quatre-vingt-seize ans sans héritiers directs.

Portrait de Rehavia Moussaieff.
Portrait of Rehavia Moussaieff.

Rehavia "Maurice" Moussaieff

Still in 1917, British archives record the presence in the Gulf of a buyer who was prepared to offer the local merchants prices that were 5 to 10% higher than those being proposed by his Western, and notably French, competitors, such as the Rosenthal brothers, who were themselves known for practicing overbidding in order to get the better of their rivals.[146] A telegram in English, sent on 24 May 1917 from Basra to Bahrain,[147] enquires about a Russian named "Rahoia Mussaieff" (Rehavia Moussaieff), a stranger to the British authorities, who was wanting to travel from Bombay to Bahrain to buy pearls there. A pearl importer and exporter, his brother was the owner of the Frères Moussaieff company in Paris.

Born in 1852 in the Emirate of Bukhara, in what is now Uzbekistan, the rabbi and merchant Shlomo Moussaieff (1852–1922), an ancestor of the current London family of jewelers of that name, left to seek out the Gulf's finest pearls, which he bought directly from the pearl fishers before exchanging them for Indian stones in the region. In the late 19th century, he emigrated with his wife Ester Gaonoff to Palestine, where he had a hand in founding the famous Bukharan Quarter in central Jerusalem.

When the First World War broke out, one of his seven children, named Yehuda (1875–1921), left Jerusalem for Paris, to avoid being enlisted in the Turkish army. There, he specialized in the pearl trade and married a cousin in order to keep hold of the possessions he acquired during the marriage. A fickle husband, he contracted syphilis and died without issue in Paris. Of his six siblings, it was his younger brother Tzvi (1889–1985) who decided to follow in his footsteps, pursuing trade in Paris. He also followed him in ill-health. Although he survived syphilis, he died in the United States without any direct heirs, aged ninety-six.

It was to another of the brothers, the famous Rehavia "Maurice" Moussaieff (1894–1990), that the family firm owes its prosperity. Born in Jerusalem, he too moved to Paris, where he quickly made his mark as an important merchant, supplying firms of the Belle Époque and the 1920s. His wife Leah Pinchassoff gave him thirteen children, including Shlomo (1923–2015), named after his grandfather, who was to be hugely successful in business.

The Moussaieff brothers' presence in the Gulf had no adverse effect on the Rosenthal brothers' affairs, however. One of their representatives even left Bahrain on 29 November 1917 on board the SS *Chakla*

C'est à un autre de leurs frères, le fameux Rehavia « Maurice » Moussaieff (1894-1990), que la maison doit sa prospérité. Né à Jérusalem, il déménage à son tour à Paris, où il se distingue rapidement comme un marchand d'importance, fournissant les maisons de la Belle Époque et des années 1920. Son épouse, Leah Pinchassoff, lui donne treize enfants, dont Shlomo (1923-2015), ainsi nommé en souvenir de son grand-père et qui connaîtra un succès retentissant.

La présence des frères Moussaieff dans le Golfe ne nuit cependant pas aux affaires des frères Rosenthal. Un de leurs représentants quitte même Bahreïn le 29 novembre 1917 à bord du SS *Chakla* après avoir acheté pour 10,5 lakhs de roupie (70 000 livres) de perles[148]. Il s'agit de Salomon Léon dit « Sol Pack » (1889-1969), marchand originaire de Galati, en Roumanie.

En tant qu'époux d'Hélène Lucie Zoummeroff (1900-1927), ce dernier est le gendre de Nastinka Rosenthal, surnommée « la femme forte », l'aînée des filles Rosenthal et la sœur de Léonard, de Victor et d'Adolphe. Afin de soigner le père de Sol, nommé Yon Pack et atteint de cécité, le clan Zoummeroff quitte Grozny en 1912 pour s'installer 2, rue Rosa Bonheur à Paris, dans le XVe arrondissement. Ce faisant, la famille échappe aux massacres de 1917 en Russie[149].

C'est néanmoins aux États-Unis que la demande en perles fines se fait le plus forte. Souhaitant étendre son activité au continent nord-américain, la maison Cartier s'installe en 1917 au 653 de la Cinquième Avenue. On dit alors que Pierre Cartier (1878-1964) obtient l'hôtel particulier de Morton F. Plant en échange d'un collier de deux rangs de cinquante-cinq et soixante-treize perles fines d'une valeur de 1,2 million de dollars[150].

Une perle « maquillée »

Le 6 juillet 1918[151], *Le Figaro* rapporte le dénouement fortement attendu d'une affaire entamée en mars 1913. L'histoire d'une perle « maquillée » avait alors passionné toute la capitale :

after purchasing 10.5 lakhs' (70,000 pounds') worth of pearls.[148] That man was Salomon Léon Pack, known as "Sol Pack" (1889–1969), a merchant who came from Galați in Romania.

As the husband of Hélène Lucie Zoummeroff (1900–1927), Pack was the son-in-law of Nastinka Rosenthal, dubbed "*la femme forte*" (the strong woman), eldest of the Rosenthals' daughters and sister of Léonard, Victor and Adolphe. In order to provide appropriate care to Sol's father, Yon Pack, who had lost his sight, the Zoummeroff clan left Grozny in 1912 and went to live at 2 Rue Rosa Bonheur in Paris's

Portrait de Shlomo Moussaieff, 1908.
Portrait of Shlomo Moussaieff, 1908.

« À l'aide d'un procédé spécial, immersion dans un bain de collodion, à l'acétate d'amyle, cette perle, perdant son caractère d'origine, avait, au lieu du ton blanc mat des perles d'Amérique, pris le ton jaune des perles d'Orient. Sa valeur avait brusquement quadruplé. Ému, le commerce de la joaillerie, par l'intermédiaire de M. Rheims, président de la Chambre syndicale des négociants en diamants, perles et pierres précieuses, avait adressé une plainte au parquet […]. Une enquête, aussitôt ouverte, fit connaître qu'un courtier parisien, M. Willing, détenait une perle maquillée, qu'il offrait en vente pour 260 000 francs. La perle avait été offerte à M. Citroën, le vice-président de la Chambre syndicale […]. M. Duponnois, commissaire de police, saisit la perle, reconnue maquillée après examen de MM. Bruhl, Templier, Rheims et Citroën. Questionné, M. Willing fit connaître qu'il avait reçu, pour la vendre 62 fois 1/2 son poids, soit 260 000 francs, la perle de M. Altschueler, marchand de perles, 51, rue La Fayette. »

M. Willing s'était alors associé, pour la négociation de cette perle, avec deux hommes nommés Altschueler et Barboza, courtiers en perles fines, qui l'avaient acquise d'un certain Lidenbaum, avant de la faire travailler par un lapidaire en perle indien nommé Varma qui dut s'expliquer devant le tribunal :

« J'ai un procédé pour améliorer les perles d'Amérique. Altschueler m'a remis la perle en question pour l'améliorer. Il a été convenu que je devais participer aux bénéfices si elle était vendue plus de 108 000 francs. J'étais au milieu de mon travail, quand elle a été saisie. J'avais pour mission de la polir, de lui enlever ses taches et de lui donner de la vivacité. C'est là un travail long. »

M. Reinach, expert, exposa alors au tribunal que « la perle était très belle. Elle avait l'aspect d'une perle d'Orient à raison de sa couleur rosée teintée. C'est Varma qui lui avait donné cette couleur rosée, grâce à un enduit. Elle ressemblait à une perle d'Orient, mais lorsqu'elle fut trempée dans de l'alcool, l'enduit est parti. »

M. Varma : « J'ai mis du collodion sur la perle pour l'empêcher de craqueler. Le travail n'était pas fini. Donnez-moi une autre perle et je mènerai à bout mon travail. »

Le jugement rendu par le tribunal fut des plus éclairant :
« Attendu que l'on distingue deux sortes de perles, les perles maritimes, qui viennent d'Orient, qui sont très lumineuses et d'un prix élevé, et les perles d'eau douce, dites perles américaines, moins belles, généralement blanches et de valeur bien inférieure ; Attendu que la perle en question avait été trempée par Varma dans un bain de collodion, à l'acétate d'amyle, opération qui avait eu

Alphonse Jungers, *Portrait de Maisie Caldwell Plant*, vers 1918.
Alphonse Jungers, *Portrait of Maisie Caldwell Plant*, c. 1918.

15th arrondissement. In doing so, the family escaped the 1917 massacres in Russia.[149]

However, it was in the United States that demand for pearls was at its highest. Wanting to extend its activities to the North American continent, in 1917 the Cartier Maison took premises at 653 Fifth Avenue. It was said that Pierre Cartier (1878–1964) acquired the mansion from Morton F. Plant in exchange for a necklace comprising one strand of fifty-five and another of seventy-three pearls, valued at 1.2 million dollars.[150]

A "painted" pearl

On 6 July 1918, the newspaper *Le Figaro* reported on the long-awaited outcome of a case that had begun in March 1913.[151] The story of a "painted" pearl had been the talk of the capital:

"Thanks to a special procedure of immersion in a collodion bath with amyl acetate, this pearl had lost its original character and acquired, instead of the matte white tone of American pearls, the yellow tone of pearls from the East. Its value had instantly quadrupled. Shaken, the jewelry industry, represented by Monsieur Rheims, president of the Chambre Syndicale des Négociants en Diamants, Perles, Pierres Précieuses et des Lapidaires, had lodged a complaint with the public prosecutor […]. An inquest was soon opened, and revealed that a Parisian broker, Monsieur Willing, had in his possession a painted pearl, which he was offering for sale at 260,000 francs. The pearl had been proposed to Monsieur Citroën, vice-president of the Chambre Syndicale […]. Monsieur Duponnois, the Police Commissioner, seized the pearl, which, after examination by Messrs Bruhl, Templier, Rheims and Citroën, was confirmed as having been painted. Under questioning, Monsieur Willing made it known that he had received the pearl from Monsieur Altschueler, pearl merchant, 51 Rue La Fayette, to be sold at 62 ½ times its worth, that is, 260,000 francs."

Monsieur Willing had negotiated the pearl's purchase with two men, named Altschueler and Barboza, both pearl brokers, who in turn had acquired it from a man named Lidenbaum before having it modified by an Indian pearl-specialist lapidary named Varma, who had to explain himself in court:

"I have a process for improving American pearls. Atschueler entrusted me with the pearl in question, to improve it. It was agreed that I would receive a share of the profits if it were sold for more than 108,000 francs. I was in the middle of working on it when it was seized. My task was to polish it, remove its stains and make it look more vibrant. It's a lengthy process."

Monsieur Reinach, an expert, then put forward to the court that "the pearl was very beautiful. It had the look of a pearl from the East because of its pink-tinted color.

pour résultat de changer son caractère d'origine, de lui donner le ton jaune des perles d'Orient, au lieu du ton blanc mat des perles d'Amérique ;

Attendu que la couleur, ajoutée par Varma au collodion, avait une importance particulière, puisqu'elle donnait à la perle une nuance légèrement dorée et, mélangée de rose, qui pouvait la faire prendre par toute personne, même compétente, pour une perle d'Orient ;

Attendu que le truquage employé par Varma était si bien réussi, que lorsque le sieur Willing [...] présenta la perle à la maison Tiffany, chez Cartier, chez Boucheron, tous connaisseurs, aucun d'eux ne découvrit la supercherie ;

Attendu que les sieurs Rheims, Citroën, Bruhl, Templier, négociants, traitant habituellement de grosses affaires de perles, ont également affirmé qu'ils n'auraient rien découvert s'ils n'avaient pas été prévenus ;

Attendu que le résultat de l'intervention de Varma était tel que la perle, achetée par Altschueler environ 72 000 francs, était mise en vente au prix de 260 000 francs, après cette intervention ;

Attendu qu'il importe de remarquer que le procédé de Varma n'ajoutait, en réalité, aucune valeur à la perle, que ce procédé devait disparaître au bout d'un temps plus ou moins éloigné, ou bien si l'on frottait la perle, ou si on la trempait dans de l'alcool ;

Attendu que vainement Varma allègue qu'il connaît un procédé secret pour améliorer normalement et licitement les perles sans en changer la nature ;

Attendu que le tribunal n'a pas à juger ce prétendu procédé, dont il n'a pas fait usage en l'espèce.

Pour tentative de tromperie sur la nature de la marchandise, M. Varma a été condamné à six mois de prison et à 5 000 francs d'amende, et M. Barboza à trois mois de prison et à 500 francs d'amende. La Chambre syndicale a obtenu le franc de dommages-intérêts qu'elle réclamait. »

→ René Boivin, sautoir, vers 1920, platine, perles fines, diamants.
René Boivin, sautoir, c. 1920, platinum, natural pearls, diamonds.
La Galerie parisienne.

It was Varma who gave it that pinkish color, thanks to a coating. It looked like a pearl from the East, but when it was soaked in alcohol, the coating came off."

Varma: "I put collodion on the pearl to stop it from crackling. I hadn't finished the work. Give me another pearl and I'll complete my work."

The judgement delivered by the court was highly enlightening:

"Whereas a distinction is made between two types of pearls – saltwater pearls, which come from the East, being very bright and highly priced, and freshwater pearls, known as American pearls, being less beautiful, generally white and of inferior value;

Whereas the pearl in question had been soaked by Varma in a collodion bath with amyl acetate, the result of which operation was a change in its original character, giving it the yellow tone of pearls from the East, instead of the matte white tone of pearls from America;

Whereas the color, added by Varma to the collodion, had a particular importance, since it gave the pearl a slightly golden nuance and, being mixed with pink, one which could cause any person, even one with knowledge of the area, to take it to be a pearl from the East;

Whereas the tampering method employed by Varma was so successful that when Monsieur Willing [...] presented the pearl to the Tiffany Maison, to Cartier, and to Boucheron, all connoisseurs, none of them uncovered the hoax;

Whereas Messrs Rheims, Citroën, Bruhl and Templier, merchants accustomed to major pearl deals, also affirmed that they would have noticed nothing amiss, had they not been forewarned;

Whereas the result of Varma's intervention was such that the pearl, purchased by Altschueler for approximately 72,000 francs, was put on sale at a price of 260,000 francs after this intervention;

Whereas it is important to note that Varma's procedure in fact added no value to the pearl, and that this procedure would disappear at some time in the near or more distant future, or indeed if the pearl were to be scrubbed, or if it were to be soaked in alcohol;

Whereas Varma vainly alleges that he knows a secret procedure for normally and lawfully improving pearls without changing their nature;

Whereas the court has not to judge this supposed procedure, which he did not employ in this instance. For attempting to deceive as to the nature of the merchandise, Monsieur Varma is condemned to six months in prison and a fine of 5,000 francs, and Monsieur Barboza to three months in prison and a fine of 500 francs. The Chambre Syndicale is granted the franc that it was claiming in damages."

Perlomanie parisienne

Pearl mania in Paris

Les Bijoux de Van Cleef & Arpels font le Tour du Monde pour parer la femme

Les marchands du Golfe se rendent à Paris
The Gulf merchants head to Paris

La fin de la Première Guerre mondiale n'a nullement entraîné celle du commerce de la perle à Paris. Bien au contraire, de vives rumeurs racontent alors que des hommes d'affaires allemands tenteraient d'acquérir le plus grand nombre de perles disponibles sur le marché parisien dans l'espoir de soutenir une économie laissée à l'agonie par quatre années de conflit.

Les marchands, marins et pêcheurs du Koweït semblent pour leur part avoir été très actifs durant la guerre et sont parvenus à profiter de nouvelles opportunités professionnelles, notamment dans la région du Nejd ou dans le port de Bassorah, une situation qui se répète d'ailleurs au début des années 1920.

Invité à Londres en 1919 par le gouvernement britannique afin de célébrer la fin de la guerre, Cheikh Ahmad al-Jaber Al Sabah (1885-1950) y mène la délégation koweïtie au nom de son oncle, le cheikh Salim al-Mubarak Al Sabah (1864-1921), alors au crépuscule de son règne. Il est d'ailleurs appelé à lui succéder, en tant que petit-fils de Moubarak Al Sabah, décédé en 1915. Voyageant par bateau à vapeur et revenant par l'Égypte, l'équipe fait étape pour quelques jours au Caire. Les contes et descriptions orales des métropoles occidentales qu'ils rapporteront au Koweït à leur retour vont jouer un rôle décisif dans la volonté des négociants du Golfe de les suivre en Europe.

Il faut toutefois reconnaître qu'une telle mobilité est également motivée par la pandémie de grippe qui s'est abattue sur toute l'Inde en octobre 1918, provoquant la mort de près de 6 millions de per-

← Jean-Gabriel Domergue, publicité pour la maison Van Cleef & Arpels, *La Renaissance de l'art français et des industries de luxe*, janvier 1923.
Jean-Gabriel Domergue, advertisement for the Maison Van Cleef & Arpels, *La Renaissance de l'art français et des industries de luxe*, January 1923.

The end of the First World War did nothing to quell the pearl trade war in Paris. On the contrary: rumors were flying about of German businessmen attempting to buy up as many pearls as they could on the Paris market, in the hope of shoring up an economy that had been left for dead after four years of conflict.

The merchants, sailors and fishermen of Kuwait seem, for their part, to have been very active during the conflict, and managed to take advantage of new business opportunities, notably in the Najd region and the port of Basra – a situation that was to repeat itself in the early 1920s.

The British government invited Sheikh Ahmad al-Jaber al-Sabah (1885–1950) to London in 1919, in order to celebrate the war's end. He took the Kuwaiti delegation there on behalf of his uncle, Sheikh Salim al-Mubarak al-Sabah (1864–1921), who was then in the twilight of his reign; as grandson of Mubarak al-Sabah, who died in 1915, Sheikh Ahmad was to be his uncle's successor. Traveling by steamship and returning via Egypt, the group stopped off for a few days in Cairo. The tales and descriptions of the Western metropolises that they related on their return to Kuwait would have a decisive impact on Gulf merchants' willingness to follow them to Europe.

It is, however, important to acknowledge that this tendency to travel was also motivated by the flu pandemic that swept across the whole of India in October 1918, causing the deaths of almost six million people and bringing trade to a total halt. This catastrophic situation drove the merchants to envisage new fields of business for their pearls and, given that the French capital was the ultimate destination for many Indian pearls, they decided to go there directly.

One new merchant from Saudi Arabia, who had recently relocated to Paris and again carried the title of "king of pearls," particularly stood out at this period: Mohamedali Zainal Alireza (1884–1969).

Another "king of pearls": Mohamedali Zainal Alireza

Although he was not destined to be either a giant of the pearl industry or one of the wealthiest businessmen in the Arabian Peninsula in the early 20th century (his primary interest being in the realm of education), Mohamedali Zainal Alireza played a central role in the development of the pearl trade and the protection of Arab merchants' rights.

Born in 1884 in Jeddah, in the Hejaz region, Mohammed Ahmed, known as "Mohamedali," was first sent to India by his father, Zainal Alireza (1835–1929), to learn the basics of business alongside his brothers Kasem and Yusef. However, dreaming of becoming a teacher, he fled India in 1901 at the age of seventeen and went to Cairo, hoping to study at the Al-Azhar University and then to be able to teach fiqh and sharia in the cities.

On one occasion when the two met in Cairo, his father offered to provide funding for him to set up

sonnes et un arrêt total des transactions. Cette situation catastrophique pousse, de fait, les marchands à imaginer de nouveaux domaines d'activité pour leurs perles et, étant donné que la capitale française est la destination finale de beaucoup de perles indiennes, ils décident de s'y rendre directement.

La figure d'un nouveau marchand originaire d'Arabie saoudite, récemment implanté à Paris et portant lui aussi le titre de « roi de la perle », se distingue à cette époque : Mohamedali Zainal Alireza (1884-1969).

Un autre « roi de la perle » : Mohamedali Zainal Alireza

S'il n'était pas destiné à devenir l'un des géants du commerce perlier, ni l'un des plus riches hommes d'affaires de la péninsule arabique du début du XXᵉ siècle (son intérêt se portait avant tout sur le domaine de l'éducation), Mohamedali Zainal Alireza joua un rôle central dans le développement du commerce de la perle et dans la préservation des droits des marchands arabes.

Né en 1884 à Djedda, dans le Hedjaz, Mohammed Ahmed, dit Mohamedali, est tout d'abord envoyé en Inde par son père, Zainal Alireza (1835-1929), afin d'apprendre les rudiments du commerce aux côtés de ses frères Kasem et Yousef. Rêvant de devenir enseignant, il s'enfuit cependant d'Inde en 1901 à l'âge de dix-sept ans et part pour Le Caire dans l'espoir d'étudier à l'université al-Azhar, avant de pouvoir enseigner dans les villes le fiqh et la charia.

À l'occasion d'une rencontre au Caire, son père lui propose de financer la création de sa propre école, qui permettrait de former des centaines d'enseignants. Zainal accepte et revient à Djedda, où il ouvre en 1905 sa première école, gratuite pour tous, nommée « Al-Falah ». Six années plus tard, une branche de l'école ouvre à La Mecque, bientôt suivie par d'autres à Bahreïn, dans les Émirats, en Inde et au Yémen.

Alireza a cependant besoin d'une source de revenus régulière et stable. Aussi revient-il en Inde afin de se lancer dans le commerce de la perle et de ne plus s'appuyer exclusivement sur l'argent de la famille. En 1917, il contribue à étendre le port de Bahreïn en faisant don à son cheikh de 4 500 roupies, parmi trente autres donateurs.

← Portrait de Mohamedali Zainal Alireza.
Portrait of Mohamedali Zainal Alireza.

↗ Broche, vers 1925, perles fines, diamants, platine.
Collection privée.
Brooch, c. 1925, natural pearls, diamonds, platinum.
Private collection.

his own school, which would enable him to train hundreds of teachers. Alireza accepted and returned to Jeddah, where in 1905 he opened his first school, named "Al-Falah" and free of charge for all. Six years later, a branch of the school opened in Mecca, soon followed by others in Bahrain, the Emirates, India and Yemen.

Still, Alireza was in need of a regular, stable source of income. He therefore returned to India to involve himself in the pearl trade and no longer rely exclusively on family money. In 1917 he contributed to the extension of the port of Bahrain by donating 4,500 rupees to its sheikh, among thirty other donors. Alireza, Yusuf bin Ahmed Kanoo and Salman Hasan Mattar together constituted the main investors.

In 1920, not only did Alireza visit Paris for the first time but, in order to expand his activities to Europe, he also opened an office there, at 62 Rue La Fayette, the building belonging to Jacques Bienenfeld, becoming his preferred commercial partner.

Alireza also became the first Arab from the Gulf to acquire an apartment in Paris, situated on the Champs-Élysées at number 117, as well as in London, at 21 Cleveland Square (Hyde Park, W2). While managing shops in Bahrain, Dubai, Bombay and Karachi, Alireza contributed to an even greater expansion of Gulf pearl sales in both Paris and London.

Easily recognizable by his turban and smile, he also remained famous for his generosity in the Gulf, Saudi Arabia and India, in view of the number of charitable concerns he either set up or contributed to.

Abd al-Rahman bin Hasan al-Qusaibi

Among other Gulf merchants who went to Paris, in his case in 1922, Abd al-Rahman bin Hasan al-Qusaibi – who

Zainal, Yousouf bin Ahmed Kanoo et Salman Hasan Mattar forment à eux trois les principaux investisseurs.

En 1920, non seulement Alireza visite Paris pour la première fois, mais, afin d'étendre ses activités à l'Europe, il y ouvre aussi un bureau au 62, rue La Fayette, l'immeuble de Jacques Bienenfeld, dont il devient le partenaire commercial privilégié.

Alireza devient également le premier Arabe du Golfe à acquérir un appartement à Paris, situé au 117 des Champs-Élysées, ainsi qu'à Londres, au 21 Cleveland Square (Hyde Park W.2). À la tête de boutiques à Bahreïn, à Dubai, à Bombay et à Karachi, Alireza contribue à étendre plus encore la vente des perles du Golfe à Paris et à Londres.

Reconnaissable entre mille par son turban et son sourire, il est également resté célèbre pour sa générosité dans le Golfe, en Arabie saoudite et en Inde, étant donné le nombre d'œuvres de charité qu'il a créées ou auxquelles il a contribué.

Abd al-Rahman bin Hasan al-Qusaibi

Parmi les autres marchands du Golfe à se rendre à Paris, pour sa part dès 1922, il faut citer Abd al-Rahman bin Hasan al-Qusaibi, venant de Bahreïn et qui séjourne également à Londres. Issus d'une famille modeste de bouchers de Riyad, les Qusaibi sont cinq frères[152] : Abd al-Aziz, Abd al-Rahman et Abdulla bin Hasan, enfin Hasan et Sa'ad bin Ibrahim. Tous sont à cette époque les agents à Bahreïn d'Abd al-Aziz bin Abd al-Rahman Al Saoud (1876/1880?-1953), alors roi du Hedjaz et du Nejd et futur roi d'Arabie saoudite à partir de 1932.

Mais des cinq frères, c'est Abd al-Rahman qui se distingue comme le plus vif et le plus instruit, avec un œil particulier pour ce qui concerne les perles. Ayant des notions de français et d'anglais, il représente la firme à Paris, où il se distingue de ses compatriotes par son chapeau melon.

Abd al-Jalil bin Muhammad et Mustafa bin Abd al-Latif al-Bastaki

Portés par une pêche correcte, les prix de vente des perles pour l'année 1922 montrent une hausse de 30 à 40 % par rapport à l'année précédente[153]. Une perle pêchée à Bahreïn est même vendue contre 1 lakh de roupie. Un marchand français nommé « M. Ruben » et accompagné de sa secrétaire Marcelle visite alors Bahreïn. Ils y restent plusieurs mois, tandis que le représentant de Rosenthal achète pour 30 lakhs de perles.

Si aucun acheteur pour le marché britannique ne se présente à Bahreïn en 1923, M. Ruben y revient toutefois cette année-là pour y acheter un stock considérable de perles. M. Salomon, dit « Sol Pack », représentant de Rosenthal, achète pour sa part entre 50 et 60 lakhs de roupie de perles. Séduits par de telles sommes, de nouveaux marchands du Golfe décident de venir en France pour y vendre directement leur précieuse marchandise[154].

Abd al-Rahman bin Hasan al-Qusaibi est suivi en 1924 par les cheikhs Abd al-Jalil bin Muhammad et Mustafa bin Abd al-Latif

came from Bahrain and likewise stayed in London – is worthy of note. Born to a family of Riyadh butchers, there were five al-Qusaibi brothers: Abd al-Aziz, Abd al-Rahman and Abdulla bin Hasan, plus Hasan and Sa'ad bin Ibrahim.[152] At the time, all of them were agents in Bahrain for Abd al-Aziz bin Abd al-Rahman Al-Saud (1876/1880?–1953), who was then King of Hejaz and Najd and would become King of Saudi Arabia in 1932.

But of those five brothers, it was Abd al-Rahman who distinguished himself as the brightest and most knowledgeable, with a particular eye where pearls were concerned. Having some knowledge of French and English, he represented the firm in Paris, where he made himself stand out from his compatriots by wearing a bowler hat.

Abd al-Jalil bin Muhammad and Mustafa bin Abd al-Latif al-Bastaki

Bolstered by a healthy fishing season, sale prices for pearls in 1922 were 30 to 40% higher than the previous year's.[153] A single pearl fished in Bahrain was even sold for 1 lakh. A French merchant named "Monsieur Ruben" visited Bahrain at that time, accompanied by his secretary Marcelle. They remained there for several months, while Rosenthal's representative bought 30 lakhs' worth of pearls.

No buyers for the British market presented themselves in Bahrain in 1923, but Monsieur Ruben returned there in that year to buy a considerable stock of pearls. Rosenthal's representative Monsieur Salomon, "Sol Pack," meanwhile purchased between 50 and 60 lakhs' worth of pearls. Enticed by such sums, new Gulf merchants decided to come to France to sell their precious merchandise there directly.[154]

Abd al-Rahman bin Hasan al-Qusaibi was followed in 1924 by Sheikhs Abd al-Jalil bin Muhammad and Mustafa bin Abd al-Latif al-Bastaki (?–1964), a major merchant who also operated in other domains and owned boutiques in Bahrain, Dubai and Bombay. Around the same time, Salih bin Hindi al-Mana'i and Abdullah bin Ali al-Za'id – also a poet and writer – arrived in Paris, as did the Kuwaiti trader Salih bin Uthman al-Rashid al-Humaidi.

Salih bin Uthman al-Rashid al-Humaidi

The son of Uthman al-Rashid al-Humaidi, an important merchant who ran a caravan network between Kuwait, Syria and Egypt, Salih bin Uthman al-Rashid al-Humaidi retained commercial interests in Egypt and even owned a shop in Khan el-Khalili, the great souk of Cairo, the cable address for which was "Humaidi." In 1923 he made a business trip to Marseille and Milan. In a letter dated 3 September to Shamlan bin Ali al-Saif, a business associate of Mattar's and Rosenthal's to whom we will return later, Salih offered a brief description of

al-Bastaki (?-1964), grand marchand œuvrant également dans d'autres domaines et qui possède des boutiques à Bahreïn, à Dubai et à Bombay. Arrivent parallèlement à Paris Salih bin Hindi al-Mana'i et Abdullah bin Ali al-Za'id, également poète et homme de lettres, ou encore le négociant koweïti Salih bin Uthman al-Rashid al-Humaidi.

Salih bin Uthman al-Rashid al-Humaidi

Fils d'Uthman al-Rashid al-Humaidi, un important marchand qui organisait un réseau de caravanes entre le Koweït, la Syrie et l'Égypte, Salih bin Uthman al-Rashid al-Humaidi a conservé des intérêts commerciaux en Égypte et possède même une boutique à Khân al-Khalili, le grand souk du Caire, avec l'adresse télégraphique « Humaidi ». En 1923, il se rend pour affaires à Marseille et à Milan. Dans une lettre datée du 3 septembre, adressée par Salih à Shamlan bin Ali al-Saif, partenaire commercial de Mattar et de Rosenthal sur lequel nous reviendrons, celui-ci nous offre une brève description du marché français :

> « Nous sommes arrivés ici [à Marseille] pour faire des affaires et pour découvrir ce qu'est le marché à Paris. Nous avons été renseignés par des marchands de perles à Marseille *via* un interprète arabe. Nous avons connu les prix en mai et juin. Il n'y a pas eu de chute. Ils disent que le mouvement est graduel et qu'aucune chute n'est attendue… Il y a ici un Égyptien qui peut lire et écrire dans quatre langues. J'ai pu faire sa connaissance. Je me suis confié à lui au sujet de mes affaires et il s'est montré fiable, raisonné et honnête. Je lui ai dit que l'un d'entre nous souhaiterait apporter des perles ici. Veillerait-il sur elles en tant qu'agent et interprète ? Il dit qu'il le ferait volontiers et se chargerait de toute traduction, entremise ou toute autre tâche… Il ne fait pas de doute qu'un interprète est essentiel. Cet homme est hautement compétent. Son nom est Jan Angelo… [Il] fait autorité en France et parmi les siens, particulièrement à Paris. Il est un marchand de taille moyenne. Montre s'il te plaît cette lettre à l'oncle Hilal [bin Fajhan] al-Mutairi [(?-1938), le plus grand marchand du Koweït à cette époque, *NdA*]. Je suis trop occupé pour lui écrire moi-même[155]. »

Doit également être cité le marchand Hamid bin Kamil, originaire de Chardja, qui parvient à se tailler une part importante du marché parisien et reste longtemps dans la capitale française, où il acquiert un certain statut. D'autres négociants peuvent encore être ajoutés à une liste déjà longue, originaires cette fois de Bandar Lengeh, sur la rive persique du Golfe, tels Yousouf Bahzad, Abdullah bin Abbas[156]. Muhammad et Abbas, les deux fils de ce dernier, sont originaires de la ville de Bastak mais vivent à Bandar Lengeh. Venant également de Bastak, les deux fils de Muhammad Aqil, nommés Muhammad Faruq et Muhammad Sadiq, possèdent pour leur part des boutiques à Bombay et à Dubai avant d'en ouvrir une nouvelle à Paris, où Muhammad Faruq épouse une Française tandis qu'Abd al-Wahid bin Muhammad Sadiq poursuit les affaires de son père Muhammad.

Henry Gerbault, *La Vie parisienne*, 1920.
Henry Gerbault, *Parisian Life*, 1920.

his impressions of the French market. The letter indicates that, having consulted a local pearl merchant on his arrival in Marseille through an interpreter and found out the prices from May and June, he had been able to ascertain that there had been no price fall and nor was one expected. It further reports that he had got to know a quadrilingual Egyptian man named Jan Angelo, a medium-scale merchant who was much respected in Paris and whom he came to trust enough to ask him to act as his agent and interpreter for his pearl sales there – an offer that the man willingly accepted. He concluded the letter by asking Shamlan bin Ali al-Saif to show it to his uncle – Hilal bin Fajhan al-Mutairi (1855–1938), the most important merchant in Kuwait at the time – stating that he was too busy to write to him himself.[155]

Also worthy of mention is the Sharjah-born merchant Hamid bin Kamil, who succeeded in carving out a significant portion of the Paris market for himself and remained in the French capital for a lengthy period, becoming a respected figure there. Other traders can be added to an already long list, this time hailing from Bandar Lengeh, on the Gulf's Persian shore, such as Yusuf Bahzad and Abdullah bin Abbas.[156] The latter's two sons Muhammad and Abbas came from the city of Bastak but lived in Bandar Lengeh. Also from Bastak, Muhammad Aqil's two sons, named Muhammad Faruq and Muhammad Sadiq, owned shops in Bombay and Dubai before opening a new one in Paris, where Muhammad Faruq married a Frenchwoman while Abd al-Wahid bin Muhammad Sadiq continued his father Muhammad Sadiq's business affairs.

Des marchands-rois couverts d'honneurs
Much-decorated merchant-kings

Grièvement blessé pendant la guerre, Victor Rosenthal reçoit, à l'issue de celle-ci, la médaille militaire, la croix de guerre, la Légion d'honneur et la nationalité française. Léonard est pour sa part nommé chevalier de la Légion d'honneur le 9 août 1919. Il réside alors au 126, boulevard Haussmann, à Paris, où son activité se poursuit de plus belle, comme en témoignent ses échanges de l'époque avec les marchands du Golfe.

Tandis que la frénésie de la perle continue à battre son plein à Paris comme dans le Golfe, de nouveaux acteurs émergent à cette époque, attirés par l'insolente attractivité d'un marché que rien ne semble pouvoir ébranler. Un certain joaillier nommé Maurice Habib s'installe en 1919 au 56, rue La Fayette. Sa spécialité ne fait aucun doute au vu de son poinçon : une perle dans un losange horizontal[157].

Naturalisé français en 1922, Jacques Bienenfeld acquiert cette même année la villa *Léa*, à Suresnes, et y installe sa famille, ce qui, domestiques compris, rassemble alors une quinzaine de personnes. Son épouse Germaine (née Franck en 1890), une Parisienne d'origine lorraine, et ses deux beaux-fils, nés au début des années 1910 d'un premier mariage, mènent alors la grande vie. La famille reçoit régulièrement dans cette demeure, décorée par des artistes italiens et ornée de deux immenses copies des *Esclaves* de Michel-Ange du Louvre, de prestigieux invités venant de pays lointains et notamment d'Inde, les bras chargés de cadeaux pour les enfants[158].

Résidant désormais au 6, avenue Ruysdaël, Léonard Rosenthal est promu officier de la Légion d'honneur le 6 août 1923, en

Seriously wounded during the war, at the end of it Victor Rosenthal was decorated with the *Médaille militaire* (Military Medal) and the *Croix de guerre* (War Cross), as well as the *Légion d'honneur* (Legion of Honor), and was granted French citizenship. Léonard, for his part, was named a *chevalier* of the *Légion d'honneur* on 9 August 1919. He was then residing at 126 Boulevard Haussmann, in Paris, and enjoying a boom in business, as witnessed by his correspondence from the time with Gulf merchants.

While pearl mania continued apace in Paris and the Gulf, new figures emerged in this period, seduced by the shameless attraction of a market that seemed unshakeable. A jeweler named Maurice Habib set up shop in 1919 at 56 Rue La Fayette. His stamp, featuring a pearl in a horizontal lozenge shape,[157] left no doubt as to his specialty.

Granted French nationality in 1922, Jacques Bienenfeld acquired a villa named "Léa," in Suresnes, in the same year, and moved his family there, numbering some fifteen people including the domestic staff. His wife Germaine (born Franck in 1890), a Parisian with origins in the Lorraine region of eastern France, and his two stepsons, born in the early 1910s from her first marriage, were living the high life. In this residence decorated by Italian artists and furnished with two enormous copies of Michelangelo's Louvre *Slaves*, the family regularly hosted illustrious guests from faraway lands, notably India, who came bearing plentiful gifts for the children.[158]

Léonard Rosenthal, who was then living at 6 Avenue Ruysdaël, was promoted to the rank of *officier* of the *Légion d'honneur* on 6 August 1923, in recognition of his position in the French pearl trade. From 24 June 1924, his brother Victor had an Indian passport, issued in Bombay. At that time pearls would be polished and classified there before being brought to Paris or London in order to be purchased by British or American customers. This situation was to change, however, thanks notably to Bienenfeld.

Made a *chevalier* of the *Légion d'honneur* in that same year, Jacques Bienenfeld found himself in charge of a multinational company with capital exceeding 20 million francs. He returned to Eastern Europe to recruit various cousins and thus secure the future of a business that was experiencing huge growth: it would soon employ more than fifty people to sort, match, pierce and thread pearls – all tasks that were previously carried out entirely in India.

récompense de sa place dans le commerce français de la perle. À partir du 24 juin 1924, son frère Victor dispose d'un passeport indien, établi à Bombay. Rappelons que les perles y sont alors polies et classées avant d'être emmenées à Paris ou à Londres afin d'être achetées par les Anglais ou les Américains. Cette situation va cependant changer à son tour, sous l'action notamment de Bienenfeld.

Nommé également chevalier de la Légion d'honneur cette même année, Jacques Bienenfeld se retrouve à la tête d'une société multinationale dont le capital dépasse les 20 millions de francs. Il regagne alors l'Europe de l'Est afin de recruter ses différents cousins et ainsi de pérenniser l'entreprise en très forte croissance : celle-ci emploie bientôt plus de cinquante personnes triant, assortissant, perçant et enfilant des perles, un travail qui se faisait auparavant exclusivement aux Indes.

Outre son cousin Marc Bienenfeld, qui le rejoint en 1924, c'est David Bienenfeld (1893-1973), un petit-cousin, qui met au point pour lui le perçage, le travail et le polissage des perles à Paris. Il fait ainsi construire en Suisse des machines électriques pour polir et percer les perles qui font sa richesse[159]. À l'instar des frères Rosenthal, tant Marc que David Bienenfeld sont alors employés par Jacques pour se rendre dans les pêcheries du Golfe (mais également du Venezuela) et négocier l'achat de perles auprès de Mohamedali Zainal Alireza, dont les Bienenfeld sont les principaux partenaires français.

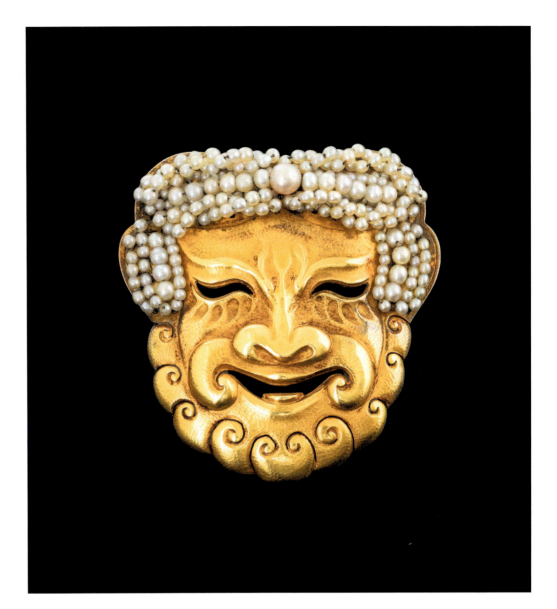

Other than his cousin Marc Bienenfeld, who joined him in business in 1924, it was his more distant cousin David Bienenfeld (1893–1973) who perfected the piercing, honing and polishing of pearls for him in Paris. He then had electric machines built in Switzerland to polish and pierce pearls, which made him a great deal of money.[159] As with the Rosenthal brothers, both Marc and David Bienenfeld were employed by Jacques to go to the Gulf fisheries (but also to Venezuela) and negotiate pearl purchase deals with Mohamedali Zainal Alireza, being the latter's main French trading partners.

← Broche, vers 1920, perle fine, diamants, platine.
Brooch, c. 1920, natural pearl, diamonds, platinum.
Collection Faerber.

↑ René Boivin, clip de revers *Masque*, vers 1910-1915, perles fines, or.
René Boivin, *Mask* lapel clip, c. 1910–1915, natural pearls, gold.
La Galerie parisienne.

Des perles comme s'il en pleuvait
It's raining pearls!

Le 14 janvier 1920, c'est une vente de bijoux qui est mentionnée par *Le Figaro*, celle de l'écrin de la princesse Lobanoff de Rostoff, qui a rapporté, pour sa journée d'ouverture, environ 2,65 millions de francs. La liste des trente-huit premiers bijoux donne une idée tant de la diversité que de l'importance des perles parmi de telles collections[160].

Il n'est, de même, pas un quotidien qui n'ait évoqué l'affaire des colliers de l'actrice belge Jane Marnac contre Pierre Moch. La primeur en revient toutefois aux rédactions du *Matin*, de *La Patrie* et de *La Presse*, qui en firent la une de leurs numéros en date du 26 avril 1922 : « Mlle Jane Marnac dépose une plainte contre un courtier [Pierre Moch] à qui elle a confié un collier de 150 000 francs ». Au terme d'un véritable tumulte médiatico-judiciaire, Jane Marnac finira par retrouver son collier et retirer sa plainte.

Les perles du Golfe intéressent également à l'époque les scientifiques, tel le biologiste Charles Pérez[161]. Mais toutes les expériences qui les entourent ne sont pas heureuses : daté du 2 août 1922, un article du *Jeweler's Circular* rapporte ainsi que « des fabricants de perles parisiens furent empoisonnés par des gaz provenant de produits chimiques utilisés dans la fabrication de gemmes d'imitation : un câble spécial envoyé le 30 juillet au *New York Times*, et protégé par les droits d'auteur de ce journal, raconte comment deux femmes travaillant dans la fabrication de perles artificielles ont été récemment admises dans un hôpital parisien, après avoir inhalé des vapeurs toxiques pendant leur travail. Outre des troubles digestifs, l'une d'elles a présenté de graves troubles nerveux et est finalement décédée. Les médecins affirment cependant qu'il n'existe aucune preuve que les perles, une fois fabriquées, soient susceptibles de provoquer des intoxications. Le tétrachloréthane, selon la dépêche du *Times*, est le nom du produit chimique utilisé dans la fabrication des perles artificielles, et les Drs. Flessinger et Brodin annoncent qu'il s'agit d'un poison dangereux. Ce sont les vapeurs de ce produit chimique que les femmes inhalaient. »

Non content d'inventer une machine à percer les perles, le marchand Jacques Bienenfeld va éditer une revue nommée *La Perle* de 1924 à 1932. Si l'on pourrait croire que « les longs colliers de rubis ou de saphirs véritables commencent à détrôner le collier de perles fines trop souvent imité[162] », il n'est cependant pas un jour sans qu'une affaire touchant aux perles éclate dans les médias. En témoigne notamment la spectaculaire vente du collier de perles de la veuve Thiers, qui fait les gros titres de la presse parisienne en juin 1924.

A jewelry sale held on 14 January 1920 elicited a mention in *Le Figaro*. Consisting of Princess Lobanov-Rostovsky's jewelry, it brought in some 2.65 million francs on its opening day. The list of the first thirty-eight lots gives an idea of both the diversity and the importance of the pearls within such collections.[160]

There was not a single daily newspaper that failed to report on the Belgian actress Jane Marnac's legal case against Pierre Moch over a necklace. This time, however, it was *Le Matin*, *La Patrie* and *La Presse* that broke the story, their front pages for 26 April 1922 culminating with: "Mademoiselle Jane Marnac is pressing charges against a broker [Pierre Moch], to whom she entrusted a necklace worth 150,000 francs." Following a veritable media-judicial storm, Marnac ultimately found her necklace again and withdrew her complaint.

Scientists were also displaying an interest in Gulf pearls at the time, including the biologist Charles Pérez.[161] But not all of the experiments they carried out were successful: an article in the *Jeweler's Circular*

← Joseph Chaumet, collier bayadère, vers 1920, platine, semences de perles fines, cabochons de saphirs, diamants.
Joseph Chaumet, bayadère necklace, c. 1920, platinum, seed pearls, sapphire, diamond cabochons.
Paris, collections Chaumet.

↑ Publicité Van Cleef & Arpels publiée dans *Les Feuillets d'art*, 1919.
Van Cleef & Arpels advertisement published in *Les Feuillets d'art*, 1919.
Archives Van Cleef & Arpels.

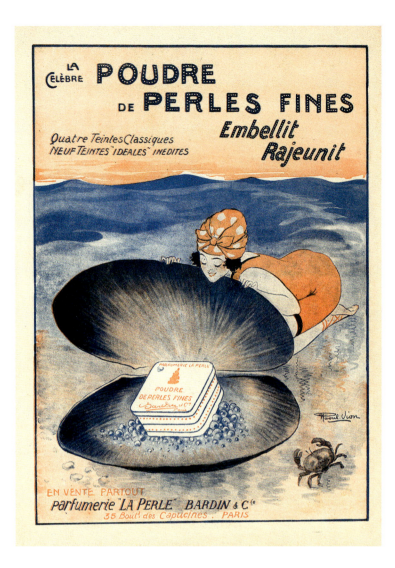

dated from 2 August 1922 reports that "Paris pearl manufacturers were poisoned by gas from chemicals used in the crafting of imitation gems: a special cable, sent to the New York Times on July 30 and protected by the newspaper's copyright, tells of two female artificial pearl manufacturers who were recently admitted to a Paris hospital after inhaling toxic vapors in the course of their work. In addition to digestive disorders, one suffered serious nerve damage and subsequently died. However, doctors declared that there is no evidence that pearls, once made, can be liable to cause intoxications. According to the Times' article, tetrachloroethane is the name of the chemical product used to make artificial pearls, and Drs. Flessinger and Broder stated that it is a dangerous poison. This was the chemical whose vapors the women were inhaling."

Not content with inventing a pearl-piercing machine, the merchant Jacques Bienenfeld went on to publish a journal named *La Perle* from 1924 to 1932. While it might well have been the case that "long necklaces of genuine rubies or sapphires [were] beginning to supplant the all-too-frequently imitated pearl necklace,"[162] not a day went by without a media explosion that involved a story about pearls. A notable example of this was the spectacular sale of Élise Thiers' pearl necklace, which was headline news in the Paris press in June 1924.

↑ Raoul Vion, illustrateur, publicité pour la poudre de perles fines de la parfumerie La Perle par Bardin & Cie, 1919.
Raoul Vion, illustrator, advertisement for natural pearl powder for the La Perle perfumery Bardin & Cie, 1919.

→ Broche, vers 1920, perles fines, diamants, lapis-lazuli, platine.
Collection privée.
Brooch, c. 1920, natural pearls, diamonds, lapis-lazuli, platinum.
Private collection.

→ → George Barbier, « Laissez-moi-seule ! », *Les Feuillets d'art*, 1919.
George Barbier, "Leave me alone!," *Les Feuillets d'art*, 1919.

laissez-moi-seule!

QUE VAS-TU FAIRE!
Robe du soir, de Worth

LA COIFFURE ESPAGNOLE
Robe du soir, de Dœuillet

A. JANESICH
Joaillier
19, Rue de la Paix
VICHY   PARIS   MONTE-CARLO

A. JANESICH
Joaillier
19, Rue de la Paix
VICHY   PARIS   MONTE-CARLO

Étienne Drian, « Que vas-tu faire ! Robe du soir, de Worth », *Gazette du bon ton*, nº 6, planche 46, 1920 ;
« La coiffure espagnole. Robe du soir, de Dœuillet », *Gazette du bon ton*, nº 8, planche 62, 1922. Édouard Halouze, « A. Janesich, Joaillier », *Gazette du bon ton*, 1920 ; « A. Janesich, Joaillier », *Gazette du bon ton*, nº 4, planche 32, 1920.

Étienne Drian, "What will you do! Worth evening gown," *Gazette du bon ton*, no. 6, plate 46, 1920;
"The Spanish headdress. Dœuillet evening gown," *Gazette du bon ton*, no. 8, plate 62, 1922. Édouard Halouze, "A. Janesich, Jeweler," *Gazette du bon ton*, 1920; "A. Janesich, Jeweler," *Gazette du bon ton*, no. 4, plate 32, 1920.

LE PARAVENT ROUGE
ROBE DU SOIR, DE WORTH

George Barbier, « Le paravent rouge. Robe du soir, de Worth », *Gazette du bon ton*, n° 10, planche 80, 1920.
George Barbier, "The red folding screen. Worth evening gown," *Gazette du bon ton*, no. 10, plate 80, 1920.

Publicité Van Cleef & Arpels dessinée par Édouard Halouze et publiée dans la *Gazette du bon ton*, 1920.
Van Cleef & Arpels advertisement designed by Édouard Halouze and published in Gazette du bon ton, 1920.
Archives Van Cleef & Arpels.

George Barbier, « L'Empire du monde. Robe du soir, de Worth », *Gazette du bon ton*, n° 6, planche 30, 1924 ; « Alcyone. Robe et manteau du soir, de Worth », *Gazette du bon ton*, n° 1, planche 2, 1923 ; « Les roses dans la nuit. Robe du soir, de Worth », *Gazette du bon ton*, n° 7, planche 54, 1921 ; « La roseraie. Robe du soir, de Worth », *Gazette du bon ton*, n° 3, planche 21, 1922.

George Barbier, "The Empire of the World. Worth evening gown," *Gazette du bon ton*, no. 6, plate 30, 1924; "Alcyone. Worth evening dress and coat," *Gazette du bon ton*, no. 1, plate 2, 1923; "Roses in the Night. Worth evening gown," *Gazette du bon ton*, no. 7, plate 54, 1921; "Rose Garden. Worth evening gown," *Gazette du bon ton*, no. 3, plate 21, 1922.

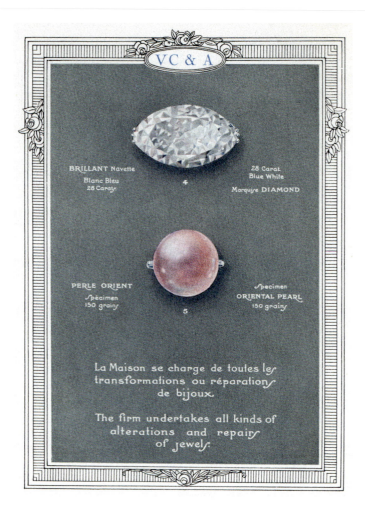

← ← John Singer Sargent, *Portrait de Grace Elvina, marquise Curzon de Kedleston*, 1925, huile sur toile.
John Singer Sargent, *Portrait of Grace Elvina, Marquise Curzon de Kedleston*, 1925, oil on canvas.
Manchester, Currier Museum of Art.

← Collier *Gourdji*, perles fines, fermoir avec diamants.
Gourdji necklace, natural pearls, diamond clasp.
Collection Faerber.

↑ Catalogue Van Cleef & Arpels présentant une perle orient, 1922.
Van Cleef & Arpels catalog featuring an oriental pearl, 1922.
Archives Van Cleef & Arpels.

Catalogue Van Cleef & Arpels présentant un sautoir, 1922.
Van Cleef & Arpels catalog featuring a sautoir, 1922.
Archives Van Cleef & Arpels.

Joseph Chaumet, diadème *Murat*, 1920, or blanc, perles naturelles, diamants.
Collection privée.
Joseph Chaumet, *Murat* tiara, 1920, white gold, natural pearls, diamonds.
Private collection.

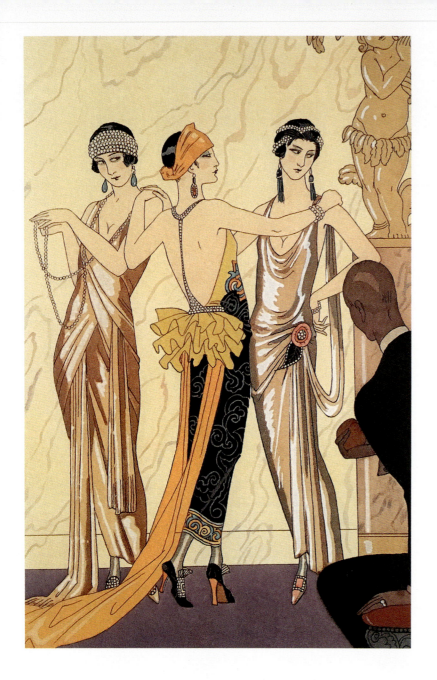

George Barbier, illustration parue dans *Falbalas et fanfreluches. Almanach des modes présentes, passées et futures*, 1925.
George Barbier, illustration published in *Falbalas et fanfreluches. Almanach des modes présentes, passées et futures*, 1925.

Van Cleef & Arpels, motifs d'oreilles *Pampilles*, 1924, platine, perles, diamants.
Van Cleef & Arpels, *Pampilles* earrings, 1924, platinum, pearls, diamonds. **Collection Van Cleef & Arpels.**

Cartier, bracelet, vers 1920, perles fines, diamants, onyx, platine. **Collection privée.**
Cartier, bracelet, c. 1920, natural pearls, diamonds, onyx, platinum. **Private collection.**

Van Cleef & Arpels, nécessaire, vers 1925, or jaune, perles, émail, diamants.
Van Cleef & Arpels, vanity case, c. 1925, yellow gold, pearls, enamel, diamonds.
Collection Van Cleef & Arpels.

Cartier, épingles à chapeau, 1923, perles fines, cristal de roche, onyx, or.
Cartier, hat pins, 1923, natural pearls, rock crystal, onyx, gold.
Collection Cartier.

Van Cleef & Arpels, sac du soir, 1924, platine, perles, onyx, diamants.
Van Cleef & Arpels, evening bag, 1924, platinum, pearls, onyx, diamonds.
Collection Van Cleef & Arpels.

Adolf de Meyer pour Chanel, « Quarante-deux », robe du soir, 1924.
Adolf de Meyer for Chanel, "Forty-two," evening gown, 1924.

Lacloche Frères, dessin d'un bracelet extrait du registre « L'Exposition des arts décoratifs modernes 1925 », 1925, gouache et crayon sur papier cartonné.
Lacloche Frères, design of a bracelet from the album "L'Exposition des arts décoratifs modernes 1925," 1925, gouache and pencil on cardboard paper.
Paris, Fonds Van Cleef & Arpels sur la Culture Joaillière.

Broche, vers 1925, perles fines, diamants, platine.
Collection privée.
Brooch, c. 1925, natural pearls, diamonds, platinum.
Private collection.

→ Publicité Van Cleef & Arpels dessinée par Armand Louis Félix Rapegno et publiée dans *La Renaissance de l'art français et des industries de luxe*, mars 1924.
Van Cleef & Arpels advertisement designed by Armand Louis Félix Rapegno and published in *La Renaissance de l'art français et des industries de luxe*, March 1924.
Archives Van Cleef & Arpels.

Les perles de la veuve Thiers

Pearls belonging to Thiers' widow

« La vente des bijoux de madame Thiers », *Le Petit Journal*, 17 juin 1924, p. 1.
"Sale of Madame Thiers' jewelry," *Le Petit Journal*, 17 June 1924, p. 1.

La bibliothèque Thiers de Paris conserve un précieux dossier de trente feuillets relatif à la vente[163], en juin 1924, du collier de perles, aujourd'hui disparu, ayant appartenu à Élise Thiers. Dès 1922 en effet, le Louvre décide de se séparer du collier Thiers après l'avoir exposé dans la galerie d'Apollon pendant quarante et un ans. Jugeant que ce dernier a plus de valeur économique qu'artistique ou historique et, à ce titre, n'a pas de place réelle dans ses murs, le musée le met en vente avec d'autres bijoux, tel un collier indien composé de « cinq rangs de petites perles séparés par dix-huit motifs en or, sertis, à la face, de turquoises et ornés, au revers, de motifs floraux émaillés rouge et vert sur fond blanc ».

Cette vente doit toutefois être agréée par l'État, par une loi du 29 décembre 1923 signée par le président de la République Alexandre Millerand. Elle nécessite également l'accord de l'exécuteur testamentaire de la famille Dosne-Thiers, le duc de Massa, qui en autorise la vente à condition que le produit en soit reversé à la Fondation Thiers, à la maison de retraite de Dosne et à la Caisse nationale des musées.

Véritable événement médiatique, la vente aux enchères fait naturellement les gros titres de la presse française comme étrangère. Organisée le lundi 16 juin 1924 à 14 h 30 dans la galerie Denon, elle attire une foule considérable et cosmopolite. Le commissaire de la vente, le célèbre Mᵉ Fernand Lair-Dubreuil (1867-1931), est assisté pour l'occasion de nombreux et prestigieux experts. Trois « chambres » sont alors représentées :
– la Chambre syndicale de la joaillerie tout d'abord, par son vice-président honoraire, M. Henri Vever (1854-1942), ainsi que par ses premiers vice-président et président honoraire, MM. Marcel et Louis Aucoc (1850-1932)[164];
– la Chambre de commerce de Paris, en la personne de M. Louis Boucheron (1874-1959)[165];
– enfin, la Chambre syndicale des négociants en pierres précieuses, en la présence de son président, M. Hugues Citroën (1873-1953), alors installé au 24 de la rue La Fayette.
Figurent également à la vente en qualité d'experts MM. Gustave-Roger Sandoz, en tant que vice-président du Comité français des expositions, ainsi que les représentants de la succession de « Mlle Dosne », à savoir MM. Georges Falkenberg et Robert Linzeler (1872-1941).

Le plus long rang, contenant cinquante-cinq perles, atteint 5 030 000 francs et est remporté par Oscar Kahn. Le rang du milieu, composé de quarante-neuf perles, est acquis par L. Henry contre 3 220 000 francs. Les quarante et une perles

A precious thirty-page file preserved in the Bibliothèque Thiers in Paris relates to the sale,[163] in June 1924, of the now-lost pearl necklace that had belonged to Élise Thiers. The Louvre had decided to part with the Thiers necklace after displaying it in the Galerie d'Apollon for forty-one years. Judging it to have greater financial than artistic or historical value and therefore no real place within its walls, the museum put it on sale with other items of jewelry, such as an Indian necklace composed of "five strands of small pearls separated by eighteen golden motifs, set on the front with turquoises and ornamented on the reverse with enameled floral motifs in red and green on a white ground." However, the sale was required to be approved by the State, according to a law dated 29 December 1923 and signed by the French President, Alexandre Millerand. It also needed the agreement of the Dosne-Thiers family's executor, the Duke of Massa, who authorized the sale on the condition that the proceeds from it be donated to the Fondation Thiers (Thiers Foundation), the Dosne retirement home and the Caisse Nationale des Musées (National Museums Fund).

A full-blown media event, the auction naturally made headlines both in the French press and abroad. Held on Monday 16 June 1924 at 2.30 p.m. in the Louvre's Galerie Denon, it drew a large and cosmopolitan crowd. The auctioneer, the renowned Fernand Lair-Dubreuil (1867–1931), was assisted by a number of esteemed experts for the occasion. Three trade bodies were represented:
– the Chambre Syndicale de la Joaillerie (the union for the jewelry trade), represented first and foremost through its honorary vice-president Henri Vever (1854–1942), as well as its first vice-president and honorary president, Marcel and Louis Aucoc (1850–1932);[164]
– the Chambre de Commerce de Paris (Paris Chamber of Commerce), in the person of Louis Boucheron (1874–1959);[165]
– lastly, the Chambre Syndicale des Négociants en Diamants, Perles, Pierres Précieuses et des Lapidaires (then based at 24 Rue La Fayette), through the presence of its president, Hugues Citroën (1873–1953).
Also involved in the sale as experts were Gustave-Roger Sandoz, vice-president of the Comité Français des Expositions (French Exhibitions Committee), as well as Georges Falkenberg and Robert Linzeler, in their capacity as representatives of the heirs of "Mademoiselle Dosne."

The longest strand, containing fifty-five pearls, achieved 5,030,000 francs, the successful bidder being Oscar Kahn. The middle one, composed of forty-nine pearls, was acquired by L. Henry for 3,220,000 francs. The forty-one pearls of the

du rang le plus court sont pour leur part vendues au baron Lopez de Tarragoya pour 2 680 000 francs. Le fermoir du collier, consistant en « un rubis rectangulaire relié par des griffes serties de brillants et de roses à un entourage de douze gros brillants », a enfin été remporté par Raphaël Esmérian (1903-1976)[166].
La vente des trois rangs ainsi que du fermoir est toutefois annulée afin de préserver l'unité du bijou, qui est finalement remis en vente sous un lot unique de cent quarante-cinq perles pour 2 136 grains. Sur les 11 374 000 francs remportés par la vente, le célèbre collier de perles atteint à lui seul la somme considérable de 11 286 000 francs, soit plus de quarante fois sa valeur d'achat, adjugé à MM. Hemsy et Lopez, deux lapidaires ayant enchéri pour le compte de la maison Cartier. Rappelons que, monté en un collier à trois rangs fermés de rubis et de diamants, ce dernier représente à la mort de sa première propriétaire en 1880 la somme de 236 000 francs.
Le bijou est alors exposé au 13, rue de la Paix puis dans la fameuse boutique new-yorkaise sur la Cinquième Avenue que Cartier avait acquise en 1917 contre des perles (voir plus haut). Ses propriétaires doivent pour ce faire s'acquitter de frais de douane à hauteur de 20 % du prix d'achat du collier, qui gagne ainsi encore en valeur.

shortest strand were sold to Baron Lopez de Tarragoya for 2,680,000 francs. Lastly, the necklace's clasp, which consisted of "a rectangular ruby, prong set with a circle of twelve large brilliant cut diamonds, surrounded by brillant and rose cut diamonds," went to Raphaël Esmerian (1903–1976).[166]
However, the sale of the three strands and the clasp was rendered null and void, in order to keep the necklace in one piece. It was finally put on sale again as a single lot of 145 pearls, at 2,136 grains. Of the 11,374,000 francs achieved at the sale, the famous pearl necklace alone reached the considerable sum of 11,286,000 francs – more than forty times its value according to Messieurs Hemsy and Lopez, two lapidaries who had bid on behalf of the Cartier Maison. Compare this with, as mentioned earlier, the 236,000 franc sum that it represented upon its first owner's death in 1880, by which time the necklace was mounted as three strands with a ruby-and-diamond clasp.
The necklace was then exhibited at 13 Rue de la Paix, and afterwards in the famous New York boutique on Fifth Avenue that Cartier had acquired in 1917 in exchange for pearls (see above). For that to happen, the necklace's owners had to pay customs charges representing 20% of the purchase price of the necklace, the value of which rose further as a result.

Photographie de la vente des bijoux de madame Thiers, 1924.
Photograph of the sale of Madame Thiers' jewelry, 1924.

Les perles de la veuve Thiers – Pearls belonging to Thiers' widow

« Les bijoux de la succession Thiers sont vendus 11 millions 374 500 fr. Le fameux collier que Mme Thiers avait payé 234 000 fr. il y a 43 ans est adjugé 11 millions 280 000 fr. », *Excelsior*, 17 juin 1924, p. 1.
"Jewelry from the Thiers estate was sold for 11 million 374,500 fr. The famous necklace for which Madame Thiers had paid 234,000 fr. 43 years ago sold for 11 million 280,000 fr.," *Excelsior*, 17 June 1924, p. 1.

Fabius Lorenzi, « Quand on a beaucoup d'argent, le grand chic est de porter des perles fausses », *Fantasio*, 1925.
Fabius Lorenzi, "When you have a lot of money, wearing fake pearls is the utmost chic," *Fantasio*, 1925.

Une demande accrue

Il faut rappeler que les perles touchent alors au maximum de leur valeur, étant à cette époque bien plus appréciées que les diamants ou les pierres de couleur en ce qu'elles peuvent être portées en toute occasion, de jour comme de nuit. Tandis que la demande ne cesse de croître, l'offre ne cesse de diminuer avec l'abandon de la pêche dans le golfe de Mannar et le déclin progressif de la production dans le Golfe.

À la suite des révolutions russes de 1917-1923, les nouveaux émigrés se voient contraints de revendre leurs bijoux afin de financer leur train de vie en Europe occidentale. Le gouvernement bolchevique confisque alors des bijoux que Léonard Rosenthal conserve dans une banque moscovite ainsi que ceux de riches familles n'ayant pu fuir le nouveau régime ; à l'heure où celui-ci décide de les liquider, les marchés londonien et parisien sont submergés, entraînés dans une profonde crise du négoce des pierres précieuses.

Coquille de *Pinctada margaritifera* contenant des perles noires de culture (Polynésie française).
Pinctada margaritifera shell containing black cultivated pearls (French Polynesia).

Heightened demand

As already stated, pearls had reached the peak of their value at that point, being far more popular than diamonds or colored stones in that they could be worn on any occasion, day or night. While demand was constantly on the increase, supply was constantly diminishing, with the abandonment of pearl fishing in the Gulf of Mannar and the gradual decline of production in the Persian Gulf.

Following the Russian revolutions of 1917–1923, new emigrants were forced to sell their jewelry in order to finance their lifestyle in Western Europe. The Bolshevik government then confiscated the jewels that Léonard Rosenthal had been storing in a Moscow bank, as well as those of wealthy families who had not managed to flee the new regime. When that regime decided to liquidate the jewels, the London and Paris markets were flooded, and found themselves dragged into what was a profound crisis for the precious stone trade.

L'irruption de la perle de culture sur le marché occidental

Cultured pearls burst onto the Western market

Il est toutefois une plus grande affaire encore qui a secoué l'ensemble de la planète-perle que forme alors la ville de Paris : le procès intenté par Lucien Pohl (1885-1974) à la Chambre syndicale des négociants en diamants, perles, pierres précieuses et des lapidaires, touchant au statut des perles de culture japonaises et dont le jugement est finalement rendu le 24 mai 1924[167]. Il y aura un « avant » et un « après » 1924, au point que l'arrivée des perles de culture issues du Japon marque encore pour certains « la fin de l'âge de la perle parisienne ». Nous verrons cependant qu'un tel constat doit être nuancé.

La perle de culture

Il nous faut ici rappeler que les perles de culture sont des perles dont la création par le mollusque a été induite par l'homme en reproduisant artificiellement dans des coquillages d'élevage le phénomène permettant la formation des perles naturelles : l'insertion de cellules issues de l'épithélium du manteau (le greffon) dans un tissu-hôte. Comme dans le cas d'une perle fine, leur multiplication va former un sac perlier et produire de la nacre, c'est-à-dire une perle.

En fonction de l'environnement de croissance et donc de la nature du mollusque, huître en eau de mer ou moule en eau douce, on distingue historiquement deux types de perles de culture :

– Dans le cas des perles de culture à noyau, en eau de mer, le greffon est inséré dans la gonade de l'huître avec un noyau de bille de nacre parfaitement sphérique qui va servir de base au dépôt de nouvelles couches de nacre, leur offrant un support optimal. De tels noyaux sont généralement taillés dans la coquille épaisse des moules du Mississippi. De même que l'épaisseur de la couche de nacre déposée reste relativement faible au regard du temps général de culture (1 mm à 2 mm exceptionnellement), une seule perle de culture peut être produite par mollusque avec ce procédé.

– Dans le cas des perles de culture sans noyau, en eau douce, plusieurs greffons sont insérées à différents endroits dans le manteau de la moule receveuse. Un seul mollusque peut alors produire

Portrait de Kokichi Mikimoto, 1932.
Portrait of Kokichi Mikimoto, 1932.

However, it was an even more significant court case that shook the pearl-world that the city of Paris then was to its core: the proceedings brought by Lucien Pohl (1885–1974) against the Chambre Syndicale des Négociants en Diamants, Perles, Pierres Précieuses et des Lapidaires over the status of Japanese cultured pearls, the verdict of which was delivered on 24 May 1924.[167] There would be a "before" and an "after" 1924, to the point that, for some, the arrival of cultured pearls produced in Japan still marks the "end of Paris's age of pearls." However, as we will see, the reality was rather more nuanced than such an observation suggests.

Cultured pearls

As outlined earlier, cultured pearls are pearls whose creation by the mollusk has been induced by humans through artificially reproducing, in farmed shellfish, the phenomenon that enables the formation of natural pearls: the insertion of cells from the epithelium of the mantle (the graft) into host tissue. As is the case with natural pearls, these cells will multiply to form a pearl sac and produce nacre – that is, a pearl.

Depending on the environment where the mollusk is cultivated, and therefore on its nature – oysters in salt water, or mussels in fresh water – a distinction has historically been made between two types of cultured pearls:

– In the case of beaded cultured pearls, the graft is inserted into the oyster's gonad (reproductive organ) with a perfectly spherical bead of nacre that offers an optimal base upon which new layers of nacre will be deposited. These beads are generally carved out of the thick shells of mussels from the Mississippi. Since the layer of nacre that is deposited remains relatively thin given the general timeframe of cultivation (1 mm to occasionally 2 mm), only one cultured pearl can be produced per mollusk by this method.

jusqu'à quinze ou vingt perles de culture. Si la production de nacre est généralement plus rapide, elle est également de moindre qualité. En raison de l'absence de noyau, rares seront les perles parfaitement rondes et de grande dimension.

Tout au long du processus, de la naissance des huîtres à la récolte des perles de culture en passant par la greffe, une présence constante de l'homme sera nécessaire afin de maintenir une bonne santé des mollusques et donc une bonne qualité de la récolte.

La culture de la perle

Si les techniques de culture des perles ont été initiées par le Suédois Carl von Linné (1707-1778) puis développées par le Français Germain Bouchon-Brandely (1847-1893) en Polynésie et le Britannique William Saville-Kent (1845-1908) en Australie, ce sont les Japonais Tatsuhei Mise (1880-1924), Tokishi Nishikawa (1874-1909) et Kokichi Mikimoto (1858-1954) qui ont mis au point les procédés nécessaires à l'obtention de perles de culture dès les années 1900. En 1905, Mikimoto présente ses créations au public européen au sein du pavillon japonais de l'Exposition universelle de Liège. Le raffinement de ces techniques leur a permis d'obtenir des perles de culture sphériques d'une nouvelle qualité au début des années 1920 et donc d'envisager un développement commercial pour ce produit en Occident.

Plusieurs mollusques peuvent être utilisés, selon les environnements, les régions et les couleurs souhaitées des perles de culture. On peut citer par exemple : *Pinctada margaritifera*, en Polynésie française, qui produit des perles grises à noires de 9 à 11 mm ;

Le tri des perles pour la fabrication des colliers de Mikimoto au Japon.
Sorting pearls for crafting Mikimoto necklaces in Japan.

– In the case of unbeaded cultured pearls, in fresh water, several grafts are inserted into different places in the host mussel's mantle. A single mollusk can therefore produce up to fifteen or twenty cultured pearls. While the production of the nacre is generally faster, it is also of lesser quality. Because of the absence of a bead, the resulting pearls are seldom perfectly round or large.

Throughout the process – from the spawning of the oysters, to the grafting, to the harvesting of the cultured pearls – constant human presence is necessary in order to keep the mollusks in good health and thus ensure the quality of the harvest.

Culturing pearls

Although pearl culturing techniques were initiated by the Swedish biologist Carl Linnaeus (1707–1778) and then developed by the French naturalist Germain Bouchon-Brandely (1847–1893) in Polynesia and the British fisheries scientist William Saville-Kent (1845–1908) in Australia, it was three Japanese men – Tatsuhei Mise (1880–1924), Tokishi Nishikawa (1874–1909) and Kokichi Mikimoto (1858–1954) – who perfected the procedures required to obtain cultured pearls, from the early years of the 20th century. In 1905, Mikimoto presented his creations to the European public in the Japanese pavilion at the Exposition Universelle in Liège. By further refining their techniques, they succeeded in obtaining a higher quality of spherical cultured pearls by the early 1920s and therefore were able to envisage developing the product commercially in the West.

Various mollusks can be used, depending on the environment, the region and the desired colors of the cultured pearls. For example, *Pinctada margaritifera*, in French Polynesia, produces pearls that range

Pinctada fucata, au Japon, qui donne des perles blanches de 6 à 8 mm (dites « perles de culture Akoya ») ; *Pinctada maxima*, qui produit des perles de grande dimension de 10 à 13 mm (la variété à lèvres blanches est utilisée en Australie, où elle livre des perles blanches, et la variété à lèvres dorées est utilisée aux Philippines, où elle produit des perles de culture dorées, dites « perles de culture gold ») ; *Hyriopsis cumingii* et *Cristaria plicata* en Chine (eau douce), qui donnent des perles blanches, brunes, roses, violettes, orangées de 4 à 12 mm.

Nature et culture

Issu d'une famille de marchands juifs alsaciens actifs à Yokohama, au Japon, Lucien Pohl est représentant à Paris de Kokichi Mikimoto, alors seul exportateur de perles de culture japonaises à Paris. Soutenu entre autres par le professeur Louis Boutan, qui voit la perle de culture comme un équivalent à la perle fine, Pohl travaille alors à faire accepter la perle de culture en France. Pour ce faire, il est régulièrement contraint d'affronter la Chambre syndicale, comme défenseur ou bien comme accusé, devant les tribunaux, et notamment Léonard Rosenthal. Étant parvenue à développer différentes méthodes d'identification des perles de culture, la Chambre syndicale tente parallèlement d'imposer que ces dernières soient qualifiées de « contrefaçons » ou d'« imitations ».

Si l'utilisation du terme « fine », apparenté aux gemmes, est interdit pour définir les perles de culture à partir de 1931, le conflit ne prend véritablement fin qu'en 1939, lorsqu'il est décidé de légaliser le commerce des perles de culture à la condition qu'elles soient étiquetées comme telles[168].

Véritable prophète en son pays, Pohl est entre-temps parvenu à convaincre certains esprits qu'un véritable eldorado attend les investisseurs français : la culture sous-marine des huîtres perlières présentes dans certaines colonies, océaniennes notamment[169]. L'ironie (triste, nous le verrons) de l'histoire fait que les Rosenthal seront parmi les premiers à développer la culture de la perle à Tahiti, après la Seconde Guerre mondiale.

from grey to black and from 9 to 11 mm; *Pinctada fucata*, in Japan, gives white pearls of 6 to 8 mm (known as "Akoya pearls"); *Pinctada maxima* produces large pearls of 10 to 13 mm (the silver-lipped variety is used in Australia, where it bears white pearls, and the gold-lipped variety is used in the Philippines, where it produces what are known as "golden pearls"); and *Hyriopsis cumingii* and *Cristaria plicata*, in China (fresh water), give pearls of between 4 and 12 mm ranging from white to shades of brown, pink, violet or orange.

Nature and culture

Born to a family of Jewish merchants from Alsace who were active in Yokohama, Japan, Lucien Pohl was the Paris representative of Kokichi Mikimoto, who was then the sole exporter of Japanese cultured pearls to the French capital. Supported by, among others, the professeur Louis Boutan, who saw cultured pearls as equal in value to natural pearls, Pohl strove to encourage acceptance of cultured pearls in France. To do so, he regularly found himself facing the Chambre Syndicale – and notably Léonard Rosenthal – in court, whether as accuser or accused. Having succeeded in developing several methods for identifying cultured pearls, the Chambre Syndicale was at the same time attempting to have their description as "counterfeit" or "imitation" enforced.

While the use of the term *fine*, related to gems, was forbidden when describing cultured pearls from 1931, the battle did not truly come to an end until 1939, when it was decided for the trade in cultured pearls to be legalized on the condition that they be labelled as such.[168]

A prophet in his own land, Pohl had meanwhile managed to convince some French investors that a veritable eldorado was there waiting for them, in the form of marine farming of pearl oysters in certain colonies, notably those of Oceania.[169] As history would have it – and a sad irony, as we will see – the Rosenthals were among the first to develop pearl farming in Tahiti, after the Second World War.

From Rambaud to Worms to Fred: pearls on the Rue Royale

The son of François Rambaud (1828–1881), a silk merchant at Place Bellecour in Lyon, Henri Rambaud

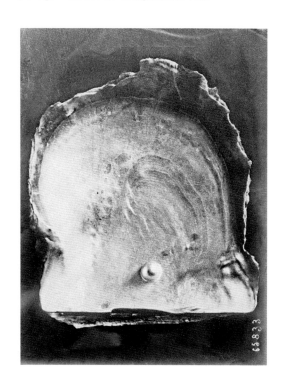

Une perle d'huître cultivée au Japon, 1921.
An oyster pearl cultivated in Japan, 1921.

De Rambaud à Fred en passant par Worms : les perles de la rue Royale

Fils de François Rambaud (1828-1881), marchand de soie à Lyon, place Bellecour, Henri Rambaud (1862-?) décide en 1885 de se faire joaillier pour échapper à la crise qui sévit alors dans le milieu de la soie. Il rachète les Établissements Grognier et Arnaud de Lyon, situés 11, quai Saint-Antoine, qui deviennent les Établissements Rambaud & Co., spécialisés dans la perle fine et les pierres.

En 1900, c'est au tour de Samuel Worms de lancer son affaire de joaillerie, d'abord au 9, rue Cadet à Paris, puis au 7, rue de Châteaudun et enfin au 7, rue Royale. Dès 1912, sa matière de prédilection est affichée sur son poinçon : une perle.

Au sein de cette dernière maison se forme à partir de 1925 le jeune Fred Samuel (1908-2006), né à Buenos Aires de parents alsaciens, réfugiés en Argentine après 1870. Spécialisée dans le commerce de perles fines, la société Worms est la première à commercialiser en France des perles de culture japonaises, et c'est Fred Samuel qui est alors détaché aux opérations douanières. Fort de cette expérience, passé son service militaire et après avoir épousé Thérèse Halphen, il s'établira à son compte en face des Worms en 1936, au 6, rue Royale, et fera de la perle de culture sa spécialité, comme l'attestent ses premières publicités : « la plus belle collection de perles de culture ».

Le marché parisien de la perle fine commence donc à trembler véritablement dès 1925, lorsque Worms devient le premier importateur français de perles de culture du Japon.

Surtout, l'Exposition internationale des arts décoratifs et industriels modernes, organisée à Paris d'avril à octobre 1925, relance de plus belle la « perlomanie » qui déferle alors sur Paris.

(1862–?) decided in 1885 to become a jeweler, in order to sidestep the then growing crisis in the silk profession. He bought the Établissements Grognier & Arnaud business at 11 Quai Saint-Antoine, Lyon, which then became Établissements Rambaud & Co., specializing in pearls and gemstones.

In 1900 it was Samuel Worms's turn to launch his jewelry business, first at 9 Rue Cadet in Paris, then at 7 Rue de Châteaudun and lastly at 7 Rue Royale. From 1912, his stamp displayed his preferred material: a pearl.

In the latter Maison, a young man called Fred Samuel (1908–2006) began his professional training in 1925. Born in Buenos Aires, his parents were originally from Alsace and had fled to Argentina as refugees. Specializing in the pearl trade, the Worms Maison was the first in France to sell Japanese cultured pearls, and it was Fred Samuel who was then assigned secondment to attend to customs operations. Having benefited from this experience, and after completing his military service and marrying Thérèse Halphen, he set up on his own account in 1936 across the road from Worms, at 6 Rue Royale, and made cultured pearls his specialty, as his first advertisements attest: "the most beautiful collection of cultured pearls."

It was therefore in 1925, when Worms became the first French importer of cultured pearls from Japan, that the pearl market in Paris truly started to quake.

The Exposition Internationale des Arts Décoratifs et Industriels Modernes (International Exhibition of Modern Industrial and Decorative Arts), held in Paris from April to October 1925, was especially responsible for boosting the "pearl mania" that was erupting in the city at the time.

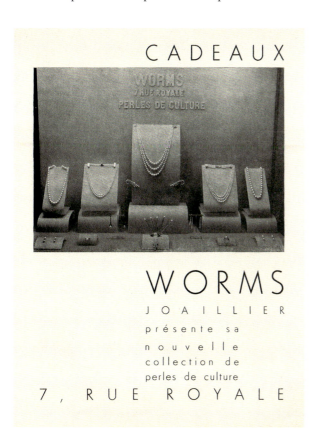

← Publicité pour Worms Joaillier, 1935.
Advertisement for Worms Joaillier, 1935.

↑ Publicité pour Fred Samuel, publiée dans *L'Art vivant*, 1936.
Advertisement for Fred Samuel, published in *L'Art vivant*, 1936.

Le sacre de la perle : l'Exposition internationale des arts décoratifs et industriels modernes de 1925

The pearl enthroned: the Exposition Internationale des Arts Décoratifs et Industriels Modernes of 1925

Présentes au cou de toutes les élégantes, pouvant être portées de jour comme de nuit et formant des colliers suffisamment souples pour que ces dames puissent danser le charleston sans risquer qu'ils ne se rompent, les perles fines puis de culture occupent une place centrale dans la parure des années 1920. Du fait de leur très géométrique rotondité, de leur blancheur et grâce à l'arrivée de perles de culture japonaises de nouvelles grosseurs, les perles participent fortement à l'émergence d'une nouvelle esthétique, baptisée « Art déco » à la fin des années 1960, car étroitement liée à l'un des événements artistiques majeurs de cette période : l'Exposition internationale des arts décoratifs et industriels modernes de 1925.

Appearing around every elegant woman's neck, suitable to be worn day or night, and forming sufficiently flexible necklaces for the wearer to be able to dance a Charleston without worrying that they might break, natural and subsequently cultured pearls were a key component of 1920s finery. Because of their very geometric roundness and their whiteness, and thanks to the arrival of increasingly large Japanese cultured pearls, they played a central role in the emergence of a new aesthetic that has been known since the 1960s as "Art Deco" because it was so closely linked to one of the major artistic events of the period: the Exposition Internationale des Arts Décoratifs et Industriels Modernes of 1925.

Material innovations

Pearls appeared prominently at the Exhibition, being featured – directly or indirectly – in several pavilions.

In addition to the Grand Palais, "where all the great jewelers of the Rue de la Paix were represented," another pavilion, installed on the Esplanade des Invalides and whose original roof recalled both the roundness of pearls and the facets of diamonds, was commissioned by the Chambre Syndicale des Négociants en Diamants, Perles, Pierres Précieuses et des Lapidaires from the architects Jacques Lambert, Gus Saacké and Pierre Bailly. Visitors to the Exhibition flocked there to see a workshop – which they could not enter – where they could watch a diamond cutter cutting diamonds, a lapidary cutting precious stones and a further demonstration of pearl piercing.

Pearls were also the heart of the matter near the Exhibition's main gate, where the Nacrolaque pavilion was installed – an extravagant building designed by Pierre Patout to promote this new material recently invented by Jean Paisseau. Made out of cellulose acetate combined with an "essence of the East" derived from freshwater fish scales, Nacrolaque was the direct product of Paisseau's innovations in the field of imitation pearls "formed from a sphere of enamel covered in a coating into which the said essence is carefully incorporated; the essence is constituted by very fine and invisible crystals in the form of flat sequin-like pieces that play in the light, but only reflect it if they are parallel to its rays."[170]

Again on the subject of innovation, a whole series of new electric watches were presented by Hatot, now ATO, which earned the firm a top prize and led to Léon Hatot himself being granted the rank of *chevalier* of the *Légion d'honneur*.

← Affiche *Lucienne Delahaye* par Charles Gesmar, 1925.
Lucienne Delahaye poster by Charles Gesmar, 1925.

↑ Pavillon de la Chambre syndicale des négociants en diamants, perles, pierres précieuses et des lapidaires, Exposition internationale des arts décoratifs et industriels modernes, 1925.
Pavilion of the Chambre Syndicale des Négociants en Diamants, Perles, Pierres Précieuses et des Lapidaires, The Exposition Internationale des Arts Décoratifs et Industriels Modernes, 1925.

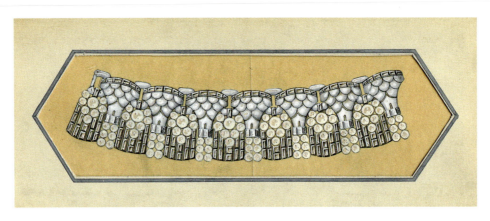
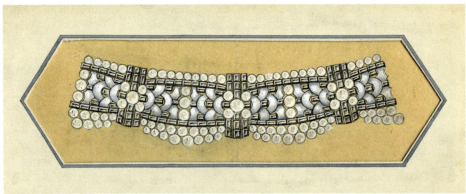
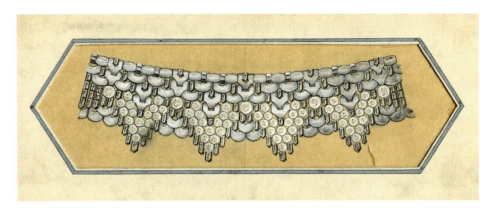

Van Cleef & Arpels, dessins de création pour trois bracelets en perles fines et diamants, 1920.
Van Cleef & Arpels, design for three natural pearls and diamonds bracelets, 1920.
Paris, Fonds Van Cleef & Arpels sur la Culture Joaillière.

Cartier, dessin de création pour une broche d'épaule, exécutée en platine, perles, émeraudes, émail, onyx et diamants, 1924, mine de plomb, encre de Chine et gouache sur papier-calque. Cartier, design for a shoulder brooch, made of platinum, pearls, emeralds, enamel, onyx and diamonds, 1924, graphite, India ink and gouache on tracing paper.

Cartier, dessin de création pour une broche exécutée en platine, perles, onyx et diamants, 1922, mine de plomb, encre de Chine et gouache sur papier-calque. Cartier, design for a brooch made of platinum, pearls, onyx and diamonds, 1922, graphite, India ink and gouache on tracing paper.

Cartier, dessin de création pour une broche d'épaule exécutée en platine, onyx, perles et diamants, 1922, mine de plomb, encre de Chine et gouache sur papier-calque. Cartier, design for a shoulder brooch made of platinum, onyx, pearls and diamonds, 1922, graphite, India ink and gouache on tracing paper.

Archives Cartier Paris.

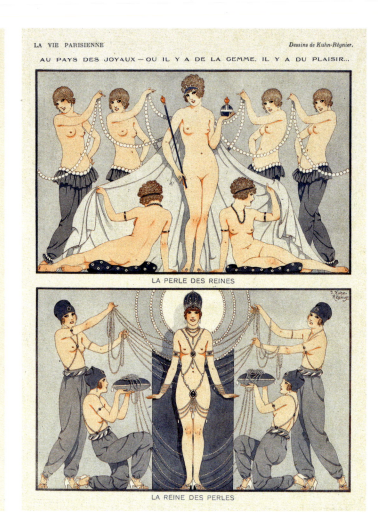

↑ Alexandre Zinoview, illustration « Cascade de perles », publiée dans *Fantasio*, 1928.
Alexandre Zinoview, "Cascading Pearls" illustration published in *Fantasio*, 1928.

Joseph Kuhn-Régnier, illustration « Reine des perles » publiée dans *La Vie parisienne*, 1928.
Joseph Kuhn-Régnier, "Queen of Pearls" illustration published in *La Vie parisienne*, 1928.

→ Aquarelle issue de Léonard Rosenthal et Alfred Detrez, *Les Arcades des Champs-Élysées*, texte enrichi des aquarelles de M. Lauro et Raoul Serres, Paris, Devambez éditeur, 1927. **Collection privée.**
Watercolor from Léonard Rosenthal and Alfred Detrez, *Les Arcades des Champs-Élysées*, text with watercolors by M. Lauro and Raoul Serres, Paris, Devambez éditeur, 1927. **Private collection.**

Une matière renouvelée

Au sein de l'Exposition, les perles occupent une place de choix, apparaissant, directement ou non, dans plusieurs pavillons.

Outre le Grand Palais, « où tous les grands bijoutiers de la rue de la Paix sont représentés », un autre pavillon, installé sur l'esplanade des Invalides et dont la couverture originale rappelle à la fois la rotondité de la perle et les facettes des diamants, est commandé par la Chambre syndicale des négociants en diamants, perles, pierres précieuses et des lapidaires aux architectes Jacques Lambert, Gus Saacké et Pierre Bailly. Les visiteurs de l'Exposition s'y massent pour découvrir, sans pouvoir y pénétrer, un atelier de démonstration de taille du diamant par un diamantaire, un autre de taille des pierres précieuses par un lapidaire et un troisième de perçage de perle fine.

Il est également question de perles près de la porte d'honneur de l'Exposition, où est installé le pavillon de la Nacrolaque, bâtiment extravagant dessiné par Pierre Patout afin de promouvoir cette nouvelle matière, fraîchement inventée par Jean Paisseau. Formée à partir d'acétate de cellulose à laquelle on incorpore une « essence d'Orient » issue des écailles de poissons d'eau douce, la nacrolaque constitue le produit direct des innovations menées par Paisseau dans les perles d'imitation « formées d'une sphère d'émail recouverte d'un enduit auquel est précisément incorporée ladite essence, constituée par de très fins et invisibles cristaux en forme de tablettes comparables à des paillettes jouant dans la lumière, mais qui ne la réfléchissent que si elles sont parallèles aux rayons lumineux[170] ».

Toujours du côté des innovations, toute une série de nouvelles montres électriques sont présentées par Hatot, devenu ATO, ce qui vaut à la firme un grand prix et à Léon Hatot lui-même d'être fait chevalier de la Légion d'honneur.

Un roi couronné

Au faîte de sa gloire, Léonard Rosenthal est quant à lui promu commandeur de la Légion d'honneur le 21 décembre 1925, en tant que « négociant en perles fines[171] », par le ministère du Commerce et de l'Industrie. Membre du jury pour l'Exposition des arts décoratifs, il crée à cette époque la Société des grands immeubles, dans l'idée de rénover et de développer les habitations et les commerces de l'avenue des Champs-Élysées, où loge alors son frère Adolphe.

Parmi ses différents services rendus pour l'essor commercial intérieur et extérieur de la France, au sein de son territoire comme à l'étranger, son dossier de promotion mentionne que Rosenthal « a enlevé aux Anglais le marché des perles fines qui était à Londres, et l'a transporté à Paris […]. Tous les négociants du monde doivent maintenant passer par Paris pour s'approvisionner. » De même, tous les joailliers d'Europe viennent alors se fournir à Paris, la perle résistant depuis plus d'un siècle aux transitions des modes et à l'évolution du goût.

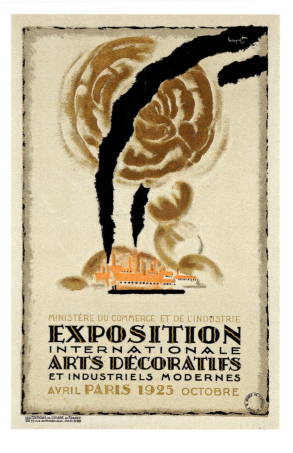

A king crowned

At the height of his fame, Léonard Rosenthal was promoted on 21 December 1925 by the French Ministry of Commerce and Industry to the rank of *commandeur* of the *Légion d'honneur*, for services rendered as a "pearl dealer."[171] A member of the judging panel for the Exposition des Arts Décoratifs, it was around this time that he set up the Société des Grands Immeubles (Society for Large-Scale Residential and Commercial Blocks) with the intention of renovating and developing buildings along the Avenue des Champs-Élysées, where his brother Adolphe was then living.

Among his various contributions to French trade success both at home and abroad, the dossier for his promotion mentions that Rosenthal "took the pearl market that had existed in London from the English, and transported it to Paris […]. All the world's traders must now go through Paris in order to obtain their supplies." Equally, all the jewelers of Europe would come to Paris to stock up, pearls having stood firm for more than a century against the fleeting nature of fashion and the evolution of taste.

↗ Affiche commandée à Charles Loupot par le ministère du Commerce et de l'Industrie pour la promotion de l'Exposition internationale des arts décoratifs et industriels modernes en 1925.
Poster commissioned from Charles Loupot by the French Ministry of Commerce and Industry to promote the 1925 Exposition Internationale des Arts Décoratifs et Industriels Modernes.

→ Coco Chanel, Los Angeles, 1931.
Coco Chanel, Los Angeles, 1931.

Jeanne Lanvin

It is difficult to discuss the importance of pearls in Paris and in Parisian fashion and jewelry without mentioning Gabrielle Chanel (1883-1971), Jeanne Toussaint (1887-1976) and above all Jeanne Lanvin (1867-1946)!

Born on 1 January 1867 to a family of modest means, she was the eldest of eleven siblings. At the age of thirteen, she earned her first wages by working for a milliner in the Rue du Faubourg-Saint-Honoré. The hats that "Mademoiselle Jeanne" created proved a great success, and she began to dream of opening her own boutique. Embarking on an independent career in millinery, she founded her business around 1890 in the Rue du Faubourg-Saint-Honoré quarter. She set about making children's clothes in light of the success of the outfits she created for her daughter Marie-Blanche, who would take over from her as director of the business after her death. Indeed, the Maison's logo, designed by Paul Iribe, represents the silhouette of a mother bending gently down towards her daughter. From 1909, Jeanne Lanvin designed women's clothing and succeeded in having her creations, labelled "Lanvin (Mademoiselle Jeanne) Modes," worn by Paris's most fashionable women. She was made a *chevalier* of the *Légion d'honneur* in 1926, and promoted to *officier* in 1938.[172]

There are very few photographs of this famous figure, who so marked French couture in the first half of the 20th century, that do not show her wearing her legendary three-strand pearl necklace. It was an ensemble that she always wore with elegant, dark-colored outfits, and she handed down one strand of it each to three of her great-nieces. One of them, composed of twenty-two pearls alternating with small diamonds,[173] is emblematic of Jeanne Lanvin's style.[174]

Necklace once owned by Jeanne Lanvin, twenty-two graduated natural pearls alternating with small old-cut diamonds. **Private collection.**

Clémentine-Hélène Dufau, *Portrait de Jeanne Lanvin*, 1925, huile sur toile.
Clémentine-Hélène Dufau, *Portrait of Jeanne Lanvin*, 1925, oil on canvas.
Paris, musée des Arts décoratifs.

Maritimes, terrestres et aériennes, toutes les routes de la perle mènent à Paris

Sea, land and sky, all pearl routes lead to Paris

« Quatre grands seigneurs de Paris planent sur le marché : [Léonard] Rosenthal et [Sol] Pack, Mohamed Ali [Zainal Alireza] et [Jacques] Bienenfeld. Ces noms sont inscrits dans le ciel. Quand les plongeurs remontent de la plongée, quand les *nakudas* [patrons de bateaux] arment les *booms* [navires équipés d'un petit canon, *NdA*], quand les petits acheteurs débarquent, quand les courtiers se réveillent, tous répètent les yeux levés : Rosenthal et Pack, Mohamed Ali et Bienenfeld[175]. »

Échouant à enquêter sur les conséquences de l'exploitation du pétrole dans le Golfe, Albert Londres cherche à visiter La Mecque. Il se lie alors avec Laurent Depui (1878-1947), premier Européen à être parvenu à pénétrer dans la Ville sainte depuis Jean Louis Burckhardt en 1814[176]. Celui-ci aide le célèbre reporter dans son périple de Djibouti à Bahreïn, le journaliste ayant finalement décidé de consacrer un reportage aux pêcheurs de perles de la mer Rouge et du Golfe. Il résume de manière quelque peu romancée les deux solutions qui s'offrent à cette époque aux voyageurs français désireux de se rendre dans le Golfe :

Georges Fouquet, bague, vers 1920, perle fine, diamants, platine.
Georges Fouquet, ring, c. 1920, natural pearl, diamonds, platinum.
Collection Faerber.

"Four fine gentlemen of Paris hold sway over the market: [Léonard] Rosenthal and [Sol] Pack, Mohamed Ali [Zainal Alireza] and [Jacques] Bienenfeld. Their names are written in the sky. When the divers are coming up to the surface, when the *nakhudas* [boat captains] are fitting out the *booms* [boats equipped with a small cannon], when the small-scale merchants are arriving, when the traders are waking up, they all repeat, gazing aloft: Rosenthal and Pack, Mohamed Ali and Bienenfeld."[175]

When his attempts at investigating the consequences of oil exploitation in the Gulf fell through, Albert Londres wanted instead to visit Mecca. For that purpose, he linked up with Laurent Depui (1878–1947), the first European to have succeeded in entering the Holy City since Johann Ludwig Burckhardt in 1814.[176] Depui assisted the famous French journalist in his journey from Djibouti to Bahrain, Londres having finally decided to report on the pearl fishers of the Red Sea and the Gulf. In rather literary fashion, he summarized the two solutions that were available at this time to French travelers who wanted to reach the Gulf:

"The first would take the Syria route. From Beirut, you would reach Baghdad via the desert, in a motorcar. From Baghdad, the train would take you as far as Basra. There, arriving at the Shatt Al Arab, your lucky star would no doubt assist you in finding a boat, perhaps an oil tanker, which might one day drop you off in Bahrain. Moreover, so long as you were equipped with a parachute, an airplane taken from Cairo that followed the same path would see no inconvenience in dropping you on a deserted point of the mythical island. [...] The second route would be the better one. It would demand no acrobatics. From Marseille to Bombay. From Bombay to Karachi. From Karachi to Bahrain. Only three boats. Luxury and safety!"[177]

Names "written in the sky"

The launch of airline companies transformed and further strengthened connections between France and the Gulf in the 1920s. The flight route from London to India linked Cairo to Basra from 1927, then to Karachi two years later. Henceforth it took only six days to reach Kuwait from London, and planes run by Imperial Airways – the first British long-haul transport company – operated a once-weekly service up and down the Gulf.

An Imperial Airways plane specially chartered by Rosenthal landed in Kuwait on 31 August 1928 to take passengers, and likewise on his return on 1 September[178]. Given that it could accommodate no more than twenty passengers, such journeys were the preserve of the elite, members of the colonial administration, businessmen or scientists prepared to travel in relatively spartan conditions, these planes having the reputation of being noisy and uncomfortable. Both Victor Rosenthal and Mohamedali Zainal Alireza went to Dubai this

« La première emprunterait la voie de Syrie. De Beyrouth, vous gagneriez Bagdad par le désert, en voiture automobile. De Bagdad, le train vous descendrait jusqu'à Bassora. Là, arrivé sur le Shatt al-Arab, votre bonne étoile vous aiderait certainement à rencontrer un bateau, un pétrolier, à la rigueur, qui, peut-être un jour, vous déposerait à Bahreïn. Au surplus, un avion pris au Caire, et suivant le même chemin, ne verrait aucun inconvénient à vous laisser tomber, muni toutefois d'un parachute, sur un point désertique de l'île légendaire. […] La deuxième route serait la meilleure. Elle n'exigerait aucune acrobatie. De Marseille à Bombay. De Bombay à Karachi. De Karachi à Bahreïn. Trois bateaux seulement. Luxe et sécurité[177] ! »

Des noms « inscrits dans le ciel »

L'ouverture des lignes de transport aérien bouleverse et renforce de nouveau les échanges entre la France et le Golfe dans les années 1920. La ligne aérienne de Londres aux Indes permet en effet à partir de 1927 de relier Le Caire à Bassorah, puis Karachi deux ans plus tard. Seuls six jours sont désormais nécessaires pour rejoindre le Koweït depuis Londres, tandis que les avions de l'Imperial Airways, première société de transport long-courrier britannique, effectuent un voyage hebdomadaire dans les deux sens le long du Golfe.

Un aéroplane de l'Imperial Airways, spécialement affrété par Rosenthal, atterrit ainsi au Koweït le 31 août 1928 pour embarquer des passagers, de même qu'à son retour le 1er septembre[178]. Étant donné le nombre limité à moins de vingt passagers, de tels trajets sont alors réservés à une élite, membres de l'administration coloniale, hommes d'affaires ou scientifiques prêts à voyager dans des conditions relativement spartiates, ces avions étant réputés pour être aussi bruyants qu'inconfortables. Tant Victor Rosenthal que Mohamedali Zainal Alireza se rendent ainsi à Dubai en 1928 pour y faire des affaires[179]. Ce dernier revient alors de Paris où il a apporté pour 600 000 livres de perles.

Les marchands français sont bientôt rejoints à Paris par un nouvel acteur, venu de Chardja : Obaid bin Eissa bin Ali Al Shamsi, surnommé « Al-Naboodah ». Après avoir déplacé son commerce à Bombay et être resté sept ans en Inde, ce dernier collabore avec son gendre Humaid bin Ali bin Kamel dans le commerce avec Paris, où il ouvre un bureau en 1928[180]. Se distinguant parmi les plus célèbres marchands de perles de Chardja, Humaid bin Ali bin Kamel est resté en France près de quinze années durant.

Entre 1928 et 1933, la compagnie française Air-Orient relie les villes de Londres, Paris, Lyon et Marseille à celles de Beyrouth, Bagdad, Bouchehr et Djask, mais également Karachi, Jodhpur, Calcutta et enfin Saigon. À partir de septembre 1929, la ligne commerciale aérienne de la compagnie hollandaise KLM, la plus longue de l'époque, fait le pont entre Amsterdam à Batavia et atterrit pour ce faire dans les ports iraniens de Bouchehr, Djask et Bandar Lengeh[181].

C'est toutefois dans un avion de ligne de l'Imperial Airways qu'Albert Habib se rend, de nouveau pour le compte de Rosenthal, au Koweït depuis Bassorah, le 16 août 1929[182].

Adolphe Jean-Marie Mouron, dit Cassandre, *Air-Orient, poste aérienne*, 1932, lithographie, gouache, photomontage.
Adolphe Jean-Marie Mouron a.k.a. Cassandre, *Air-Orient, airmail*, 1932, lithograph, gouache, photomontage.
New York, The Museum of Modern Art.

way in 1928 to do business.[179] Alireza then returned to Paris bringing 600,000 pounds' worth of pearls.

The French merchants were soon joined in Paris by a new figure, this time from Sharjah: Obaid bin Eissa bin Ali al-Shamsi, known as "Al Naboodah." After moving his business to Bombay and staying in India for seven years, he and his son-in-law Humaid bin Ali bin Kamel worked together on trade with Paris, where he opened an office in 1928.[180] One of Sharjah's most famous pearl merchants, Humaid bin Ali bin Kamel remained in France for nearly fifteen years.

Between 1928 and 1933, the French company Air-Orient offered flights from London, Paris, Lyon and Marseille to Beirut, Baghdad, Bushehr and Jask but also Karachi, Jodhpur, Calcutta and Saigon. From September 1929, the commercial route of the Dutch airline company KLM, which was the longest at the time, connected Amsterdam to Batavia by way of stop-offs in the Iranian ports of Bushehr, Jask and Bandar Lengeh.[181]

However, it was in an Imperial Airways passenger airliner that Albert Habib traveled to Kuwait from Basra, again on Rosenthal's behalf, on 16 August 1929.[182]

Les années sombres

The dark years

« À ce prix, Mesdames. »
"At this price, Ladies."

« Pauvres pêcheurs ! […] Leur vie est celle des esclaves. Un plongeur ne reçoit jamais, au cours d'une année, à titre de gain, une somme lui permettant d'éteindre sa dette. Le mauvais plongeur a une petite dette, le plongeur moyen a une dette moyenne, le bon plongeur a une grosse dette. Aucun compte régulier n'étant tenu, aucun plongeur ne sait ce qu'il doit. Non seulement la dette ne s'éteint pas mais les intérêts s'accumulant, la dette grossit. […] Les plongeurs ne touchent pas de salaire. Ils sont supposés participer aux bénéfices. Le système s'appelle *salafiat*. Voici son fonctionnement. »

Présent à Bahreïn en 1929, Albert Londres y dénombre « cinq cents bateaux immatriculés » et « quinze mille plongeurs numérotés ». Si l'on en croit le reporter, 380 millions de francs ont été tirés du Golfe cette année-là, la plus belle perle de la saison ayant été vendue à l'un des quatre « seigneurs » (Rosenthal, Pack, Mohamed Ali, Bienenfeld) 1,5 million de francs[183].

Le journaliste français, fasciné par ces chiffres mirobolants, croit alors évoquer la cime d'un âge d'or du commerce de la perle entre la France et le Golfe. Sans le savoir, il chronique son crépuscule, une gloire déjà presque passée, en révélant la panique qui s'empare des acheteurs occidentaux sentant venir la crise et surtout la terrible condition des pêcheurs de perles, à Bahreïn comme ailleurs.

Quand Albert Londres alertait les Occidentaux sur les conditions de la pêche des perles

« Le *nakuda* (patron de bateau) reçoit des fonds d'un négociant. Le négociant prête à intérêts : 20 % pour la morte-saison (sept mois d'hiver) ; 10 % pour les cinq mois de plongée. Le *nakuda* équipe le bateau, achète les provisions, fait les avances aux plongeurs. Le prêt à intérêts étant interdit par le Coran, le prêteur, au lieu de sac de roupies, donne des sacs de riz. Le *nakuda* négocie le riz. L'argent, paraît-il, est ainsi purifié. Le *nakuda* ne perd pas au marché. Il applique aux plongeurs le taux d'intérêt que le négociant exige de lui. »

"The poor fishermen! […] They live as slaves. In the course of a year, a diver never receives a sum in profit such as would be sufficient for him to pay off his debts. The inferior diver has a small debt, the average diver an average debt, the good diver a great debt. As no regular accounts are kept, no diver knows how much he owes. Not only are the debts never repaid, but interest accumulates and the debts increase. […] The divers have no salary. They are supposed to share in the profit. The system is called *salafiat*. This is how it works."

In Bahrain in 1929, Albert Londres counted "five hundred registered boats" and "fifteen thousand numbered divers." According to his account, 380 million francs were drawn from the Gulf in that year, the largest pearl of the season being sold to one of the "four fine gentlemen" at 1.5 million francs.[183]

← Portrait d'une femme avec un collier de perles vue de dos, appelée Nora Garsten, 1929.
Portrait of a woman with a pearl necklace, seen from the back, called Nora Garsten, 1929.

↗ L'équipage d'un bateau de pêche à la perle au large de la côte de Bahreïn, 1912.
Crew of a pearl fishing boat off the coast of Bahrain, 1912.
Archives Cartier Paris.

Supposons qu'un *boom* de cinquante pêcheurs rapporte 500 000 francs de perles. Sur ces 500 000 francs le *nakuda* retire ses dépenses : amortissement du bateau, frais de nourriture, etc. : 50 000 francs. Le bénéfice : 450 000 francs. Le *nakuda* prend un dixième, soit 45 000 francs. Les hommes du bateau un cinquième, soit 90 000 francs. Le reste va aux affréteurs. Les voilà donc cinquante à se partager 90 000 francs. Le *jeudi* (patron en second) a trois parts, soit 5 400 francs. Au total, 84 600 francs vont aux plongeurs, aux hisseurs, aux *radifs* (apprentis). Les plongeurs touchent plus que les hisseurs, les hisseurs plus que les *radifs*. 2 500, 3 000 francs au plus pour les plongeurs. Encore s'ils les encaissaient ! ils doivent 3, 4, 5 000 francs au *nakuda*. Leur dette diminuera d'autant. […]

À la fin de la saison les esclaves rentrent à leur gourbi. On leur prêtera du riz à 10 % d'intérêt, pour subsister jusqu'à la pêche prochaine. Mais 380 millions courront par le monde[184]. »

Bien au-delà d'un système économique pour le moins contraignant, c'est l'ensemble des dangers auxquels chaque pêcheur doit faire face qui terrifie le journaliste français :

« Les plongeurs ont à lutter :

Contre la scie : *abou seyaf*. C'est un poisson menuisier qui porte au bout du museau une double scie de quinze à vingt dents. Blessures béantes. Trois bras coupés en 1930.

Un boutre perlier et son équipage au large de la côte de Bahreïn, 1911.
A pearl boat and its crew off the coast of Bahrein, 1911.
Archives Cartier Paris.

Fascinated by these astounding statistics, Londres thought he was describing the peak of a golden age of the pearl trade between France and the Gulf. In fact, he was unknowingly chronicling its twilight period, a glory already almost gone, by revealing the panic that had taken hold of Western buyers who sensed that crisis was coming and above all the appalling conditions of the pearl fishers, in Bahrain and elsewhere.

Albert Londres alerts Westerners to pearl fishing contions

"The *nakhuda* (boat captain) receives money from a trader. The trader lends at interest: 20% for the off season (seven winter months); 10% for the five diving months. The *nakhuda* equips the boat, buys provisions and gives advances to the divers. Since lending at interest is forbidden by the Qur'an, the lender gives bags of rice rather than of rupees. The *nakhuda* trades the rice. Apparently, this purifies the money. The *nakhuda* loses nothing in the deal. He applies the rate of interest that the trader demands of him, to the divers.

Let us suppose that a *boom* with fifty fishermen brings in 500,000 francs' worth of pearls. The *nakhuda* subtracts his expenses from these 500,000 francs: amortizing the boat, food costs, etc.: 50,000 francs. The profit: 450,000 francs. The *nakhuda* takes a tenth – 45,000 francs. The men on board a fifth – 90,000 francs. The rest goes to the charterers. So there are fifty of them sharing 90,000 francs. The *jeudi* (second in command) has three shares. A total of 84,600 francs go to the divers, pullers and *radifs* (apprentices). The divers receive more than the pullers, the pullers more than the *radifs*. 2,500 or 3,000 francs at most for the divers. If they even take them! they owe 3,000, 4,000 or 5,000 francs to the *nakhuda*. The sum will serve to reduce their debt. […]

At the end of the season the slaves return to their shacks. They will be loaned rice at 10% interest, to subsist until the next season. But 380 million will roam around the world."[184]

Even more than an economic system that was limiting to say the least, what terrified the French journalist were all the dangers that every fisherman had to cope with:

177

« Le métier de plongeur détruit l'homme. Les mieux faits ne vivent pas longtemps. Entassés sur des *booms* toujours trop petits, ils dorment côte à côte pendant trois mois, ne tenant pas plus de place qu'un mort. »
Albert Londres

Contre la raie : *lor-ma*. La *lor-ma* a le dos hérissé d'une épine venimeuse. Les plongeurs mettent parfois le pied dessus, ou la main. Le membre piqué enfle sans mesure. Il faut l'amputer. Cette année, le plongeur Fakro a refusé l'opération. Il voulait conserver sa main, la droite, celle qui décolle les huîtres. Il est mort.
Contre les poissons électriques, les mêmes que ceux de la mer Rouge, le *dol* et le *loethi*. Leur décharge, au contact de la chair, produit une brûlure profonde.
Contre le requin : *your-your*. Sur les bancs où les requins sont signalés, les hommes plongent revêtus d'une longue chemise noire : la descente aux enfers[185]. »

C'est enfin et surtout les conditions mêmes de la pêche qui tendent à raccourcir de plusieurs décennies la vie des pêcheurs qu'Albert Londres entend dénoncer. Le titre original de l'ouvrage, volontairement polémique, était : *À ce prix, mesdames*. Au vu de ce dont il témoigne, des faits par ailleurs corroborés par de nombreux autres contemporains ainsi que par des études plus récentes[186], la culture des perles au sein des fermes peut apparaître en comparaison comme une partie de plaisir :

« Le métier de plongeur détruit l'homme. Les mieux faits ne vivent pas longtemps. Entassés sur des *booms* toujours trop petits, ils dorment côte à côte pendant trois mois, ne tenant pas plus de place qu'un mort. Ils mangent des dattes, du vermicelle, du poisson. Ils ont la teigne. Tous souffrent de maux d'oreilles. La perforation du tympan est générale, presque générale. D'ailleurs, ils attendent l'accident avec impatience. Tant que les plongeurs ne sont pas sourds, on ne les considère pas comme étant de classe. Sous la pression de l'eau, les vaisseaux de leurs poumons se rompent. Beaucoup remontent, du sang leur sortant par le nez, par les oreilles. La bronchite aiguë est leur lot commun. Les troubles cardiaques sont nombreux. Les aveugles… vous savez déjà ! Il est vrai que la cécité n'est pas un empêchement au métier de plongeur. Leur santé, leur avenir, leur malheur n'intéressent personne. Les *nakudas* sont indifférents à l'hécatombe. Pendant le *rôss* [grande saison : juin, juillet, août, *NdA*] les hommes qui saignent n'ont pas droit au repos[187]. »

"The divers have to battle:
The sawfish: *abu sayyaf*. It is a carpenter fish that bears a double-edged saw with fifteen to twenty teeth at the end of its nose. Gaping wounds. Three severed arms in 1930.
The stingray: *lor-ma*. The *lor-ma*'s back bristles with venomous spines. The divers sometimes touch one with a foot or a hand. The stung member swells up immeasurably. It must be amputated. This year, the diver Fakro refused the operation. He wanted to keep his hand, the right one, the one he used to pry open oysters. He died.
Electric fish, the same ones as are in the Red Sea, the *dol* and the *loethi*. The shock they produce on contact with the skin causes deep burns.
The shark: *yur-yur*. On the beds where sharks are reported, the men dive dressed in a long black shirt: the descent into Hell."[185]

What Albert Londres sought to denounce above all were the conditions in which the pearl fishing expeditions were undertaken, which tended to shorten the fishermen's lives by several decades. The book's original title was deliberately controversial: *À ce prix, mesdames* (*At This Price, Ladies*). Given his testimony, the facts of which were corroborated by many of his contemporaries and have been confirmed by more recent studies,[186] cultured pearl farming seems a pleasure by comparison:

"The diver's occupation destroys the man. Even the fittest do not live long. Piled up on *booms* that are always too small, they sleep side by side for three months, taking no more space than a corpse would. They eat dates, noodles and fish. They have ringworm. They all suffer from earache. Perforation of the eardrum is almost par for the course. Indeed, they keenly await this accident. For as long as a diver is not deaf, he is not considered to have any standing. The water pressure bursts the vessels in their lungs. Many resurface with blood coming from their nose or ears. Acute bronchitis is their common lot. Heart problems are frequent. The blind… you already know! It is true that blindness is no impediment to the diver's occupation. Their health, their future, their suffering interests nobody. The *nakhudas* are indifferent to the carnage. During the *ross* [author's note: high season – June, July, August], men who are bleeding are not permitted to rest."[187]

← Photographie d'un pêcheur de perles au large de Manama lors du voyage de Jacques Cartier au Bahreïn, mars 1912.
Photograph of a pearl diver, off the coast of Manama during Jacques Cartier's trip to Bahrain, March 1912.
Archives Cartier Paris.

La perle de culture : problème ou solution ?
Cultured pearls: problem or solution?

Six années seulement après la présentation par Kokichi Mikimoto de son « invention » lors de l'Exposition internationale des arts décoratifs et industriels modernes de 1925, la perle de culture revient en force au sein de l'Exposition coloniale internationale de Paris : au sein du pavillon de l'Océanie française sont par exemple présentées des nacres et des perles de culture aux différents stades de leur évolution. À l'instar de l'or et de l'ivoire, la perle, qu'elle soit fine ou de culture, est célébrée parmi la quantité de matières précieuses que les différentes colonies peuvent fournir et participe de fait de la légitimation d'une telle politique à l'époque.

Face à l'arrivée massive de perles de culture, valant alors un tiers de moins que les perles naturelles sur le marché occidental, mais également oriental, Jacques Bienenfeld décide de recourir en 1927 à un endoscope développé par Simon et René Bloch afin de tester directement les perles. Réputé infaillible pour ce qui concerne les perles percées[188], cet appareil scientifique fonctionne par un système de miroir et d'éclairage interne de la perle et permet, le cas échéant, de détecter la présence d'un noyau.

1929, création du Laboratoire français de gemmologie (LFG)

Afin de les aider à reconnaître les perles de culture, les centaines de négociants en perles fines installés le long de la rue La Fayette à la fin des années 1920 demandent à la Chambre syndicale des négociants en diamants, perles, pierres précieuses et des lapidaires de mettre au point de nouvelles techniques d'analyse et un organisme scientifique pour les aider dans cette tâche.

C'est ainsi que naît à Paris en 1929 un Laboratoire syndical de contrôle des diamants, perles fines et pierres précieuses. Fondé par la Chambre syndicale, cet ancêtre du Laboratoire français de gemmologie a pour mission d'expertiser les perles et les gemmes qui lui sont présentées en déterminant leur composition. Un rapport est alors délivré, mentionnant les dimensions, traitements, formes et couleurs des pierres ou des perles. Formant une carte d'identité de la gemme, ce rapport garantit la qualité de la matière et protège donc le consommateur. Deux ans plus tard, le premier laboratoire de l'Institut de gemmologie américain (GIA) ouvre ses portes à Los Angeles.

Dina Level, *Dispositif de microphotographie en lumière polarisée*, photographie publiée dans *L'Illustration*, juillet 1937.
Dina Level, *Polarized light microphotography device*, photograph published in *L'Illustration*, July 1937.

Only six years after Kokichi Mikimoto presented his "invention" at the Exposition Internationale des Arts Décoratifs et Industriels Modernes of 1925, cultured pearls burst back onto the scene at the Exposition Coloniale Internationale (International Colonial Exhibition) in Paris. In the pavilion of French Oceania, for example, nacre and pearls were displayed at different stages of their development. Like gold and ivory, pearls – whether natural or cultured – were celebrated among the large quantity of precious materials that the various colonies could supply, and thus contributed to the legitimization of such a policy at the time.

Faced with the mass arrival of cultured pearls, which then were worth a third less than natural pearls on both the Western and the Eastern markets, Jacques Bienenfeld decided in 1927 to resort to an endoscope that had been developed by Simon and René Bloch to test pearls directly. Reputed to be infallible where pierced pearls were concerned,[188] this piece of scientific apparatus functioned through a system involving a mirror and lighting the inside of the pearl, and allowed the detection of a bead in cases where one was present.

1929, the founding of France's gemology laboratory

To help them to recognize cultured pearls, hundreds of pearl traders based in Rue La Fayette in the late 1920s asked the Chambre Syndicale des Négociants en Diamants, Perles, Pierres Précieuses et des Lapidaires to develop new analysis techniques and to establish an independent scientific organization.

Thus it was that, in Paris in 1929, a trade union laboratory for the control of diamonds, pearls and precious stones was born. The mission of this ancestor of the Laboratoire Français de Gemmologie (LFG; French Laboratory of Gemology), founded by the Chambre Syndicale, was to appraise the pearls and gems that were presented to it by determining their composition. It would then deliver a report mentioning the dimensions, treatment, form and color of the stones or pearls. This report constituted an identity card for the gem, guaranteeing the quality of the material and therefore protecting the consumer. Two years later, the first laboratory of the Gemological Institute of America (GIA) opened its doors in Los Angeles.

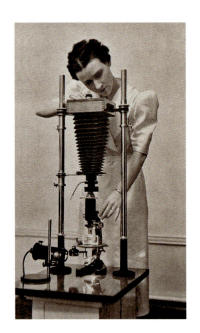

Rouget, pavillon Perles de culture, Exposition coloniale internationale, Paris, 1931.
Rouget, Perles de Culture pavillion, International Colonial Exhibition, Paris, 1931.
Paris, musée Carnavalet.

↑ Publicité pour Van Cleef & Arpels dessinée par M. Laflize en 1929.
Advertisement for Van Cleef & Arpels designed by M. Laflize in 1929.
Archives Van Cleef & Arpels.

→ Dusausoy, broche, vers 1930, perles fines, diamants, platine. Dusausoy, brooch, c. 1930, natural pearls, diamonds, platinum. **Londres, Symbolic & Chase.**

Van Cleef & Arpels, broche, vers 1930, platine, perle, diamants. Van Cleef & Arpels, brooch, c. 1930, platinum, pearl, diamonds. **Collection Van Cleef & Arpels.**

La fin d'une époque
The end of an era

Il n'est pas rare de voir attribuée aux producteurs de perles de culture japonais la responsabilité de la fin du commerce de la perle dans le Golfe. Les facteurs d'un tel phénomène sont en réalité multiples et doivent être précisés.

Outre l'absence de gestion et de renouvellement des bancs d'huîtres et une pêche de plus en plus intensive, la crise économique de 1929 bouleverse la demande mondiale pour les produits de luxe.

Situation du commerce à la fin des années 1920

Dès 1925, Bahreïn connaît un important déficit de son solde du commerce extérieur. La valeur de ses exportations, dépassant largement le million de livres sterling (1 325 244 livres), s'appuie presque entièrement sur le commerce de la perle, alors déjà sur le déclin, tandis que la valeur de ses importations, d'origines très diverses, est supérieure (1 818 102 livres). Trois années plus tard, Charles Belgrave, conseiller britannique du gouvernement bahreïni, constate que la prospérité, voire l'existence même de Bahreïn dépendent de l'industrie de la perle. Or, malgré une excellente pêche en 1928, bien supérieure à celles des années précédentes, les prix des perles du Golfe n'augmentent pas.

Présent à Bahreïn en 1927 et 1928, Marc Bienenfeld est naturalisé français cette dernière année. Possédant des boutiques à Bombay, à Bahreïn et à Paris et sentant peut-être venir le déclin du marché local, Albert Habib achète en 1929 le stock du plus grand marchand du Koweït, Hilal bin Fajhan al-Mutairi (1855-1938), pour 3 millions de roupies. Habib, qui avait pour habitude de confesser à ce dernier que les femmes avaient désormais tendance à se détourner des perles au profit des voitures[189], a en outre acheté pour 1 million de roupies de perles supplémentaires avant de quitter Bahreïn le 3 octobre 1929[190].

It is not unusual to see the Japanese cultured pearl producers blamed for the end of the pearl trade in the Gulf. In truth, a number of factors contributed to this phenomenon, and they are worth specifying here.

Aside from the lack of management and renewal of the oyster beds, and ever more intensive fishing, the financial crisis of 1929 turned global demand for luxury products on its head.

The trade situation in the late 1920s

From 1925, Bahrain experienced a major deficit in relation to external trade. The value of its exports, amounting to 1,325,244 pounds sterling, came almost entirely from the pearl trade, which was then already in decline, while the value of its imports, from a wide array of origins, was in excess of that figure, at 1,818,102 pounds sterling. Three years later, Charles Belgrave, a British advisor to the Bahraini government, observed that Bahrain's prosperity, and indeed its very existence, was dependent on the pearl industry. Despite an excellent pearl fishing season in 1928, far better than those of the preceding years, Gulf pearl prices saw no increase.

Marc Bienenfeld was present in Bahrain in 1927 and 1928, and was granted French citizenship in the latter year. As the owner of shops in Bombay, Bahrain and

Paris, and perhaps sensing the impending decline of the local market, in 1929 Albert Habib purchased the stock of Kuwait's most prominent merchant, Hilal bin Fajhan al-Mutairi, for 3 million rupees. Habib had repeatedly confessed to the latter that women were now tending to turn away from pearls in favor of cars.[189] He furthermore bought 1 million rupees' worth of additional pearls before leaving Bahrain on 3 October 1929.[190]

Around the same time, arriving from Bombay, Mohamedali Zainal Alireza was welcomed by Khan Sahib Abdur Rahman al-Ziyani. Unlike the previous year, and despite the potential benefits of direct contact with pearl merchants and of competition with Alireza, the Sheikh of Dubai refused to allow Rosenthal and his associates to visit the city that year.[191]

On Thursday 24 October 1929, more than thirteen million shares were traded in a single session at the Wall Street Stock Exchange, because of panic among investors who were trying to avoid their share prices collapsing. The following Tuesday the stock market index fell 43 points, confirming the crash. On 1 January 1930, the average price of the main shares was down by about 25%, while some securities had lost more than 90% of their value. The Depression spread through Europe: the decision made by some American financial institutions to move their investments there dragged the entire Western world into the economic crisis, entailing a considerable drop in demand for luxury products.[192]

Au même moment arrive Mohamedali Zainal Alireza, venu de Bombay, qui est alors reçu par Khan Sahib Abdur Rahman al-Ziyani. Contrairement à l'année précédente, et en dépit des profits potentiels d'un contact direct avec les marchands de perles et de la concurrence avec Zainal, le cheikh de Dubai refuse cependant à Rosenthal et à ses associés de visiter la ville cette année-là[191].

Le jeudi 24 octobre 1929, plus de treize millions de titres s'échangent à l'occasion d'une seule séance à la Bourse de Wall Street en raison d'une panique des investisseurs tentant d'éviter l'effondrement du cours de leurs actions. Une chute de 43 points de l'indice des valeurs boursières a lieu le mardi suivant, confirmant le krach. Le 1er janvier 1930, le cours moyen des principales actions est descendu d'environ 25 %, tandis que certains titres ont perdu plus de 90 % de leur valeur. La dépression se propage en Europe : la décision de certains financiers américains de rapatrier leurs placements entraîne l'ensemble du monde occidental dans la crise économique et une baisse considérable de la demande en produits de luxe[192].

↑ Van Cleef & Arpels, pompon, vers 1925, perles fines, diamants, onyx, or blanc. Collection privée.
Van Cleef & Arpels, pompom, c. 1925, natural pearls, diamonds, onyx, white gold. Private collection.

↗ Broche jabot, vers 1930, perles fines, platine.
Pin, c. 1930, natural pearls, platinum.
Londres, Symbolic & Chase.

→ Publicité Van Cleef & Arpels publiée dans
La Renaissance de l'art français et des industries de luxe, vers 1927.
Van Cleef & Arpels advertisement published in
La Renaissance de l'art français et des industries de luxe, c. 1927.
Archives Van Cleef & Arpels.

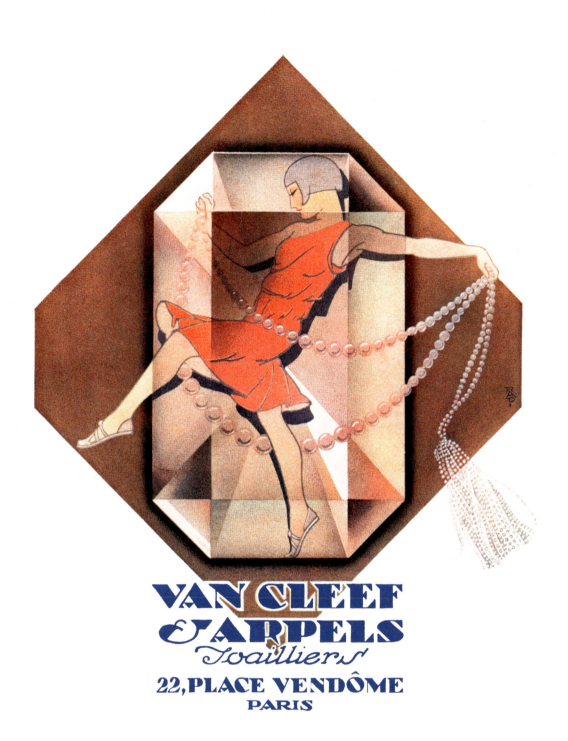

Le Gérant: A. LEBORNE.   G. DE MALHERBE ET Cie, PARIS, 1927.

La crise de la perle
The pearl crisis

Les effets de la crise économique impactent cruellement l'activité perlière dans le Golfe. À Bahreïn, l'économie de la perle chute de 69 % entre 1930 et 1936 : on y compte 509 dhows en 1930, réunissant 19 300 pêcheurs (ce qui représente déjà une baisse par rapport à l'année précédente avec 538 dhows pour 20 150 pêcheurs en 1929) pour des revenus s'élevant à 2,25 millions de roupies, soit 100 % des revenus annuels ; six années plus tard, seuls 364 dhows et 9 800 hommes prennent la mer pour générer 657 000 roupies de revenus, soit 31 % seulement des revenus annuels.

Malgré les faibles ventes de 1929, Victor Rosenthal, David Bienenfeld, Sol Pack et Hilal al-Mutairi, le principal marchand de perles du Koweït, ainsi que de nombreux marchands indiens reviennent en 1930 à Bahreïn pour acheter des perles[193]. Sol Pack arrive de France le 2 septembre[194], suivi le lendemain par Hilal al-Mutairi. C'est pourtant la fin d'une époque : la pêche se révèle fort maigre et les prix ont diminué de moitié par rapport à l'année 1929.

Accompagné d'Abd al-Rahman al-Qusaibi, implanté à Bahreïn et à Bombay, Rosenthal se rend au Koweït *via* Le Caire le 18 septembre, voyageant depuis l'Égypte jusqu'à Bassorah par avion postal avant de rejoindre le Koweït en voiture, où ils sont accueillis par le cheikh, qui reste à leur côté tout au long du séjour[195]. Rosenthal et Qusaibi partent pour Bahreïn la nuit du 20 au 21 septembre et y arrivent le 23.

Hilal al-Mutairi revient au Koweït dès le 25 septembre après avoir acheté aux marchands de Bahreïn, et notamment à Salman Bin Mattar, entre 315 000 et 350 000 roupies de perles avant l'arrivée de

Carte postale pour le pavillon du Japon, lors de l'Exposition de 1937 à Paris, et les perles de culture de Mikimoto.
Postcard for the Japanese pavilion at the 1937 Paris Exhibition, featuring Mikimoto cultured pearls.

The effects of the financial crisis had a cruel impact on the pearl industry in the Gulf. In Bahrain, the pearl economy plummeted by 69% between 1930 and 1936. In 1930 there were 509 dhows and some 19,300 fishermen (which in itself represented a drop compared with the previous year, with 538 dhows for 20,150 fishermen in 1929), bringing in 2.25 million rupees, which represented 100% of the annual revenue. Six years later, only 364 dhows and 9,800 men were taking to the sea to generate 657,000 rupees, amounting to only 31% of the annual revenue.

Despite poor sales in 1929, Victor Rosenthal, David Bienenfeld, Sol Pack and Hilal al-Mutairi, the main pearl merchant in Kuwait, together with a large number of Indian merchants, returned to Bahrain in 1930 to buy pearls.[193] Sol Pack arrived from France on 2 September,[194] followed the next day by Hilal al-Mutairi. Yet it was the end of an era: the catch was very meagre indeed, and the prices had fallen by half compared with 1929.

Accompanied by Abd al-Rahman al-Qusaibi, who was based in Bahrain and Bombay, Rosenthal went to Kuwait via Cairo on 18 September, traveling from Egypt to Basra by mail plane before making the onward journey by car to Kuwait, where they were welcomed by the Sheikh, who remained near to them throughout their visit.[195] Rosenthal and al-Qusaibi left for Bahrain on the night of 20–21 September and arrived there on the 23rd.

Hilal al-Mutairi returned to Kuwait on 25 September after purchasing between 315,000 and 350,000 rupees' worth of pearls from the Bahrain merchants, and notably from Salman Bin Mattar, before Rosenthal's arrival; Rosenthal did little business there.[196] His presence and that of other Parisian merchants had raised some hopes, but they left the country without buying anything. The *Quffal* – the close of the fishing season – duly arrived at the end of the month.

David Bienenfeld did not reach Bahrain until 2 October, while his partner Mohamedali Zainal went very late to Bombay, without passing through Bahrain. Hilal did not try to sell any pearls in Kuwait, but left for Basra on 3 October.[197] On 13 October, Sol Pack in turn left Bahrain to return to Paris via Iraq and Palestine. Finally, Victor Rosenthal went to Bombay via Bushehr on 18 October, after purchasing only about 3 or 4 lakhs' worth of pearls in Bahrain because of the absence of the traditional New York buyers in Paris.[198] In Kuwait as in Bahrain, the pearl season of 1930 was thus a complete failure where sales were concerned, despite an increased harvest.[199]

Final Parisian adventures

A number of Gulf merchants tried to react to this situation by going directly to Paris between 1930 and 1932. Among them was Saleh bin Mohammed bin Rashid bin Hindi, son of the famous merchant Haji Mohammed bin Rashid bin Hindi, who was in Paris in 1930 to sell his pearls.[200] Members of the al-Saif family from Kuwait – the father, named Hussain bin

Rosenthal, qui ne fait que peu d'affaires[196]. Sa venue et celle d'autres marchands parisiens ont suscité quelques espoirs, mais ils quittent le pays sans avoir rien acheté. La *Quffal*, la fermeture de la saison de pêche, a lieu à la fin du mois de septembre.

David Bienenfeld ne parvient à Bahreïn que le 2 octobre, tandis que son partenaire Mohamedali Zainal ne se rend à Bombay que fort tard, et ce, sans passer par Bahreïn. Sans essayer de vendre des perles au Koweït, Hilal al-Mutairi repart de même pour Bassorah le 3 octobre[197]. Le 13 octobre, Sol Pack quitte à son tour Bahreïn pour retrouver Paris *via* l'Irak et la Palestine. Victor Rosenthal a enfin rejoint Bombay *via* Bouchehr le 18 octobre après avoir acheté pour 3 ou 4 lakhs de perles seulement à Bahreïn en raison de l'absence des traditionnels acheteurs new-yorkais à Paris[198]. Au Koweït comme à Bahreïn, la saison perlière de 1930 est donc un échec total pour ce qui concerne les ventes, et ce, en dépit de récoltes en hausse[199].

Mellerio, sautoir *Perles* présenté lors de l'Exposition coloniale de 1931.
Mellerio, *Pearls* sautoir presented at the 1931 Colonial Exhibition.

Ali al-Saif (1856–1937), his two sons Ali (?–1949) and Yusuf (?–1952) and his nephew Muhammad bin Shamlan bin Ali al-Saif – should also be mentioned.

Hussain bin Ali al-Saif set off for Europe on a steamship, transiting via Port Said and Marseille. He then went on to Paris by train, staying in a hotel and doing business with a certain Chandulal Shah. Throughout his Paris stay in 1930, Hussain was in contact with this important Indian jewelry merchant's Paris office; he also owned a shop that the family knew in Bombay. Chandulal Shah was responsible for pearl sales, and formed a link between numerous Gulf merchants and Paris, the city that Isa called "la fiancée des royaumes" ("the kingdoms' bride").

Two members of the al-Qina'i family came with Hussain as interpreters: Isa al-Salih al-Qina'i (?–1949), who knew a little English and Hindustani, and Musa'id al-Salih (?–after 1978), who spoke Hindustani.[201] While both of them enjoyed dressing in Western fashion in Paris, finding it comfortable as well as appropriate to their status as interpreters, the al-Saifs, who were very pious, preferred to retain the traditional Kuwaiti *bisht*.

In a letter dated 20 April 1930, sent from Paris to Muhammad bin Shamlan in Kuwait, Isa described the effects of the crisis and lamented that there seemed to be no good reason to stay on in Paris. In a second letter dated 7 May and addressed to Shamlan bin Ali al-Saif, Isa described the situation:

"the market is in a very poor state. From what we see, we have little hope that it will improve… Four days ago an American merchant arrived… And judging by what I have heard the traders saying, he is not very perceptive and is complaining about things. According to conversations at Muhammad Ali [Zainal Alireza]'s, he was selling everything he had for 200,000 rupees out of necessity, losing 50,000 in the transaction. [Albert] Habib states, for his part, that he has never seen a year like it…"

In another letter written the same day to his uncle Shamlan, Ali professed regret that 1 *jaw*, worth 1,000 rupees in Kuwait, saw its value halved on the Paris market. Furthermore, he found that buyers were being particularly cautious: "a very natural pearl could sell for between 200 and 250 rupees, while I would have expected it to fetch between 450 and 500. They love white pearls with a little touch of red in the middle." Before writing this letter, Ali had nonetheless managed to sell 70,000 rupees' worth of pearls – a perfectly reasonable sum given the context.

Isa, however, announced to Shamlan that he wanted to return to Kuwait and this time take the Orient Express to Istanbul, then cross the Bosporus and go from Haydarpaşa to Aleppo followed by Deir ez-Zor and finally Baghdad. The cost of this journey in second class came to 1,200 rupees, bed and board included.

In 1931 it was once more the turn of Hussain bin Ali al-Saif, the father of the family, to go to Paris with his son Yusuf to sell pearls. Again accompanied by Isa al-Salih

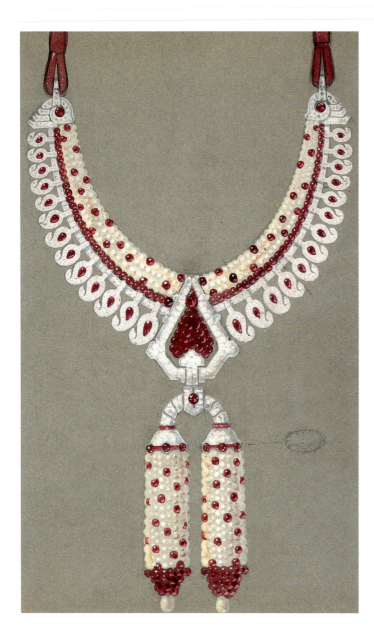

Cartier, dessin de création pour un collier exécuté pour le maharajah de Patiala en platine, rubis, perles et diamants, 1935, mine de plomb et gouache sur carton.
Cartier, design for a necklace made for the Maharajah of Patiala from platinum, rubies, pearls and diamonds, 1935, graphite and gouache on cardboard.
Archives Cartier Paris.

Dernières aventures parisiennes

Un certain nombre de marchands du Golfe essaient de réagir à cette situation en se rendant directement à Paris entre 1930 et 1932. C'est le cas du marchand Saleh bin Mohammed bin Rashid bin Hindi, fils du célèbre marchand Haji Mohammed bin Rashid bin Hindi et présent à Paris en 1930 pour y écouler ses perles[200]. Doivent également être cités, depuis le Koweït, les membres de la famille Al-Saif : le père, nommé Husain bin Ali al-Saif (1856-1937), ses deux fils Ali (?-1949) et Yousouf (?-1952), ainsi que son neveu, Muhammad bin Shamlan.

Husain bin Ali al-Saif et Isa Salih al-Qina'i embarquent pour l'Europe sur un bateau à vapeur, transitant par Port-Saïd et Marseille. Ils rejoignent ensuite Paris par le train, demeurent à l'hôtel et font des

al-Qina'i, they set off from Bombay on a steamship to Port Said, where they had to stay for two days because of strong winds, then docked eleven days later in Genoa, from whence they took a twenty-one-hour train journey to Paris – amounting to twelve days in all.

In a letter to his uncle Shamlan dated 22 April, Yusuf described the market conditions in Paris, which seemed to them to be better than those in Bombay, although the presence of Hindu merchants was making the Americans aware of what the Indians had and might incite them to dispense with the Gulf merchants. Noticing the French taste for pearl necklaces, Yusuf then took the initiative of piercing and threading his pearls into parures, in the hope of facilitating their sale.

He also observed that the Parisian merchants were dipping their pearls in a particular liquid in order to bring out their shine and make their colors appealing. Given the low daylight levels in their premises, with the spring light filtered by clouds and often obstructed by other buildings, Yusuf decided to hire a display unit on the fourteenth floor of a department store, where the sunlight could give his pearls a radiant glow.[202]

Only seven months after his return to Kuwait, Hussain bin Ali al-Saif, then aged seventy-six, found himself obliged to go again to Paris to sell his pearls. This time he had no interpreter or companion to rely upon, and he found himself struggling when he left Kuwait in mid-March 1932. While his friend Ali bin Hussain al-Mujrin (?–1969) accompanied him in the car to Basra, he did not speak enough English to be of use during the onward journey to Paris.

After a few days doing business, the two men went to Baghdad by train, and then by car to Damas, where Hussain wrote to his brother Shamlan on 4 April 1932 that a leading Syrian merchant named Muhammad Pasha al-Usaimi had called him at his hotel, which was modest and not very comfortable, to invite him to stay at his home. Having proceeded to Beirut by car, Hussain finally took a steamship to Marseille and then a train to Paris, where he met up with his friend the Indian merchant Chandulal Shah. His considerable age, traditional clothing and religiousness made a big impression on the Parisians.

A week after his arrival, he was joined on 25 April by his nephew Muhammad bin Shamlan bin Ali al-Saif, who had come from Bombay to Genoa on an Italian boat to sell pearls, with Musa'id al-Salih al-Qina'i as his Hindi interpreter. The Indian merchants and traders translated French into Hindi for him, and Musa'id in turn translated the Hindi into Arabic for Muhammad. It was thus thanks to assistance from the brother of an Indian contact in Paris that Muhammad and Musa'id managed to sell pearls for the duration of their stay.

Hussain decided to remain with them throughout his visit, succeeding in selling pearls although not exhausting his entire stock. In a letter sent from Paris, he described the market as even more depressed than it had been at the end of his previous stay. Muhammad explained that they had no choice but to accept the dominance of the American merchants, and lamented

affaires avec un certain Chandulal Shah. Tout au long de leur séjour parisien de 1930, les deux hommes sont en contact avec le bureau parisien de cet important marchand de joaillerie indien, également propriétaire d'une boutique qu'ils connaissent à Bombay. Responsable de la vente des perles, Chandulal Shah fait alors le lien entre de nombreux marchands du Golfe et Paris, ville qu'Isa surnomme « la fiancée des royaumes ».

Deux membres de la famille Al-Qina'i les accompagnent en qualité d'interprètes : Isa (?-1949), qui connaît un peu d'anglais et d'hindoustani, Musa'id al-Salih (?-apr. 1978), qui parle hindoustani[201]. Alors que ces derniers aiment à se vêtir à la mode occidentale à Paris, qu'ils trouvent confortable et convenable étant donné leur statut d'interprètes, les al-Saif, par ailleurs très pieux, préfèrent conserver le *bisht* traditionnel du Koweït.

Dans une lettre datée du 20 avril 1930 et adressée depuis Paris à Muhammad bin Shamlan au Koweït, Isa décrit les effets de la crise et déplore n'avoir aucun intérêt à s'attarder à Paris. Dans une seconde lettre datée du 7 mai et adressée à Shamlan bin Ali al-Saif, Isa précise que « l'état du marché est très mauvais. De ce que nous observons, nous avons peu d'espoir qu'il s'améliore… Il y a quatre jours un marchand américain est arrivé… Et d'après ce que j'ai pu entendre de la bouche des négociants il est peu perspicace et se plaint des choses. D'après les conversations chez Muhammad Ali [Zainal Alireza], il vendit par nécessité ce qu'il avait pour 200 000 roupies, et en perdant 50 000 dans l'échange. [Albert] Habib déclare pour sa part n'avoir jamais vu une année pareille… »

Dans une autre lettre écrite le même jour à son oncle Shamlan, Ali regrette que 1 *jaw* valant 1 000 roupies au Koweït voie sa valeur diminuée de moitié sur le marché parisien. Les acheteurs lui paraissent par ailleurs particulièrement précautionneux : « Une très belle perle pourrait se vendre entre 200 et 250 roupies là où j'en aurais plutôt attendu entre 450 et 500. Ils aiment les perles blanches avec une petite touche de rouge au milieu. » Avant la rédaction de cette lettre, Ali est néanmoins parvenu à vendre pour 70 000 roupies de perles, soit une somme tout à fait correcte étant donné le contexte.

Isa annonce cependant à Shamlan sa volonté de revenir au Koweït et d'embarquer cette fois à bord de l'Orient-Express pour gagner Istanbul, puis de traverser le Bosphore et de rejoindre Alep depuis Haydarpaşa puis Deir ez-Zor et enfin Bagdad. Le montant d'un tel voyage en seconde classe s'élève à 1 200 roupies avec le couchage et les repas compris.

En 1931, c'est au tour de Husain bin Ali al-Saif (1856-1937), le père de famille, de se rendre à Paris avec son fils Yousouf (?-1952) afin de vendre des perles. Accompagnés à cette occasion par Isa Salih al-Qina'i, ils partent de Bombay en bateau à vapeur, avant de rejoindre Port-Saïd, où ils doivent rester deux jours en raison d'un vent trop important, puis accostent onze jours plus tard à Gênes,

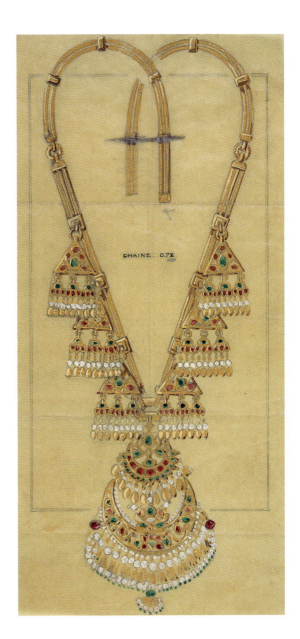

Cartier, dessin de création pour un collier hindou exécuté pour la princesse Karam de Kapurthala en or, perles et pierres de couleur, 1934, mine de plomb, encre de Chine et gouache sur papier-calque.
Cartier, design for a Hindu necklace made for Princess Karam of Kapurthala from gold, pearls and colored stones, 1934, graphite, Indian ink and gouache on tracing paper.
Archives Cartier Paris.

that he could not get more for a pearl than the price it had cost him when he purchased it in Bombay.

In a last letter dated 9 August 1932 – only a week before he left Paris – Muhammad asked his father for permission to return even though he had 5,000 rupees less than the 30,000 he had promised him, without counting the Indian merchant's commission. In any case, by then, the Parisian buyers had abandoned the city for the summer holidays. Leaving the pearls that they had not managed to sell with Chandulal Shah, the two men left Paris on 18 August 1932, boarding the *Lamartine* at Marseille for Beirut and then traveling on to Baghdad by car, to Basra by train and to Kuwait again by car. They arrived there on 1 September – just in time for the closing period of the pearling season.[203]

A global market bled dry

Only 250 boats took to the sea from Kuwait in 1932, and many divers refused to board them, for fear that their already very low salaries would further diminish

d'où ils prennent le train pour enfin rejoindre Paris après vingt et une heures de voyage, soit douze jours en tout.

Dans une lettre datée du 22 avril et adressée à son oncle Shamlan, Yousouf décrit la situation du marché parisien, qui leur paraît alors meilleure qu'à Bombay, même si la présence de marchands hindous a rendu les Américains conscients de ce que possèdent les Indiens et pourrait les inciter à se dispenser des marchands du Golfe. Remarquant le goût des Français pour les perles montées en colliers, Yousouf prend alors l'initiative de percer et d'enfiler en parures ses perles dans l'espoir d'en faciliter la vente.

De même, il s'aperçoit que les marchands parisiens plongent leurs perles dans un liquide particulier afin de révéler leur lustre et de rendre leurs couleurs attrayantes. Étant donné le peu de lumière qui pénètre dans leur hôtel, une lumière de printemps filtrée par les nuages et souvent parée par les immeubles, Yousouf décide de louer un présentoir au quatorzième étage d'un grand magasin, afin de permettre au soleil de donner à ses perles tout leur lustre et leur éclat[202].

Sept mois seulement après son retour au Koweït, Husain bin Ali al-Saif, alors âgé de soixante-seize ans, se voit de nouveau contraint de se rendre à Paris afin d'y vendre ses perles. Il ne peut cette fois compter sur nul interprète ni accompagnant et se trouve par ailleurs souffrant lorsqu'il quitte le Koweït au milieu du mois de mars 1932. Si son ami Ali bin Husain al-Mujrin (?-1969) l'accompagne en voiture jusqu'à Bassorah, il ne parle pas suffisamment bien anglais pour pouvoir l'assister dans son voyage jusqu'à Paris.

Après quelques jours passés à faire des affaires, les deux hommes se rendent à Bagdad en train puis prennent une voiture jusqu'à Damas, d'où Husain écrit à son frère Shamlan le 4 avril 1932 qu'un éminent marchand syrien nommé Muhammad Pasha al-Usaimi l'a appelé à son hôtel, par ailleurs modeste et peu confortable, afin de lui proposer de l'inviter chez lui. Ayant rejoint Beyrouth en voiture, Husain prend finalement le bateau à vapeur pour Marseille puis le train pour Paris, où il retrouve son ami le marchand indien Chandulal Shah. Son âge avancé, son habit traditionnel et sa religiosité font alors forte impression sur les Parisiens.

Une semaine après son arrivée, il est rejoint le 25 avril par son neveu Muhammad bin Shamlan bin Ali al-Saif, venu de Bombay jusqu'à Gênes sur un bateau italien afin de vendre des perles, avec Musa'id al-Salih al-Qina'i comme interprète hindi. Les marchands et négociants

on their return because of budgetary restrictions. Thefts of pearls were reported among the fishermen, and many of the captains could not pay for the food bought at the start of the season. Albert Habib found himself in trouble with his creditors. The sum at stake was equivalent to 18 lakhs, 17 of which belonged to the al-Qusaibis, who had given him three years to repay them.[204] He feared that his Parisian associates would not be any more patient, which would lead to his bankruptcy.

The financial situation in Paris became critical: declared insolvent in 1932, Albert Habib was unable to repay his debts to the al-Qusaibis.[205] He does not appear to have dragged them down with him; indeed, they seem to have been the only ones still to have liquid assets in Bahrain at the time.[206] With Albert Habib, in the throes of bankruptcy, Sol Pack soon set off back to Paris, and little business was done in the season. The Rosenthals and Mohamedali Zainal Alireza did not even stop off in Bahrain on their way to Bombay in 1932, and none of the Bahraini merchants in Bombay managed to make sales.[207] Two of them, Jasim Kanoo and the son of Mohammed bin Hindi, went to Paris but did not find any new customers. In 1933, the merchant Shamlan bin Ali al-Saif was still trying to sell off his stock from 1928.

The same applied to the Indian market in Bombay, where the merchants seem to have found even fewer customers than in Europe. Most of the merchants who held considerable stocks of pearls proved reluctant to sell them off at too low a price. If one of the major merchants were to give way, he would undoubtedly drag many others down with him. There were still significant debts to be paid, and some of the more affluent merchants were reduced to drawing on their savings.

indiens traduisent pour lui le français en hindi et Musa'id traduit à son tour l'hindi en arabe pour Muhammad. C'est ainsi grâce au frère d'un contact indien à Paris qui les a accompagnés que Muhammad et Musa'id parviennent à vendre des perles jusqu'à leur départ.

Husain décide de rester en leur compagnie le temps de son séjour, réussissant à vendre des perles sans pour autant écouler tout son stock. Dans une lettre envoyée depuis Paris, il décrit un marché plus sinistré encore que celui qu'il a quitté l'année précédente. Muhammad explique qu'ils ne peuvent alors que subir la domination des marchands américains et regrette de ne pouvoir obtenir d'une perle davantage que le prix qu'il lui en a coûté lors de son achat à Bombay.

Dans une dernière lettre datée du 9 août 1932, soit une semaine seulement avant qu'il quitte Paris, Muhammad demande à son père l'autorisation de revenir quand bien même il lui manque encore 5 000 roupies sur les 30 000 qu'il lui avait promises, auxquelles doivent alors s'ajouter les commissions du marchand indien. Or, les acheteurs parisiens ont fui la ville pour les vacances d'été. Laissant à Chandulal Shah les perles qu'ils ne sont pas parvenus à vendre, les deux hommes quittent donc Paris le 18 août 1932, embarquent à Marseille à bord du *Lamartine* pour rejoindre Beyrouth puis Bagdad en voiture, atteignant ensuite Bassorah en train puis le Koweït en voiture le 1er septembre, soit juste à temps avant la fin de la saison perlière[203].

Un marché mondial exsangue

Seuls deux cent cinquante navires ont pris la mer au Koweït en 1932, et de nombreux plongeurs ont refusé d'embarquer de peur de voir leurs salaires, déjà très bas, diminuer davantage à leur retour en raison de restrictions budgétaires. Tandis que l'on signale des vols de perles chez les pêcheurs, nombreux sont les capitaines à ne pas pouvoir payer la nourriture achetée au début de la saison. Albert Habib se trouve alors en difficulté avec ses créditeurs. La somme en jeu équivaudrait à 18 lakhs de roupie, dont 17 appartenant aux Qusaibi, qui lui ont accordé un délai de trois ans pour les rembourser[204]. Il craint que ses partenaires parisiens ne soient moins patients, ce qui entraînerait sa faillite.

La situation financière parisienne devient critique : déclaré insolvable en 1932, Albert Habib est incapable de rembourser ses dettes auprès des Qusaibi[205]. Il ne semble pas avoir entraîné dans sa chute ces derniers, qui paraissent même être les seuls à continuer de disposer de liquidités à Bahreïn à cette époque[206]. Outre Albert Habib, en pleine banqueroute, Sol Pack repart rapidement pour Paris, et peu d'affaires sont finalement conclues pour cette saison. Tandis que les Rosenthal et Mohamedali Zainal Alireza ne s'arrêtent même pas à Bahreïn sur leur chemin pour Bombay en 1932, aucun des marchands bahreïnis présents à Bombay ne parvient à vendre[207]. Deux d'entre eux, Jasim Kanoo et le fils de Mohammed bin Hindi, se rendent à Paris mais ne trouvent pas davantage de clients. En 1933, le marchand Shamlan bin Ali al-Saif tente toujours d'écouler son stock de 1928.

Il en va de même pour le marché indien à Bombay, où les marchands semblent trouver moins de clients encore qu'en Europe. La plupart des marchands qui disposent de stocks importants de

The only one who held strong was Mohamedali Zainal Alireza. In 1934, at the age of forty-nine, he married Ruby Elsie Jackson, born in 1919, who soon gave him three children.

A flurry of bankruptcies in France

At the time, pearls were more sought-after than ever among well-dressed women, if contemporary fashion journals are to be believed: "We are also ever fonder of pearls, the perfect adornment, always beautiful, at once soft and scintillating. Scintillating like everything that makes up this Paris life […]."[208]

From 1932, however, the financial crisis that was sweeping across the entire Western world was felt even more harshly in France, despite a politics of protectionism. This crisis would not truly come to an end until the Second World War.

The collapses of the Comptoir Lyon-Alemand, a French company that specialized in processing precious metals, and of the Banque Nationale de Credit (National Credit Bank, founded in 1774) brought numerous pearl traders down with them. Among these insolvent Maisons were J. Hobaïcq Frères, between 1926 and 1931; Marcel Pochelon, between 1927 and 1931; and the Établissements Dunès, between 1928 and 1932.[209] The latter was dissolved in 1935, after surrendering its assets to its creditors in 1934.[210] Likewise, the Léo Fischof pearl trading company was put into compulsory liquidation on 13 November 1930.[211] Rodolphe Caesar, a pearl and gemstone trader who was

← Cartier Londres, bracelet indien, 1939, perles fines, diamants, or jaune, or blanc, platine.
Cartier Londres, indian-style bracelet, 1939, natural pearls, diamonds, yellow gold, white gold, platinum.
Collection Cartier.

↑ René Boivin, demi-parure, bracelet et clip de revers, d'inspiration barbare, 1935-1937, or granulé, perles fines.
René Boivin, half set, bracelet and clip, inspired by the "Barbare" series, 1935–1937, granulated gold, natural pearls.
La Galerie parisienne.

Henri Florit, affiche *La Perle du Bengale. Cirque Bouglione*, 1935, lithographie en couleurs.
Henri Florit, *The Pearl of Bengal.* Poster for the *Cirque Bouglione*, 1935, color lithograph.
Paris, BnF, département des Estampes et de la Photographie.

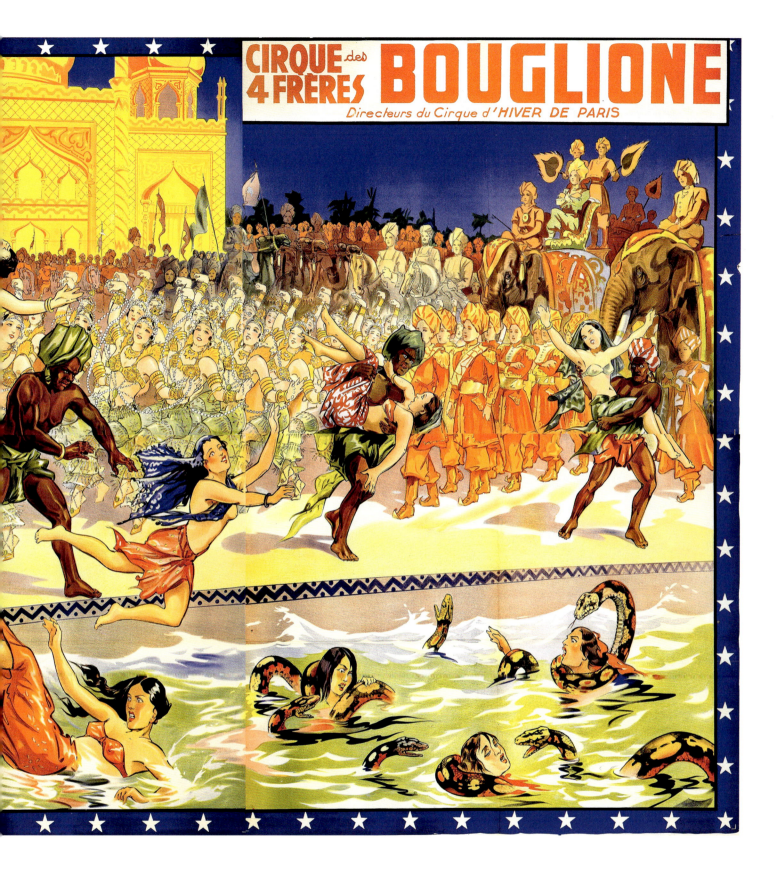

perles se montrent alors réticents à les écouler pour un prix trop bas. Si l'un des gros marchands venait à céder, il entraînerait sans nul doute dans sa chute nombre d'autres. D'importantes dettes doivent encore être payées, et certains des marchands les plus aisés en sont réduits à puiser dans leurs économies.

Seul semble résister Mohamedali Zainal Alireza, qui, en 1934, épouse à l'âge de quarante-neuf ans Ruby Elsie Jackson, née en 1919 et qui lui donne bientôt trois enfants.

En France, des faillites en série

Les perles sont alors plus recherchées que jamais par les élégantes, si l'on en croit les revues de mode de l'époque : « Nous aimons aussi de plus en plus les perles fines, parure parfaite, toujours harmonieuse, à la fois douce et brillante. Brillante comme tout ce qui compose cette vie de Paris […][208]. »

À partir de 1932 cependant, la crise économique, qui balaie l'ensemble du monde occidental, se fait ressentir plus durement en France, en dépit d'une politique protectionniste. Cette crise ne s'achèvera tout à fait qu'avec la Seconde Guerre mondiale.

Les faillites du Comptoir Lyon-Alemand, société française spécialisée dans le traitement des métaux précieux, et de la Banque nationale de crédit (BNC, 1774-1968) entraînent avec elles de nombreux négociants en perles fines. Parmi ces différentes maisons en faillite peuvent être cités J. Hobaïcq Frères, entre 1926 et 1931 ; Marcel Pochelon, entre 1927 et 1931 ; ainsi que les Établissements Dunès, entre 1928 et 1932[209]. Après l'abandon de son actif en 1934 en faveur de ses créanciers, cette dernière société est dissoute en 1935[210]. De même, la société Léo Fischof SARL pour le commerce de perles fines est admise au bénéfice de la liquidation judiciaire le

then president of the Chambre Syndicale des Négociants en Diamants, Perles, Pierres Précieuses et des Lapidaires, saw the liquidation of his company decided by his creditors on 14 February 1931.[212]

Michel Nossovitzki, who was running a pearl trading business, owed some 260,000 francs to the BNC, and was declared insolvent in 1933.[213] The latter bankruptcy released 2.8 million francs on the liquidation of the Établissements Bourdier, the company being dissolved in 1933.[214] As for the Société d'Importation de Perles Fines et Pierres Précieuses (Pearl and Precious Stone Import Society), an arrangement was reached in 1934 with its creditors in exchange for the surrendering of assets and the transfer of profit shares.[215] Dissolved in 1944, the company could not be reconstituted.[216] Antschel Polianowski, a pearl trader who was declared insolvent in 1931, saw his winding-up arrangement agreed in 1939 and his bankruptcy concluded in 1949.[217]

The company by the name of Léonard Rosenthal et Frères (Léonard Rosenthal & Brothers) had commitments to the BNC to the tune of almost 50 million

Georges Templier, clip, 1936, perle fine, diamants, or gris, platine.
Georges Templier, clip, 1936, natural pearl, diamonds, white gold, platinum. **Collection Templier.**

Chaumet, épingle à jabot, vers 1930, perle fine baroque, diamants, or blanc. **Collection privée.**
Chaumet, jabot pin, c. 1930, natural baroque pearl, diamonds, white gold. **Private collection.**

13 novembre 1930[211]. Rodolphe Caesar, négociant en perles et pierres fines, alors président de la Chambre syndicale des négociants en diamants, perles, pierres précieuses et des lapidaires, voit la liquidation de sa société décidée par les créanciers le 14 février 1931[212].

Exploitant un fonds de commerce en perles fines, Michel Nossovitzki, débiteur d'environ 260 000 francs envers la BNC, est déclaré en faillite en 1933[213]. Cette dernière banqueroute produit pour 2,8 millions de francs à la liquidation des Établissements Bourdier, dont la société est dissoute en 1933[214]. Concernant la Société d'importation de perles fines et pierres précieuses, un arrangement est obtenu en 1934 avec les créanciers moyennant abandon de l'actif et remise de parts bénéficiaires[215]. Dissoute en 1944, la société n'a pu être reconstituée[216]. Antschel Polianowski, négociant en perles déclaré en faillite en 1931, voit son concordat résolu en 1939 et la faillite close en 1949[217].

La société en nom collectif Léonard Rosenthal et Frères était engagée pour près de 50 millions de francs auprès de la BNC. Atteinte par la crise, elle sollicite en 1932 un arrangement avec les créanciers mais est mise en liquidation amiable en 1934. Après avoir longtemps travaillé auprès de son père, Léonard, Jean Rosenthal (1906-1993) s'installe à son compte à partir de 1935.

Même la perle d'imitation est touchée : en raison d'un crédit de 5 millions accordé à la Société des établissements Jean Paisseau, société anonyme fabriquant et commercialisant des perles d'imitation, de l'essence d'Orient et de la nacrolaque, la BNC est amenée à intervenir dans deux procès la concernant[218]. S'ajoute enfin à cette longue liste de faillites celle de la Compagnie française pour l'industrie de la perle, basée à Chauny, dans l'Aisne, entre 1934 et 1953[219].

Si Jacques Bienenfeld doit sa réussite rapide à son goût prononcé pour les affaires les plus risquées et à un fort penchant au jeu, ce sont ces mêmes traits qui vont accélérer sa perte, ainsi que celle de dizaines de ses confrères. Malgré une fortune personnelle estimée à 75 millions de francs, la crise de 1929 et d'importants prêts bancaires garantis en son nom provoquent sa chute brutale, et il meurt ruiné en décembre 1933.

Aux termes d'un accord conclu en 1936 avec ses créanciers, la Société des établissements Jacques Bienenfeld fait don pour une durée de quinze ans de tous les éléments de son actif et d'une part de ses bénéfices. Elle permet ainsi aux créanciers de racheter des actions issues de la succession de Jacques Bienenfeld, mort trois ans plus tôt. Ce qui a pu être sauvé de sa fortune permettra à sa famille de survivre à la Seconde Guerre mondiale.

Mohamedali Zainal Alireza et son épouse Ruby Elsie Jackson avec leur fille Amna M. Z. Alireza à Paris en septembre 1939.
Mohamedali Zainal Alireza and his wife Ruby Elsie Jackson with their daughter Amna M. Z. Alireza in Paris, September 1939.

francs. Hit by the crisis, in 1932 it sought an arrangement with its creditors, but it was put into voluntary liquidation in 1934. After working alongside his father Léonard for many years, Jean Rosenthal (1906–1993) set up on his own account from 1935.

Even imitation pearls were affected: because of a loan of 5 million francs to the Société des Établissements Jean Paisseau – the company that produced and marketed imitation pearls, essence of the East and nacrolaque – the BNC became involved in two court cases related to it.[218] Another addition to this long list of insolvencies was that of the Compagnie Française pour l'Industrie de la Perle (French Pearl Industry Company), based in Chauny in northern France, between 1934 and 1953.[219]

Although Jacques Bienenfeld owed his rapid success to his predilection for the riskiest of ventures and his great fondness for taking a gamble, it was these same traits that would accelerate his demise, like that of dozens of his fellows. Despite a personal fortune estimated at 75 million francs, the 1929 crisis and significant bank loans with him as guarantor brought him crashing down, and he died a ruined man in December 1933.

According to the terms of an agreement reached with its creditors in 1936, the Société des Établissements Jacques Bienenfeld handed over all of its assets and a portion of its profits for a period of fifteen years. It thus enabled the creditors to buy back shares from Jacques Bienenfeld's estate, three years after his death. What was saved of his fortune would enable his family to survive the Second World War.

La terrible odyssée des Rosenthal
The Rosenthals' terrible odyssey

Si l'on en croit la *Revue de la France libre*, Victor Rosenthal et son neveu Pack ont rejoint la France libre en Inde[220], à Bombay, en décembre 1940. Déchu de la nationalité française « pour avoir quitté le territoire national » un mois plus tôt, Léonard Rosenthal s'est installé à Megève avec son fils Jean, mobilisé en septembre 1939 comme lieutenant de réserve, affecté à la 8e escadre aérienne puis démobilisé en juillet 1940. La même année, Robert Pack (fils de Sol Pack, le beau-frère de Léonard) rejoint Nice, en zone libre, à l'âge de dix-huit ans et entre dans la Résistance sous le nom de « Giboyer ».

En 1940, Léonard Rosenthal se résout à rejoindre Saint-Jean-de-Luz puis la frontière espagnole avec sa fille Rachel Rosenthal (1926-2015), qu'il a eue avec sa seconde épouse, Marie Rosenthal (dite Mara) :

« Mes parents sont nés en Russie. C'étaient des Juifs russes. Mon père, Léonard Rosenthal, est né dans le Sud. Ma mère, dont le nom de jeune fille était Mara Jacobovitch, est née dans le Nord, à Riga, dans l'actuelle Lettonie. Mon père avait vingt ans de plus que ma mère.

Il est venu à Paris – il est allé vers l'ouest, jeune homme – de Russie quand il avait 14 ans – il ne parlait même pas français. Et ma mère a fait tout le chemin du Nord au Sud pour quitter la Russie lorsque la révolution bolchevique est arrivée, ils se sont donc retrouvés tous les deux en France, à Paris, et ils sont tombés amoureux vers 1920.

Ils se sont mariés quand j'avais sept ans. Je suis née hors mariage parce que la première femme de mon père ne lui a pas demandé le divorce. Nous étions une famille très aisée – mon père était importateur de pierres précieuses et de perles – et une famille très riche. Une famille très connue de ce qu'on appelait alors les "Juifs assimilés".

À la fin des années 1930, nous étions très exposés aux pires conséquences de l'Occupation [nazie].

According to the journal *Revue de la France libre*, Victor Rosenthal and his nephew Pack returned to unoccupied France by going to India[220] – specifically Bombay – in December 1940. Stripped of his French nationality "for leaving the national territory" a month earlier, Léonard Rosenthal had gone to live in Megève, in the French Alps, with his son Jean, who had been mobilized in September 1939 as a reserve lieutenant in the 8th Air Squadron and then demobilized in July 1940. In the same year, at the age of eighteen, Robert Pack (son of Sol Pack, husband of Léonard's niece) went to Nice, in the unoccupied zone, and joined the Resistance under the name "Giboyer."

In 1940, Léonard Rosenthal resolved to go to Saint-Jean-de-Luz and then on to the Spanish border with his daughter Rachel Rosenthal (1926–2015), the product of his second marriage, to Marie Rosenthal (known as Mara):

"My parents were born in Russia. They were Russian Jews. My father, Leonard Rosenthal, was born in the south. My mother, whose maiden name was Maria Jacobovitch, was born in the north, in Riga in what's now Latvia. My father was twenty years older than my mother.

He came to Paris – he went west, young man – from Russia when he was fourteen – he didn't even speak French. And my mother came all the way down from the north to the south in order to leave Russia

← Éli Lotar, photographie de Victor et Léonard Rosenthal, issue de Jean d'Eirleich, « La perle », *VU*, n° 33, 31 octobre 1928.
Éli Lotar, photograph by Victor and Léonard Rosenthal, from Jean d'Eirleich, "La perle," *VU*, no. 33, October 31, 1928.

↑ Accès extérieur à la station de métro Chaussée-d'Antin-La Fayette à Paris, 1946.
Exterior access to the Chaussée-d'Antin-La Fayette metro station in Paris, 1946.

Mon père ne voulait pas quitter la France. Il pensait que c'était une trahison de quitter l'endroit qui lui avait donné sa fortune, sa vie et tout.
Mais au dernier moment, en 1940, nous avons dû partir et nous avons traversé la frontière espagnole. Nous avions essayé de sortir avec d'autres membres de notre famille. Chaque fois que nous allions à la frontière, elle était bloquée, elle était fermée, nous ne pouvions pas tous sortir.
Mon père a finalement dit : "Essayons encore, juste nous trois." Et nous avons traversé comme si de rien n'était.
Nous sommes restés en Espagne pendant environ trois jours, attendant dans un petit village de montagne frontalier qu'un passeur ramène les bijoux de ma mère dans une petite boîte, de l'autre côté de la frontière.
Mais ça n'a pas marché. Parce que les Allemands étaient tous là, l'armée était déjà là, partout à la frontière, attendant d'entrer en France. Et bien sûr, nous sommes partis et cet après-midi-là, la croix gammée était sur notre villa.
Les bijoux ne sont jamais arrivés, puis nous sommes allés en train au Portugal avec l'idée de finir à Lisbonne et d'obtenir des visas pour aller aux États-Unis.
Eh bien, ça n'a pas marché. Au début, nous ne pouvions pas entrer à Lisbonne. Parce qu'il y avait tellement de réfugiés et qu'ils refusaient les gens venant du train ou d'ailleurs. Ils les redirigeaient vers trois choix : une autre ville, un autre village ou un hameau – et nous nous sommes retrouvés dans un petit endroit appelé Luso. Il y avait une très belle forêt appelée Buçaco qui était remplie d'hortensias.

Portrait de Léonard Rosenthal.
Portrait of Léonard Rosenthal.

when the Bolshevik revolution came. So they both ended up in France, in Paris, and they fell in love around 1920.
They married when I was seven years old – I was born out of wedlock because my father's first wife didn't give him a divorce. We were a very affluent family – my father was an importer of precious stones and pearls – and a very well known family of what was called then, 'assimilated Jews.'
By the late 1930s, we were very much exposed to the worst that would happen through the [Nazi] Occupation.
My father didn't want to leave France – he thought it was traitorous to leave the place that had given him his fortune and his life and everything.
But at the last moment, in 1940, we had to go and we crossed the border into Spain. We had tried to get out with more members of our family. Every time we went to the frontier, it was blocked, it was closed, we couldn't all get out.
My father finally said, 'Let's try again, just the three of us.' And we went through like nothing was wrong. We stayed in Spain for approximately three days, waiting in a small mountain border village, for a smuggler to bring out my mother's jewelry in a little box, over the frontier.
But that didn't work out. Because the Germans were all there, the army was already there, all over the border, waiting to come into France. And sure enough, we left and that afternoon the swastika was on our villa.
The jewelry never came, and then we went by train to Portugal with the idea that we would end up in Lisbon and get visas to go to the U.S.
Well, that didn't work out. At first, we couldn't get into Lisbon. Because it was so full of refugees and they refused people coming in from trains or anywhere else. They would reroute them to three choices of another city or town or village – and we ended up in a little spot called Luso. There was a very beautiful forest called Buçaco that was filled with hydrangeas.
We ended up there because my father asked the train conductor, 'If you had to choose between these three, where would you go?' and the conductor said, 'Oh, I'd go to Luso.'
So we ended up there. We spent three months trying to get exit visas. My father and several other refugees – also Jewish men with their families – rented a jalopy and every second night they would spend the whole night traveling to Lisbon. They would spend the day there going to all the consulates trying to get exit visas. Then they'd come back to Luso in order not to spend the night in Lisbon, which was not allowed.
I was thirteen years old and enjoying myself. This was the first time I'd lived in a place like that – a little village. It was quite wonderful.
Meanwhile, our visa for staying in Portugal was coming to an end. We were then supposed to be sent

Nous nous sommes retrouvés là-bas parce que mon père a demandé au conducteur du train : "Si tu devais choisir entre ces trois-là, où irais-tu ?" et le conducteur a dit : "Oh, j'irais à Luso."
Nous nous sommes donc retrouvés là-bas. Nous avons passé trois mois à essayer d'obtenir des visas de sortie. Mon père et plusieurs autres réfugiés – également des hommes juifs avec leurs familles – louaient un tacot et une nuit sur deux, ils passaient la nuit entière à voyager jusqu'à Lisbonne. Ils passaient la journée là-bas à visiter tous les consulats pour essayer d'obtenir des visas de sortie, puis ils revenaient à Luso pour ne pas passer la nuit à Lisbonne, ce qui n'était pas autorisé.
J'avais treize ans et je m'amusais. C'était la première fois que je vivais dans un endroit comme celui-là, un petit village. C'était vraiment merveilleux.
Entre-temps, notre visa pour rester au Portugal arrivait à son terme. Nous étions alors censés être renvoyés en France – où nous finirions probablement dans un camp de concentration et y serions tués.
Alors mon père s'est assis dans la salle d'attente du consulat brésilien, attendant de parler au consul pour essayer d'obtenir nos sorties, et un gars passe par là qui se trouve être l'ambassadeur de France au Portugal [Aristides de Sousa Mendes, *NdA*].
Et il regarde mon père et dit : "Léonard, qu'est-ce que tu fais ici ?" Mon père connaissait tous ces gens. Et donc par l'intermédiaire de l'ambassadeur, nous avons obtenu nos visas et nous étions sur le prochain bateau pour le Brésil, appelé le *Bagé*. Nous nous sommes retrouvés à Rio de Janeiro, où nous sommes restés dix mois.
Nous n'avions plus d'argent, parce que nous n'avions pas les bijoux nécessaires pour gagner de l'argent et parce que mon père était l'une des rares personnes à ne pas avoir d'argent dans les banques étrangères, encore une fois à cause de son idée du patriotisme – "Nous n'en avons pas. Je ne le sortirai pas de France."
Mon père a commencé à connaître des gens parce qu'on avait écrit sur nous dans les journaux : "Léonard Rosenthal et sa famille sont ici, bla bla bla." Mon père a donc eu accès à tous ces lieux politiques et financiers et tout ça.
Nous continuions donc notre vie en pensant nous installer au Brésil. Et puis un jour, le consul américain a appelé mon père.
Petit à petit, il s'est avéré que les Juifs qui arrivaient d'Europe au Brésil et voulaient s'y établir étaient soit envoyés en prison, soit disparaissaient. À l'insu de tous, les nazis avaient pris le pouvoir lors d'un coup d'État clandestin.
Nos tentatives passées de venir aux États-Unis n'avaient pas abouti parce que la ville natale de ma mère, Riga, avait été reprise par les bolchéviques qui y ont dissous le consulat afin que nous ne puissions pas accéder à ses dossiers nécessaires pour émigrer.

back into France – where we would probably end up in a concentration camp and be killed.
So my father is sitting in the Brazilian consulate's waiting room, waiting to talk to the consul to try to get our exits, and a guy passes by who happens to be the French ambassador to Portugal [author's note: Aristides de Sousa Mendes].
And he looks at my father and says, 'Leonard, what are you doing here'? My father knew all these people. And so through the ambassador we got our visas and were on the next boat to Brazil, called the *Baje*. We ended up in Rio de Janeiro. We stayed ten months.
We had no money left, because we didn't have the jewelry to make money and because my father was one of the few people who didn't have money in foreign banks, again because of his idea of patriotism – 'We don't take it out of France.'
My father began to know people because we had been written about in the papers – 'Leonard Rosenthal and his family are here, blah blah blah.' So my father got entry into all these political places and money places and all of that.
So we were continuing our lives, thinking we were settling in Brazil. And then one day, the American consul called my father.
Little by little, it turned out that the Jews who were coming to Brazil from Europe and wanting to establish themselves there were either sent to prison or disappeared. Unbeknownst to anybody in the world, the Nazis had taken over the government in an underground coup.
Our past overtures to come to the U.S. hadn't turned out because my mother's hometown in Riga had been taken over by the Bolsheviks who dissolved the consulate there so we couldn't access her records needed to emigrate.

Pierre Sterlé, boucles d'oreilles, vers 1950, perles de culture, diamants, or blanc. **Collection privée.**
Pierre Sterlé, earrings, c. 1950, cultured pearls, diamonds, white gold. **Private collection.**

Mais le consulat américain a commencé à savoir ce qui se passait au sein du gouvernement brésilien. Le consul a appelé et a dit à mon père : "Juste entre vous et moi, officieusement, quittez le pays. Il y a un bateau qui part pour les États-Unis dans quatre jours. Soyez sur ce bateau."
Nous sommes montés à bord de ce bateau à Rio. Nous avons passé l'équateur une fois de plus, nous arrêtant à Bahia, Trinidad, tous ces endroits intéressants des Caraïbes, et une semaine plus tard, nous nous sommes retrouvés à New York[221]. »

Destins brisés

Passé par l'Espagne, le Portugal puis le Brésil, Léonard Rosenthal parvient donc finalement à se réfugier en avril 1941 à New York, où il reconstitue partiellement sa fortune grâce, ironie du sort, au négoce des perles de culture.

En France, à partir de 1941, les Juifs français n'ont plus le droit d'exercer une activité économique en zone occupée ni de changer de résidence, et ceux de la zone libre sont recensés. Les étrangers sont alors massivement arrêtés par la police, et le camp de Drancy est ouvert en août 1941 ; soixante-sept mille personnes y seront internées puis déportées vers l'est en l'espace de deux ans.

En septembre de la même année, Adolphe Rosenthal, frère cadet de Léonard, est assassiné dans un passage souterrain de la Porte Maillot par trois faux policiers, probablement des auxiliaires de la Gestapo, après que ces derniers ont tenté de l'arrêter à son domicile pour le déporter. Tandis que la fille d'Adolphe Rosenthal rejoint à son tour la Résistance, sa sœur décède dans le camp de Ravensbrück.

Nombreux sont alors les membres de familles de marchands de perles à figurer parmi la dizaine de milliers de personnes arrêtées à l'occasion de la rafle du Vélodrome d'hiver les 16 et 17 juillet 1942. Le Mémorial de la Shoah à Paris conserve un rapport anonyme rédigé quelques jours seulement après la rafle, dont l'auteur regrette que certains policiers français aient pris parti pour les Juifs à l'occasion de la rafle et permis à nombre d'entre eux de s'échapper. Sur l'en-tête de la feuille de papier à lettres sur laquelle il a été rédigé apparaît le nom de l'entreprise : « Maurice Oïffer, Perles & Pierres fines »[222].

Des familles héroïques

En décembre 1942, Jean Rosenthal parvient à son tour à s'évader de France et à traverser la frontière espagnole. Arrêté, puis incarcéré une quinzaine de jours à la prison de Pampelune, il parvient à rejoindre Londres en janvier 1943. Sous le pseudonyme de « Cantinier », il s'engage alors dans les Forces françaises libres aux côtés de sa cousine

Portrait de Jean Rosenthal.
Portrait of Jean Rosenthal.

But the U.S. consulate began to know what was going on in the Brazilian government. The consul called and said to my father: 'Just between you and me, off the record, leave the country. There is a boat going to the U.S. in four days. Be on that boat.'
We boarded that boat in Rio. We passed the equator one more time, stopping in Bahia, Trinidad, all these interesting Caribbean places, and one week later, we ended up in New York."[221]

Shattered destinies

Having passed through Spain, Portugal and then Brazil, Léonard Rosenthal thus finally managed to find refuge in New York in April 1941. There, he partially reconstituted his fortune – in an irony of fate, through trading in cultured pearls.

In France, from 1941, French Jews no longer had the right to engage in business activities in the occupied zone or to move home, and registers of those in the unoccupied zone were compiled. Foreigners were therefore very frequently arrested by the police, and the Drancy internment camp was opened in August 1941; in the course of just two years, sixty-seven thousand people would be held there, then deported to the east.

In September of the same year, Adolphe Rosenthal, Léonard's younger brother, was murdered in an underpass at Paris's Porte Maillot by three men disguised as police officers – probably Gestapo auxiliaries – after they had tried to arrest him at his home to deport him. While Adolphe Rosenthal's daughter joined the Resistance, his sister perished in the Ravensbrück concentration camp.

Micheline Rosenthal, surnommée « Michette », âgée de seize ans et agent de liaison en Haute-Savoie. Il y représente le commandement interallié à l'état-major des Forces françaises de l'intérieur.

Elle aussi déchue de sa nationalité française et réfugiée avec son mari David Bienenfeld et ses filles Ela et Bianca dans le Vercors, Esther Bienenfeld (1896-1974) héberge à l'automne 1942 son jeune neveu orphelin, un certain Georges Perec (1936-1982)[223]. À la fin de la guerre, celui-ci revient vivre à Paris chez son oncle et sa tante, qui décident alors de l'adopter, sa mère ayant été déportée à Auschwitz le 11 février 1943.

La même année, le benjamin de Léonard Rosenthal, Pierre, est tué par les Allemands en Tunisie et Robert Pack est arrêté à Nice par la Gestapo. Il est déporté le 15 mai depuis Drancy, dans le convoi 73, vers les camps de Kaunas et Reval (Tallinn), en Lituanie, où il meurt cette même année. Résidant à Chatou, sa sœur est sauvée par des Justes qui la cachent d'abord au Vésinet, puis à Croissy.

Fait compagnon de la Libération en 1944, Jean Rosenthal est muté à la Direction générale des études et recherches (DGER) à Paris. Après avoir préparé des parachutages à Calcutta dans les territoires occupés par les armées japonaises, il rentre définitivement en France en mars 1946. Tandis que sa sœur Rachel s'oriente vers une carrière d'artiste, Jean Rosenthal reprend l'activité familiale à Paris, où il préside bientôt la Confédération internationale de la bijouterie, joaillerie et orfèvrerie (section Perle et pierres)[224].

Georges Perec dans la maison de campagne de la famille Bienenfeld, à Biévy, en 1955.
Georges Perec at the Bienenfeld family's country house in Biévy, 1955.

Many pearl merchants' family members were also among the over thirteen thousand people detained at the Vel' d'Hiv' Roundup – the mass arrest that was carried out at Paris's winter velodrome (Vélodrome d'Hiver) on 16 and 17 July 1942. Paris's Shoah Memorial museum preserves an anonymous report written only a few days afterwards, in which the author laments that some French police officers took the Jewish people's side during the roundup, and enabled a number of them to escape. The letterhead on which it is written bears the business name "Maurice Oïffer, Perles & Pierres fines" (Maurice Oïffer, pearls and gemstones).[222]

Heroic families

In December 1942, Jean Rosenthal managed to escape France by crossing the Spanish border. Arrested and held for a fortnight in the prison at Pamplona, he managed to reach London in January 1943. He then enlisted in the French Liberation Army. Using the pseudonym "Cantinier," he represented the Allied command within the French Forces of the Interior in Haute-Savoie, in the French Alps, working alongside his sixteen-year-old cousin Micheline Rosenthal, known as "Michette," who was a liaison officer.

Esther Bienenfeld (1896–1974), too, was stripped of her French nationality, taking refuge with her husband David Bienenfeld and daughters Ela and Bianca in the Vercors mountains, on the Alps' western fringes. In the autumn of 1942 she took in her little nephew, a certain Georges Perec (1936–1982).[223] At the end of the war, Perec returned to Paris to live with his uncle and aunt, who decided to adopt him, his mother having been deported to Auschwitz on 11 February 1943.

That same year, Léonard Rosenthal's youngest son Pierre was killed by the Germans in Tunisia and Robert Pack was arrested by the Gestapo in Nice. He was deported from Drancy on 15 May and sent, in convoy 73, to the camps of Kaunas and Reval (Tallinn) in Lithuania, where he died later that year. His sister, who lived in Chatou, was saved by some Righteous gentiles who hid her first in Le Vésinet, then in Croissy.

Jean Rosenthal, made a *compagnon* of the Order of Liberation in 1944, was transferred to the Direction Générale des Études et Recherches (DGER – General Directorate of Studies and Research) in Paris. After organizing parachute operations in Calcutta, in the territories occupied by Japanese forces, he returned to France for good in March 1946. While his sister Rachel took up a career as an artist, Jean Rosenthal returned to the family business in Paris, where he would soon become president of the Pearls and Gemstones section of the Confédération Internationale de la Bijouterie, Joaillerie et Orfèvrerie (World Jewellery Confederation).[224]

Le commerce de la perle d'hier à aujourd'hui

The pearl trade from then to now

Les chemins de la perle dans l'après-guerre
The pearl paths after the war

Dans un télégramme envoyé depuis Bassorah, Cheikh Qassim al-Ibrahim conseille à Husain bin Ali al-Saif, Muhammad bin Bishr al-Rumi et Abd al-Rahman bin Yousouf al-Rumi (?-1973), alors au Koweït, de cesser d'acheter des perles étant donné l'imminence de la guerre[225]. La valeur des exportations de perles depuis Bahreïn ne s'élève plus qu'à 224 039 dollars en 1938 et chute à 97 129 dollars en 1940, pour finalement atteindre 76 000 dollars en 1942.

Si Léonard Rosenthal redirige son commerce vers les perles de culture, de même, Simon Lieberman, petit-fils de la tante maternelle de Jacques Bienenfeld, qui dirige à New York la filiale américaine de la firme depuis 1929, décide de travailler en son nom propre au début des années 1940 et se spécialise dans les perles de culture japonaises[226].

Au sortir de la Seconde Guerre mondiale, qui porte un coup fatal aux échanges entre la France et le Golfe à cette période, les marchands français ont cessé de venir à Bahreïn. Le marché est revenu à Bombay, où doivent désormais se rendre les marchands du Golfe ainsi que les acheteurs américains, auprès desquels se fournissent les Londoniens, malgré des prix bien supérieurs[227].

Suite à la proclamation de l'indépendance de l'Inde, en août 1947, les maharajahs se voient privés des impôts auxquels ils soumettaient jusqu'alors leurs sujets. Nombreux sont ceux qui décident de mettre en vente leurs collections de bijoux, riches de parures entières. L'année suivante, l'industrie indienne de la perle, vivement touchée par un embargo sur son importation, s'effondre.

Seuls trente-trois navires quittent les rives du Koweït pour la saison de pêche des perles en 1948. À l'heure de l'arrivée du cheikh Abd Allah al-Salim Al Sabah au pouvoir en 1950, le commerce de la perle ne contribue plus qu'à hauteur de 50 000 livres à l'économie locale et n'emploie plus que mille six cents hommes répartis sur moins de quatre-vingts navires. En comparaison, les revenus générés au même moment par le pétrole s'élèvent à 12 millions de livres. La Chambre de commerce du pays demeure toutefois dirigée par le petit-fils de Hilal bin Fajhan al-Mutairi[228].

In a telegram sent from Basra, Sheikh Qassim al-Ibrahim advised Hussain bin Ali al-Saif, Muhammad bin Bishr al-Rumi and Abd al-Rahman bin Yusuf al-Rumi (?–1973), who were then in Kuwait, to stop buying pearls, given that war was imminent.[225] The value of pearl exports from Bahrain amounted to a mere 224,039 dollars in 1938 and plummeted to 97,129 dollars in 1940, before dropping further to 76,000 dollars in 1942.

Léonard Rosenthal reoriented his business towards cultured pearls. Meanwhile, Simon Lieberman, grandson of Jacques Bienenfeld's maternal aunt, who had been head of the firm's American subsidiary in New York since 1929, decided to work on his own account from the early 1940s, similarly specializing in Japanese cultured pearls.[226]

At the end of the Second World War, which dealt a fatal blow to business between France and the Gulf at the time, the French merchants stopped coming to Bahrain. The market returned to Bombay, where both Gulf merchants and American buyers were henceforth obliged to travel, London traders buying in turn from them even though the prices were far higher.[227]

Following the declaration of India's independence in August 1947, the maharajahs found themselves deprived of the taxes that they had hitherto demanded of their subjects. Many of them decided to sell off their collections of jewelry, which included numerous complete parures. The following year, the Indian pearl industry crumbled in the aftermath of an import embargo.

← ← *Les Pêcheurs de perles à Tahiti*, 1928.
Pearl Fishers in Tahiti, 1928.

← Henry Clarke, tunique Balenciaga et joaillerie Van Cleef & Arpels, photographie publiée dans *Vogue* français, avril 1955.
Henry Clarke, Balenciaga tunic and Van Cleef & Arpels jewelry, photograph published in the French edition of *Vogue*, April 1955.
Paris, palais Galliera-musée de la Mode.

↑ Van Cleef & Arpels, broche, 1988, or jaune, perle de culture, diamants.
Van Cleef & Arpels, brooch, 1988, yellow gold, cultured pearl, diamonds.
Collection Van Cleef & Arpels.

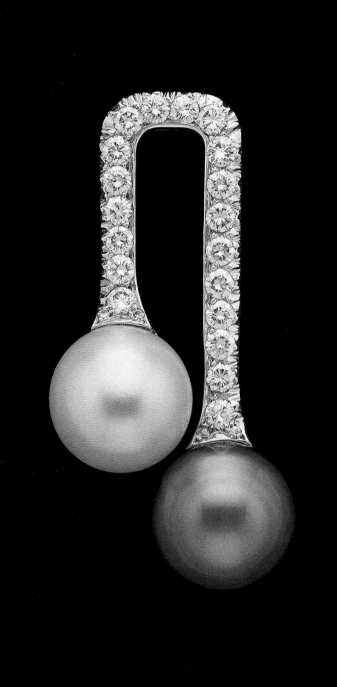

← Suzanne Belperron, broche, vers 1950, perles fines, diamants, platine, or.
Collection Privée, avec l'autorisation du Albion Art Institute.
Suzanne Belperron, brooch, c. 1950, natural pearls, diamonds, platinum, gold.
Private Collection, courtesy of Albion Art Institute.
© Albion Art Jewellery Institute.

↖ Van Cleef & Arpels, bague, 1969, perle fine, diamants, platine.
Van Cleef & Arpels, ring, 1969, natural pearl, diamonds, platinum.
Londres, Symbolic & Chase.

↑ Pierre Le Tan, *Quelques perles pour le soir*, 1983.
Pierre Le Tan, *A Few Pearls for the Evening*, 1983.

Only thirty-three boats left Kuwaiti shores for the pearl-fishing season in 1948. At the point when Sheikh Abdullah al-Salim al-Sabah arrived in power in 1950, the pearl trade was contributing a mere 50,000 pounds to the local economy and employing only 1,600 men across fewer than eighty boats. By way of comparison, the revenue generated at that time by oil amounted to 12 million pounds. Still, Hilal bin Fajhan al-Mutairi's grandson continued as director of the country's Chamber of Commerce.[228]

The Rosenthal brothers then each established a new company and acquired stakes in property companies. When Léonard had developed a thriving business in New York, the BNC sought to implement the "clawback" clause; after lengthy negotiations, it proposed that 80,000 shares in the Société Foncière des Champs-Élysées be surrendered.[229] In 1948, the associates proceeded with a definitive buyout of this clause for 4.5 million francs.[230] David Bienenfeld, for his part, secured a debt repurchase for 3.5 million francs in 1946,[231] at which time he was one of the four leading natural pearl importers in the United States.[232]

It was not until the 1950s that Suzanne Worms and François Rambaud joined forces to buy the Robert jeweler's premises at 16 Rue Royale, where the young Louis Ferdinand Destouches – later to be known as Céline – had worked as an apprentice in the early 1910s. Still a key figure in the world of pearls in the 1950s, Worms even conceived an alphabet in the 1960s to differentiate between their hues. It was, however, in the Pacific that the future of the Worms' Maison was to play out, and likewise that of the Rosenthals!

Les frères Rosenthal ont alors chacun constitué une nouvelle société et pris des participations dans des sociétés immobilières. Léonard ayant développé à New York un commerce florissant, la BNC veut faire jouer la clause de « retour à meilleure fortune »; après de longues tractations, il propose la remise de 80 000 actions de la Société foncière des Champs-Élysées[229]. En 1948, les associés procèdent au rachat définitif de cette clause pour 4,5 millions de francs[230]. David Bienenfeld obtient pour sa part le rachat des créances contre 3,5 millions de francs dès 1946[231] et se distingue alors parmi les quatre principaux importateurs de perles naturelles aux États-Unis[232].

Il faut attendre les années 1950 pour que Suzanne Worms et François Rambaud s'unissent et rachètent la joaillerie Robert, 16, rue Royale, où avait travaillé comme apprenti au début des années 1910 le jeune Louis Ferdinand Destouches, futur Céline… Demeurant un opérateur clé pour ce qui concerne les perles dans les années 1950, Worms crée même un alphabet dans les années 1960 afin de pouvoir différencier leurs nuances. C'est toutefois dans le Pacifique que se joue l'avenir de la maison Worms, mais également celui des Rosenthal !

↑ Van Cleef & Arpels, collier *Éclat Mystérieux*, collection Le Grand Tour raconté par Van Cleef & Arpels, 2023, or blanc, or rose, Serti Mystérieux Traditionnel™ émeraudes suiffées, saphirs mauves, perles de culture blanches, diamants.
Collection privée.
Van Cleef & Arpels, *Éclat Mystérieux* necklace, Le Grand Tour raconté par Van Cleef & Arpels collection, 2023, white gold, rose gold, buff-topped Traditional Mystery Set™ emeralds, mauve sapphires, white cultured pearls, diamonds.
Private collection.

↑ Jean Dinh Van pour Pierre Cardin, bague, 1967, perles de culture, or.
Jean Dinh Van for Pierre Cardin, ring, 1967, cultured pearls, gold.
Collection L'École des Arts Joailliers.

→ Collier de perles *La Peregrina*, 1972, perles fines, diamant, rubis, perles de culture.
Collection privée.
La Peregrina pearl pendant necklace, 1972, natural pearl, diamond, rubies, cultured pearls.
Private collection.

Papeete, capitale de la perle de culture ?
Papeete, new center of cultured pearls?

Un effet inattendu de l'attaque de Pearl Harbor, en 1941, est de révéler au public la présence dans le Pacifique de nombreux bancs de perles. Situé dans l'État américain de Hawaï, à l'ouest de Honolulu, le « havre des perles » en français est également connu localement comme « Wai Momi », soit l'« eau à perle », en raison d'une activité perlière dans la baie au moins depuis le XVIII siècle et jusqu'à la fin du XIX siècle.

À l'instar des bancs d'huîtres des Caraïbes et du Mexique à la fin de la Renaissance, ou de ceux du golfe Persique dans les années 1930, la région de Tahiti est à son tour impactée à la fin des années 1950 par la surpêche. Afin d'éviter la disparition des belles perles noires typiques de la zone, Français et Japonais vont joindre leurs forces pour y mettre en place une culture des perles et ainsi préserver la production.

Premiers essais

À partir de 1957, Jean-Marie Domard, vétérinaire du Service des fermes et des pêcheries de Polynésie et responsable des ressources marines dans la région, accompagné d'un expert japonais, Churoku

An unexpected outcome of the Pearl Harbor attack of 1941 was that it made the public aware of the presence of numerous pearl oyster beds in the Pacific. Situated in the U.S. state of Hawaii, west of Honolulu, Pearl Harbor was also known locally as "Wai Momi," meaning "pearl water," because of pearling activities that had taken place in the bay since at least the 18th century and up to the end of the 19th century.

Like the oyster beds of the Caribbean and Mexico at the end of the Renaissance, and those of the Persian Gulf in the 1930s, the region of Tahiti was hit by the effects of overfishing in the late 1950s. To avoid the disappearance of the area's characteristic black pearls, the French and the Japanese joined forces to establish pearl farming there and thus safeguard their production.

Initial trials

Starting in 1957, Jean-Marie Domard, a veterinarian in Polynesia's public authority for farming and fisheries and responsible for overseeing the region's marine resources, together with the Japanese expert Churoku Muroi, who had been specially made available by the director of the Nippol Pearl Company in Tokyo, grafted more than five thousand oysters in the lagoons

← ↑ Fred, parure, vers 1980, or, perles de culture de Tahiti et diamants.
Fred, parure, c. 1980, gold, Tahitian cultured pearls and diamonds.
Collection Patrimoine Fred.

↑ Affiche du film *La Perle noire*, 1953.
Film poster for *The Black Pearl*, 1953.

Muroi, spécialement mis à disposition par le directeur de Nippon Pearl Co. de Tokyo, greffe plus de cinq mille huîtres dans les lagons de l'atoll de Hikueru et de Bora-Bora, îles de la Polynésie française. Trois années plus tard, ils récoltent plus d'un millier de perles d'excellente qualité.

Interviennent alors un marchand de poissons local nommé Koko Chaze, accompagné de Jacques et Hubert Rosenthal, fils de Jean et petits-fils de Léonard, qui décident en 1966 d'installer la toute première ferme perlière privée du Pacifique dans l'atoll de Manihi. Il faut néanmoins attendre 1970 pour que la Société perlière de Manihi produise sa première perle ronde et 1972 pour que soient exportées les premières perles noires de Tahiti. Quatre ans plus tard, la couleur naturelle des perles tahitiennes est officiellement reconnue par le Gemological Institute of America (GIA), et en 1988 c'est au tour de la Confédération internationale de la bijouterie, joaillerie et orfèvrerie (CIBJO) d'homologuer la dénomination « perles de culture de Tahiti de couleurs naturelles ».

Chaque année, les perliculteurs se réunissent à Papeete pour une vente aux enchères de leur production. Si les débuts sont modestes et ne rapportent que l'équivalent de quelques milliers d'euros, deux décennies suffisent à ce que les valeurs d'exportation des perles produites à Tahiti dépassent la centaine de millions d'euros.

Un collier de fermes

Dès les débuts de la perliculture à Tahiti, Worms décide de s'y investir pour finalement bénéficier d'une première récolte en 1978. En 1985, Worms interrompt le commerce de détail au seul profit d'une activité de grossiste et de négoce.

Si l'on compte dans les années 1980 et 1990 plus de soixante-dix fermes perlières dans la région de Manihi, en 1995 on dénombre à Tahiti cinq mille personnes réparties dans six cents fermes organisées en cent coopératives dans cinquante îles et atolls. C'est ainsi, sur l'île de Mangareva, que Robert Wan lance à son tour sa ferme, produisant aujourd'hui plus de 60 % des perles tahitiennes.

Si les exportations demeurent inférieures à la tonne jusqu'en 1992, 11,5 tonnes de perles sont exportées en 2000[233]. Un record. Fragilisée par l'absence de protection juridique type AOC[234], par

of Hikuero Atoll and Bora-Bora, both islands in French Polynesia. Three years later, they harvested more than a thousand pearls of excellent quality.

A local fishmonger named Koko Chaze, accompanied by Jean Rosenthal's son Jacques and Léonard Rosenthal's grandson Hubert Rosenthal, then became involved. In 1966, they decided to set up the Pacific's very first pearl farm, in the atoll of Manihi. However, it was not until 1970 that the Société Perlière de Manihi (Manihi Pearl Society) produced its first round pearl, and 1972 that its first black Tahitian pearls were exported. Four years after that, the natural color of Tahitian pearls was officially recognized by the Gemological Institute of America (GIA), and in 1988 it was the turn of the World Jewellery Confederation to register the nomenclature of "naturally colored Tahitian pearls."

Every year, the pearl farmers would gather in Papeete – the capital of French Polynesia, in Tahiti – to sell their produce at auction. Although their initial takings were modest, amounting to the equivalent of a few thousand euros, within just two decades the export value of pearls produced in Tahiti would exceed a hundred million euros.

A string of farms

Having decided to invest in pearl farming in Tahiti from its beginnings, Worms did not benefit from its first harvest until 1978. In 1985, Worms paused retail trading and continued with a solely wholesale business.

Tasaki, Pradal Gurung, designer, bague, perles fines, or.
Tasaki, Pradal Gurung, designer, ring, natural pearls, gold.
Paris, musée des Arts décoratifs.

Van Cleef & Arpels, clip *Desert Lights*, collection California Rêverie, 2009, or jaune et blanc, perles de culture, onyx, diamants jaunes et blancs.
Van Cleef & Arpels, *Desert Lights* clip, California Rêverie collection, 2009, yellow and white gold, cultured pearls, onyx, yellow and white diamonds.
Collection Van Cleef & Arpels.

↑ Tibet, « La perle fine, Globul et Presto », *Globul l'extraterrestre*, 1957. Tibet, "The natural pearl, Globul and Presto," *Globul l'extraterrestre*, 1957.

← Fred en collaboration avec Jean-Paul Goude, pendentif *Uncle Fred*, collection Les Fredy's, 2009, or, perle de culture, laque. Fred in collaboration with Jean-Paul Goude, *Uncle Fred* pendant, Les Fredy's collection, 2009, gold, cultured pearl, lacquer. **Collection Patrimoine Fred.**

Fred, broche-pendentif *Le Kid*, collection Les Fredy's, 1992, or, émail, perle Mabé, diamants, saphirs, rubis. Fred, *Kid* brooch-pendant, Les Fredy's collection, gold, enamel, Mabé pearl, diamonds, sapphires, rubies. **Collection Patrimoine Fred.**

Fred, broche *Hibou*, années 1990, or, perle Mabé, diamants, émeraudes. Fred, *Owl* brooch, 1990s, gold, Mabé pearl, diamonds, emeralds. **Collection Hervé Chassaing.**

Fred, broche *Pingouin*, collection Les Fredy's, 1990, or, émail, perle Mabé, diamants, saphirs. Fred, *Auk* brooch, Les Fredy's collection, 1990, gold, enamel, Mabé pearl, diamonds, sapphires. **Collection Patrimoine Fred.**

Fred, broche-pendentif *Le Joueur de football*, collection Les Fredy's, 1994, or, émail, perle Mabé. Fred, *Soccer Player* brooch-pendant, Les Fredy's collection, 1994, gold, enamel, Mabé pearl. **Collection Patrimoine Fred.**

Fred, broche-pendentif *La Patineuse*, collection Les Fredy's, 1995, or, perle Mabé, diamants. Fred, *Ice-skater* brooch-pendant, Les Fredy's collection, 1995, gold, Mabé pearl, diamonds. **Collection Patrimoine Fred.**

Fred, broche-pendentif *L'Amoureux*, collection Les Fredy's, 1989, or, perle Mabé, rubis, saphir, émeraude, citrine, améthyste, diamants. Fred, *The Lover* brooch-pendant, Les Fredy's collection, 1989, gold, Mabé pearl, rubies, sapphire, emerald, citrine, amethyst, diamonds. **Collection Patrimoine Fred.**

Fred, broche-pendentif *Le Peintre*, collection Les Fredy's, 1994, or, émail, perle Mabé, diamants, saphir. **Collection privée.** Fred, *The Painter* brooch-pendant, Les Fredy's collection, 1994, gold, enamel, Mabé pearl, diamonds, sapphire. **Private collection.**

Van Cleef & Arpels, broche *Gladiateur*, 1956, or jaune, émeraudes, rubis, turquoise, perles, perle baroque, diamants.
Van Cleef & Arpels, *Gladiator* brooch, 1956, yellow gold, emeralds, rubies, turquoise, pearls, baroque pearl, diamonds.
Collection Van Cleef & Arpels.

Van Cleef & Arpels, broche *Canard pêcheur*, 1960, platine, or jaune, perle baroque, rubis, diamants.
Van Cleef & Arpels, *Fishing duck* brooch, 1960, platinum, yellow gold, baroque pearl, rubies, diamonds.
Collection Van Cleef & Arpels.

Cartier Paris, broche-pince *Tête de canard*, 1953, perle blister, émeraudes, saphir, diamant, corail, or, platine.
Cartier Paris, *Duck's head* clip brooch, 1953, blister pearl, emeralds, sapphire, diamond, coral, gold, platinum.
Collection Cartier.

la fréquence rapprochée des cyclones ainsi que par la montée et le réchauffement des eaux, la pérennité de la culture de la perle à Tahiti demeure incertaine. Surtout, l'emballement de la production est accompagné d'une très forte baisse des valeurs, avec un prix au gramme presque divisé par dix entre 1990 et 2003. Le cours de la perle de Tahiti s'effondre.

Trois ans plus tard, 6,4 tonnes de perles sont exportées pour une valeur de 78 millions d'euros. On compte ainsi en 2006 vingt-six atolls et quatre îles hautes dotées d'une activité perlicole parmi les cent dix-huit îles de la Polynésie française[235]. La même année, Jérôme Teragi Rambaud reprend la direction de l'entreprise Rambaud, installée 8, rue La Fayette, mais désormais spécialisée dans les perles de culture ; il travaille à partir de 2016 au développement de la marque de joaillerie Worms Paris.

Quant à la Société perlière de Manihi, elle est toujours détenue par un Rosenthal. Si de rares fermes ont survécu, l'activité perlière, rassemblée en huit cents exploitations perlicoles, continuait néanmoins de faire vivre plus de cinq mille personnes dans plus de cinquante îles en 2008[236].

While more than seventy pearl farms are recorded in the Manihi region in the 1980s and 1990s, in Tahiti in 1995 there were five thousand people across six hundred farms organized into a hundred cooperatives on fifty islands and atolls. It was thus on the island of Mangareva that Robert Wan established his farm, which today produces over 60% of Tahitian pearls.

Pearl exports remained below one tonne until 1992, but this figure rose to 11.5 tonnes in 2000.[233] A record. Weakened by the lack of legislation regarding protected designation of origin for these pearls,[234] the ever greater frequency of cyclones, the rising sea level and the increase in sea temperatures, it remained unclear whether pearl farming in Tahiti would endure. Above all, the boom in production went hand in hand with a massive fall in value, with the price per gram in 2003 reduced to little over a tenth of what it was in 1990. The share price of Tahitian pearls had collapsed.

Three years later, in 2006, 6.4 tonnes of pearls were exported for a value of 78 million euros. At that time, out of French Polynesia's total of 118 islands, twenty-six atolls and four high islands had pearl farms.[235] In the same year, Jérôme Teragi Rambaud took on the directorship of the Rambaud company, headquartered at 8 Rue La Fayette but by then specializing in cultured pearls; and from 2016 he began developing the Worms Paris jewelry brand.

As for the Société Perlière de Manihi, it is still owned by a Rosenthal. As of 2008, while only a few farms had survived, the pearling industry there – constituted by eight hundred farming operations – still provided a livelihood for more than five thousand people on more than a hundred islands.[236]

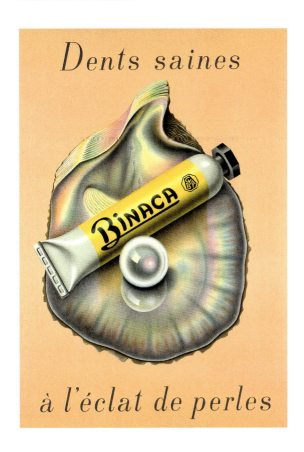

Publicité Mercedes-Benz, « Fine comme une perle », 1951.
Mercedes-Benz advertisement, "Precious like a pearl," 1951.

Niklaus Stoecklin, publicité Binaca, « Dents saines à l'éclat de perles », 1945.
Niklaus Stoecklin, Binaca advertisement, "Healthy Pearl-White Teeth," 1945.

La perle fine au XXIᵉ siècle, un retour en grâce ?
Natural pearls in the 21st century: back in favor?

À l'initiative d'Ali bin Abdullah al-Owais (1925-2000), marchand de perles originaire de Chardja, très réputé en son temps et ayant collectionné les perles sa vie durant, un musée des Perles a ouvert ses portes à Dubai en 2003. Celui-ci est hébergé au sein des locaux historiques de la banque Emirates NBD (National Bank of Dubai), qu'il a contribué à fonder en 1963 en partenariat avec le cheikh Rashid bin Saeed Al Maktoum. Ali bin Abdullah ayant disparu avant de voir son rêve accompli, c'est son fils, Sultan Ali al-Owais, qui a porté ce projet à son terme.

Un patrimoine immatériel ?

Le centre historique Al Fahidi (Al Bastakiya) conserve par ailleurs les traces du passé prestigieux et des activités culturelles de Dubai. Ce quartier, créé dans un bras de mer à la fin du XIXᵉ siècle par les marchands de perles qui venaient de Bastak, en Iran, a conservé de nombreux éléments architecturaux anciens, comme les tours à vent, un ingénieux système qui permet une circulation naturelle de l'air et donc un rafraîchissement des habitations.

On parle même aujourd'hui de « patrimoine perlier » pour désigner le patrimoine culturel lié à la perle sur l'île de Barheïn, qui continue d'interdire formellement l'importation des perles de culture sur son territoire. Depuis 2012, le site historique de l'activité de la pêche des perles a été classé au Patrimoine mondial de l'humanité par l'Unesco : le programme « Activité perlière, témoignage d'une économie insulaire » regroupe ainsi dix-sept bâtiments de la ville de Muharraq (résidences de riches négociants, magasins et entrepôts, mosquée), trois bancs d'huîtres en mer et la forteresse de Qal'at Bu Mahir, à la pointe sud de l'île, d'où partaient traditionnellement les bateaux pour la pêche des huîtres.

À Chardja, notons enfin la réouverture, en avril 2018, de la maison du marchand de perles Obaid bin Eissa bin Ali Al Shamsi, surnommé « Al-Naboodah », construite en 1845. Dédiée depuis 1995 à un musée sur l'importance de la perle, la bâtisse a conservé ses spécificités architecturales comme les murs en briques taillées dans des blocs de coraux ou les colonnes en teck.

Certes largement dépassés par l'activité liée à l'industrie pétrolifère, la pêche et le commerce des perles naturelles tendent donc

JAR, clip *Tête de mouton*, 2006, perles fines, saphirs étoilés cabochon, aluminium, argent, or. Collection privée.
JAR, *Sheep's head* brooch, 2006, natural pearls, cabochon star sapphires, aluminum, silver, gold. Private collection.

On the initiative of Ali bin Abdullah al-Owais (1925–2000), a pearl merchant from Sharjah who was renowned in his time and collected pearls throughout his life, a Pearl Museum opened its doors in Dubai in 2003. It is housed in the historic premises of the National Bank of Dubai (NBD), which he was involved in founding in 1963 in partnership with Sheikh Rashid bin Saeed al-Maktoum. When Ali bin Abdullah died before his dream had been fully realized, his son, Sultan Ali al-Owais, brought the project through to completion.

An intangible heritage?

The historical neighborhood of Al Fahidi (Al Bastakiya) preserves the traces of Dubai's glorious past and cultural activities. Built in a sea inlet in the late 19th century by pearl merchants from Bastak in Iran, it retains numerous old architectural elements, such as wind towers, an ingenious system that enables natural air circulation and therefore cooling of building interiors.

These days, the term "pearl heritage" is even used specifically to designate the pearl-related cultural heritage on the island of Bahrain, where the importing of cultivated pearls remains forbidden to this day. The historical locus of pearl fishing has been classified by UNESCO as a World Heritage Site since 2012: the "Pearling, testimony of an island economy" listing thus encompasses the seventeen buildings of Muharraq City (residences of wealthy merchants, shops, storehouses and a mosque), three offshore oyster beds and the Qal'at Bu Mahir fortress, the southernmost point of the island, from which the pearling boats would traditionally set sail.

In Sharjah, meanwhile, the house of the pearl merchant Obaid bin Eissa bin Ali al-Shamsi, known as "Al Naboodah," deserves to be mentioned. Built in 1845, it has served since 1995 as a museum on the importance of pearls. The building retains original architectural features, such as walls of bricks carved from blocks of coral, and teak columns.

Pearl fishing and the trade in natural pearls may have been far overtaken by activities related to the oil industry, but they have recently been regaining respect in the Gulf nations. Along with a proliferation of local initiatives to find ways of reviving these age-old practices, there has also been an increase in dialogue with France, this time on a cultural level.

Contemporary pearls

Various contemporary artistic collaborations between France and the Gulf inspired by pearls emerged in the early 21st century. The exhibition *Pearl Merchants*, held at L'ÉCOLE, School of Jewelry Arts in Dubai in 2019, was informed by accounts of numerous instances of dialogue old and new, and revealed the extent to which pearls from the Gulf have continued to inspire contemporary artists and designers in both East and West.

Next there was the multidisciplinary project *Nahma: a Gulf Polyphony*, a 2021 initiative of the cultural

aujourd'hui à reprendre leurs lettres de noblesse dans les pays du Golfe. Tandis que les initiatives locales se multiplient afin de faire revivre cette pratique ancestrale par différents moyens, de plus en plus d'échanges, culturels cette fois, se poursuivent avec la France.

Perles contemporaines

Différentes interactions artistiques contemporaines inspirées par la perle ont en effet émergé au début du XXIᵉ siècle entre la France et le Golfe. Nourrie de témoignages attestant de nombreux échanges anciens comme récents, l'exposition *Pearl Merchants*, organisée par L'École des Arts Joailliers à Dubai en 2019, a permis de révéler dans quelle mesure les perles issues du Golfe continuent d'inspirer les créateurs occidentaux comme orientaux contemporains.

De même, le projet pluridisciplinaire *Nahma: a Gulf Polyphony*, né en 2021 à l'initiative du collectif FLEE, a ensuite été l'occasion, pour ses commissaires Alan Marzo, Olivier Duport et Carl Åhnebrink, de s'intéresser à la musique et aux chants des pêcheurs de perles du golfe Arabo-Persique en s'appuyant sur des enregistrements d'archives inédits et en les retraitant à travers un prisme latéral contemporain.

Se distingue ainsi le travail d'artistes tels que Christine Rebet, avec *Otolithe* (2021), film d'animation inspiré du *fijiri*, ce chant traditionnel du Golfe, ou celui du compositeur bahreïni Hasan Hujairi, qui avec *Fijiri Failure Machine* (2021) propose une incarnation visuelle d'un algorithme permettant de capter de manière imparfaite les rythmes si complexes employés dans ces mêmes chants. *Globules of Mutated Dissonance* (2021) consiste en une présentation de perles créées par l'artiste koweïtien Monira al-Qadiri, perles gravées pour figurer des têtes de forage et ainsi symboliser le brutal remplacement de l'industrie perlière par celle du pétrole. Enfin, Talin Hazbar révèle dans l'installation *Leaking Pearls* (2021) un « lit de perles » en cire naturelle immergé pendant près de deux ans dans la ferme perlière « Suwaidi ».

Christine Rebet, *Otolithe*, 2021, animation filmée en HD, son.
Christine Rebet, *Otolith*, 2021, HD animation, sound.
Lyon, musée d'Art contemporain.

Manon van Kouswijk, collier, 1995, perles, glycérine.
Manon van Kouswijk, necklace, 1995, pearls, glycerin.
Paris, musée des Arts décoratifs.

platform FLEE, for which its curators Alan Marzo, Olivier Duport and Carl Åhnebrink explored the music and songs of the Gulf pearl fishers, drawing on previously undisclosed archive recordings and reworking them through a broad contemporary lens.

Among the artists who stood out were Christine Rebet, whose *Otolithe* (2021) is an animated film inspired by the *fijiri*, a traditional Gulf song; and the Bahraini composer Hasan Hujairi, whose *Fijiri Failure Machine* (2021) offers a visual incarnation of an algorithm that allows the complex rhythms employed in those same songs to be captured, albeit imperfectly. *Globules of Mutated Dissonance* (2021) consisted of a display of pearls made by the Kuwaiti artist Monira al-Qadiri, carved into the shapes of drill bits to symbolize the brutal replacement of the pearl industry with the oil industry. Finally, in the installation *Leaking Pearls* (2021), Talin Hazbar revealed a "bed of pearls" made of natural wax immersed for almost two years at the Suwaidi pearl farm.

On that note, it was in 2004 that Abdulla Rashed Al Suwaidi – the grandson of a pearl fisher named Mohammed bin Abdulla al-Suwaidi – inaugurated the Gulf's first cultured pearl farm, at Al Rams in the emirate of Ras Al Khaimah, north of Dubai and Sharjah. At the time of writing, this contained almost 45,000 *Pinctada radiata*, the same species of oysters that used to be fished in the Gulf for its natural pearls.

Just as some Indian families of pearl merchants and jewelers still remain in Dubai, other Gulf families have succeeded in continuing their jewelry businesses. Pearls naturally occupy a special place in their designs. They are a material without parallel, and still exert their charm on contemporary jewelers, both Parisian and in the Gulf, who reserve them for their most prestigious creations.

Since the fishing zones are now highly protected and monitored, only the tiniest quantity of "new" natural pearls now enters the market. Family collections and pearls taken out of antique jewelry settings keep a small market afloat for aesthetes. Some pearl lovers are still prepared to spend considerable sums to treat themselves to a small part of the great history of pearls.

In the long list of Rosenthal family heirs, two gem merchants feature among Léonard's grandchildren.

Antonio Seijo, boucles d'oreilles, 2023, perles fines, diamants jaunes, saphirs, titane, or.
Antonio Seijo, earrings, 2023, natural pearls, yellow diamonds, sapphires, titanium, gold.
Antonio Seijo.

C'est en effet en tant que petit-fils d'un pêcheur de perles nommé Mohammed bin Abdulla al-Suwaidi qu'Abdullah Rachid al-Suwaidi a inauguré en 2004 la première ferme de perles de culture du Golfe, à Al Rams, dans l'émirat de Ras al-Khaimah, au nord de Dubai et de Chardja. Celle-ci contient à ce jour près de quarante cinq mille *Pinctada radiata*, cette même variété d'huîtres autrefois pêchée dans le Golfe pour ses perles fines.

De même que certaines familles indiennes de marchands de perles fines et de joailliers sont toujours présentes à Dubai, d'autres familles khalijiennes ont par ailleurs réussi à maintenir une activité dans le domaine de la joaillerie. La perle fine occupe évidemment une place particulière au sein de leurs créations. Matière inégalée, elle continue en effet de séduire les joailliers contemporains, qu'ils soient parisiens ou khalijiens, qui la réservent aujourd'hui à leurs créations d'exception.

Les zones de pêche étant désormais très protégées et contrôlées, seule une infime quantité de « nouvelles » perles fines vient alimenter le marché. Les collections familiales et les perles desserties de bijoux anciens maintiennent un petit marché pour les esthètes. Certains amateurs sont toujours prêts à débourser des sommes considérables pour s'offrir une part de la grande histoire des perles.

Dans la longue liste des héritiers de la famille Rosenthal, deux négociants en gemmes figurent parmi les petits-fils de Léonard. Outre sa fille Rachel, disparue en 2015 au terme d'une éclatante carrière artistique en Californie,[237] la petite-fille de Victor, Nicole Landau, née en 1931, est l'auteur d'un beau roman biographique intitulé *La Perle de Blanca*, paru en 2004. Son fils travaille toujours dans le négoce des gemmes : spécialisé dans les pierres de couleur, il continue de fournir les plus belles maisons de la place Vendôme.

Si l'histoire de la perle parisienne demande aujourd'hui un travail de mémoire, la perle en tant que gemme n'a jamais été oubliée. Elle continue, infatigable, d'aller pour mieux revenir, au gré des diverses modes féminines comme masculines, tantôt minimales, exubérantes, classiques ou modernes, consensuelles ou provocantes. Si difficile soit-il d'imaginer l'avenir que l'homme réserve à la perle, qu'elle soit fine ou de culture, ronde ou baroque, blanche ou noire, américaine, arabe, australienne, chinoise, japonaise, philippine ou française, elle n'est pas près de disparaître : de même que Paris sera toujours Paris, la perle sera toujours la perle.

Besides his daughter Rachel, who died in 2015 following a dazzling artistic career in California,[237] Victor's granddaughter Nicole Landau, born in 1931, is the author of a wonderful biographical novel entitled *La Perle de Blanca* (*Blanca's Pearl*), published in 2004. Her son still works in the gem trade: specializing in colored gemstones, he continues to supply the finest houses in Paris's Place Vendôme.

Although efforts need to be made to keep the memory of Paris's pearl history alive, pearls themselves have never been forgotten. They steadfastly withstand the ebb and flow of fashions – women's and men's, minimalist or exuberant, classical or modern, polite or provocative. We may not know what humanity has in store for pearls – natural or cultured, round or baroque, white or black, American, Arab, Australian, Chinese, Japanese, Philippine or French – but we can be sure that they are here to stay: just as Paris will always be Paris, pearls will always be pearls.

↗ Van Cleef & Arpels, collier *Cadeau Impérial*, collection Bals de Légende, 2011, or blanc, or rose, Serti Mystérieux Traditionnel™ rubis, rubis, perles fines blanches, diamants.
Collection privée.
Van Cleef & Arpels, *Cadeau Impérial* necklace, Bals de Légende collection, 2011, white gold, rose gold, Traditional Mystery Set™ rubies, rubies, white natural pearls, diamonds.
Private collection.

→ Theodoros, broche, 2023, perles fines, diamants, or blanc.
Collection privée.
Theodoros, brooch, 2023, natural pearls, diamonds, white gold.
Private collection.

Notes

1. Paul Lévi et Jean-Paul Poirot, « Perles fines d'hier et d'aujourd'hui », dans François Doumenge et Anne Toulemont, *Nacres et perles*, Monaco, Musée océanographique, *Bulletin de l'Institut océanographique*, n° 8, 1992, p. 109-115.
2. Jean Taburiaux, *La Perle et ses secrets*, Paris, s. n., 1983, p. 71.
3. Sarah Shannon, « The Long Fall and Curious Rise of the Pearl Industry », *Financial Times*, 1ᵉʳ juin 2017.
4. Pour des raisons de simplification, nous entendrons par le mot « Golfe » ce que la politique et la géographie appellent selon les influences « golfe Persique », « golfe Arabique » et « golfe Arabo-Persique ».
5. Léonard Rosenthal, *Au royaume de la perle*, Paris, Payot & Cie, 1919.
6. Albert Londres, *Pêcheurs de perles*, Paris, Albin Michel, 1931.
7. Raymond de Kremer, « La joaillerie à Gand », *Gent XXᵉ eeuw / Gand XXᵉ siècle*, n° 5, 31 mai 1913.
8. Outre le féroce « Combat d'un Noir et d'un requin », le capitaine Félix Sicard décrit par le menu les assauts subis par son équipage de « la pieuvre gigantesque de Khor Gazireh » dans *La Petite République française*, supplément du dimanche, nᵒˢ 63-64, dimanches 15 et 22 juin 1879.
9. Robert A. Carter, *Sea of Pearls: Seven Thousand Years of the Industry That Shaped the Gulf*, Londres, Arabian Publishing Ltd., 2012, p. 165-175.
10. Guillemette Crouzet, *Genèses du Moyen-Orient. Le Golfe Persique à l'âge des impérialismes (vers 1800-vers 1914)*, Paris, Champ Vallon, « Époques », Paris, 2015, p. 388-391. Il faut ajouter, du même auteur, « "A Golden Harvest" : exploitation et mondialisation des perles du golfe Arabo-Persique (vers 1880-vers 1910) », *Revue historique*, n° 658, avril 2011, p. 327-356, où l'on trouve quelques commentaires intéressants sur le sujet.
11. Saif Marzooq al-Shamlan, *Pearling in the Arabian Gulf: a Kuwaiti Memoir*, Londres, Arabian Publishing Ltd., 2001.
12. Guillaume Glorieux et Olivier Segura (dir.), Léonard Pouy (cat.), *Marchands de perles. Redécouverte d'une saga commerciale entre le Golfe et la France à l'aube du XXᵉ siècle*, Dubai et Paris, L'École des Arts Joailliers, mars 2019.
13. Olivier Duport, Alan Marzo et Carl Åhnebrink, *Nahma: a Gulf Polyphony* (FLEE003), novembre 2021, édition bilingue (anglais/arabe), double vinyle et livre.
14. Leach, 1814. Lire Saad Zakaria Mohammed, « Population Parameters of the Pearl Oyster *Pinctada radiata* (Leach) in Qatari Waters », *Turkish Journal of Zoology*, vol. 27, 2003, p. 339-343 ; M. Rajaei, H. Farahmand, H. Poorbagher, M. S. Mortazavi et A. Farhadi, « Sympatric Morphological and Genetic Differentiation of the Pearl Oyster *Pinctada radiata* (Bivalvia: Pterioida) in the Northern Persian Gulf », *Journal of the Marine Biological Association of the United Kingdom*, vol. 95, essai 3, 2015, p. 537-543.
15. Linnaeus, 1758 ; Sudaifee. Lire Ranjbar Mohammad Sharif, Zolgharnien Hossein, Yavari Vahid, Archangi Bita, Salari Mohammad Ali, Arnaud-Haond Sophie, Cunha Regina L., « Rising the Persian Gulf Black-Lip Pearl Oyster to the Species Level: Fragmented Habitat and Chaotic Genetic Patchiness in *Pinctada persica* », *Evolutionary Biology*, 43 (1), 2016, p. 131-143.
16. Traduction du *Lapidaire* de Marbode, 854 dans *Anglo-Norman Lapidaries*, éd. P. Studer et J. Evans, p. 64.
17. Étienne Boileau, *Métiers*, éd. G.-B. Depping, p. 193.
18. *Kalendars and Inventories*, éd. F. C. Palgrave, t. III, p. 139.
19. F° 786 à 788 cité par Gay, Victor, *Glossaire archéologique du Moyen Âge et de la Renaissance*, éd. Henri Stein, 2 vol., Paris, Picard, 1967 : *ajorffe* (terme portugais francisé à joindre aux nombreux noms que l'on donne alors aux perles), « 97 Gros ajorffes dictz baroquos enfillez en 7 filletz pes. ens. 1 onc. 12 grains ».
20. *Inquisitiones*, Portugaliae Monumenta Historica, 1856, p. 99.
21. J. Hubschmied, *Mél. Jud*, s. l., 1943, p. 252.
22. Rabelais, *Gargantua*, éd. R. Calder, M. A. Screech et V. L. Saulnier, 1534, chap. 31, p. 200 : « passons avec les dames nostre vie à empiller des perles, ou à filer comme Sardanapalus ! »
23. Doc. du Dauphiné dans Du Cange, Charles, *Glossarium mediae et infimae latinitatis*, éd. Léopold Favre, 5 vol., Graz, Akademische Druck- und Verlagsanstalt. Date du texte : 1678, 1954 [1883-1887]. Voir également l'*Inventaire et vente des biens meubles de Guillaume de Lestrange, archevêque de Rouen, nonce du pape Grégoire XI et ambassadeur du roi Charles V, mort en 1389*, Paris, Picard, 1888, 7 : « un hanap doré couvert, enfonsé de nacle ».
24. Le terme de « nacre » désigne un coquillage en forme de corne à Minorque et sur les côtes de la Catalogne.
25. Publié à titre posthume, l'ouvrage du linguiste et diplomate Jean Nicot (1530-1604), par ailleurs premier introducteur du tabac en France (d'où le nom de « nicotine »), peut être considéré comme le premier dictionnaire de la langue française.
26. António Tenreiro, *Itinerário de António Tenreyro, cavaleyro da ordem do Christo, em que se contem como da Índia veo por terra a estes Reynos de Portugal*, Impresso em Coimbra, em casa de António de Mariz, 1560 ; *Itinerário de António Tenreyro, que da India veyo per terra a este Reyno de Portugal*, Em Coimbra, por João de Barreyra, com dedicatória a D. Sebastião, 1565.
27. Eugène Cormon et Michel Carré, musique de Georges Bizet, *Les Pêcheurs de perles*, Paris, Calmann-Lévy, 1923.
28. Il fallut en effet attendre onze années après la mort de Bizet pour que *Les Pêcheurs* soient présentés en italien à la Scala de Milan, le 20 mars 1886. Après cela, il reçut des mises en scène régulières dans les villes européennes, souvent avec la version italienne du livret. L'opéra est ainsi créé le 22 avril 1887 à Covent Garden à Londres, sous le titre *Leila*.
29. Les productions ont continué à proliférer en Europe et au-delà ; le 25 août 1893, l'opéra est créé aux États-Unis à Philadelphie. Deux ans et demi plus tard, le 11 janvier 1896, les deux premiers actes sont joués au Metropolitan Opera de New York (le « Met »). La première suédoise a lieu au Théâtre royal de Stockholm le 5 novembre 1900. La première mise en scène complète de l'opéra par le Met est organisée vingt ans plus tard, le 13 novembre 1916, lorsqu'une distribution vedette comprenant Enrico Caruso, Frieda Hempel et Giuseppe De Luca en donne trois représentations.
30. Depuis 1950, l'œuvre a été enregistrée de nombreuses reprises, tant dans la version révisée que dans la version originale.
31. Pline l'Ancien, *Histoire naturelle*, vol. 3 : livres VIII-IX, tr. H. Rackham, Cambridge, Presses universitaires d'Harvard, Londres, William Heinemann Ltd., 1967, p. 235.
32. Albert Londres, *Pêcheurs de perles*, *op. cit.*, p. 12.
33. Voir Guillaume Glorieux et Olivier Segura (dir.), Léonard Pouy (cat.), *Marchands de perles*, *op. cit.* Pour une histoire générale de la pêche des perles dans le Golfe, lire également Robert A. Carter, *Sea of Pearls*, *op. cit.*
34. Sur ce sujet, lire Stephanie Jones, « British India Steamers and the Trade of the Persian Gulf, 1862–1914 », *The Great Circle*, vol. 7, n° 1, avril 1985, p. 23-44.
35. Sa principale agence est alors installée à Bassorah, dirigée par M. S. Asfar. Voir « Précis of Correspondence on International Rivalry and British Policy in the Persian Gulf, 1872-1905 », [>12v-13v] (25-27/116), BL:IORPP, IOR/L/PS/20/C247.
36. « Précis of Correspondence on International Rivalry and British Policy in the Persian Gulf, 1872-1905 », [12v] (25-27/116).
37. « Persian Gulf Administration Reports 1883/84-1904/05 », [>120r] (244/602), BL:IORPP, IOR/R/15/1/709.
38. « Agreements with the Trucial Chiefs and Also with the Chiefs of Bahrain », [6v] (16/162), BL:IORPP, IOR/R/15/1/191.
39. Ce dernier lui aurait alors confié avoir été profondément impressionné par la puissance de la France et l'incapacité des Britanniques d'empêcher certains dhows arborant le pavillon français de se livrer au trafic d'esclaves, notamment depuis le port de Sour, à Oman.
40. Briton Cooper Busch, *Britain and the Persian Gulf, 1894-1914*, Berkeley, University of California Press, 1967, p. 53. S'il ne semble pas avoir officiellement versé dans le trafic d'êtres humains, Chapuy se convertit par la suite à celui des armes, avant de mourir le 1ᵉʳ mai 1899. Lire à ce sujet Xavier Beguin-Billecocq, *Les Tribulations du commandant Chapuy dans les principautés arabes du Golfe dans la seconde moitié du XIXᵉ siècle : Oman, Émirats, Qatar, Bahreïn, Koweït*, Paris, éd. X. Beguin-Billecocq, cop. 2008.
41. « Agreements with the Trucial Chiefs and Also with the Chiefs of Bahrain », [>6v] (16/162), BL:IORPP, IOR/R/15/1/191.
42. *Gazetteer of the Persian Gulf*, « Vol. I. Historical. Part IA & IB. J G Lorimer. 1915 », [>738] (881/1782), BL:IORPP, IOR/L/PS/20/C91/1.
43. Lire sur ce sujet Matthew S. Hopper, *Slaves of One Master: Globalization and Slavery in Arabia in the Age of Empire*, New Haven & Londres, Yale University Press, 2015. Voir également Guillemette Crouzet, «*A Matter of Imperial Safety*. Trafic d'armes et contrebande dans le golfe Arabo-Persique : la mondialisation d'un espace à la fin du XIXᵉ siècle », *Enquêtes*, n° 1, mai 2015, p. 1-15.
44. « Précis of Correspondence Regarding Trucial Chiefs, 1854-1905 », [>70] (82/106), BL:IORPP, IOR/L/PS/20/C248D.
45. *Gazetteer of the Persian Gulf*, « Vol. I. Historical. Part IA & IB. J G Lorimer. 1915 », [>739] (882/1782), BL:IORPP, IOR/L/PS/20/C91/1.
46. Dès 1900, en effet, l'écrivain Pierre Loti fait escale à Bouchehr dans son voyage de Mascate à Téhéran.
47. En 1879, il se convertit au judaïsme afin de pouvoir épouser Yasmina El Beze (1859-1915), pour sa part native de Batna, qui lui donne en 1881 une fille nommée Blanche. Naissent ensuite, respectivement en 1884 et 1887, deux garçons nommés Jean et François. Cette même année, Goguyer traduit le *Qatr an-Nadâ* d'Ibn Hishâm (« La pluie de rosée et l'étanchement de la soif »), puis l'année suivante *La alfiyyah*, un ouvrage de grammaire en vers arabes composé au XIIIᵉ siècle par Ibn Malik. Deux autres enfants suivront, nommés Auguste et Rose, respectivement nés en 1889 et 1893, à Tunis cette fois. Parmi ses publications de l'époque peuvent être cités « L'antiesclavagisme anglais en Tunisie », dans *Revue française de l'étranger et des colonies*, XII, n° 106, 15 novembre 1890, p. 590-597 ; « Le servage dans le Sahara tunisien », dans *Revue tunisienne*, n° 2, 1895, p. 308-318 ; et « La mejba (impôt de capitation), d'après le chroniqueur Aboudiaf », p. 471-484.
48. « Précis of Correspondence on International Rivalry and British Policy in the Persian Gulf, 1872-1905 », [14v]

(29/116), BL:IORPP, IOR/L/PS/20/C247.
49. « A notorious anglophobe ». Lire John Gordon Lorimer, *Gazetteer of the Persian Gulf, Omān and Central Arabia*, Government of India, 1915, chap. 1, « General History of the Persian Gulf Region », p. 345.
50. Lire Guillemette Crouzet, « Un "troublesome man" ou un "Lawrence d'Arabie" français ? Antonin Goguyer, aventurier et trafiquant d'armes dans le golfe Persique et en Oman au début du XXᵉ siècle », dans Virginie Chaillou-Atrous, Jean-François Klein et Antoine Resche (dir.), *Les Négociants européens et le monde. Histoire d'une mise en connexion*, Rennes, Presses universitaires de Rennes, 2018, p. 154-156.
51. L'émir est en effet le père du roi Abdelaziz, dit Ibn Séoud (v. 1876-1953), fondateur de l'Arabie saoudite moderne ; Archives de Paris, IXᵉ arrondissement, mariage le 2 mai 1867 de Sigismond Ettinghausen et Claire Rebecca Halphen ; Archives nationales, LH 1260/46, dossier « Georges Henri Halphen ». C'est cette fois dans le souhait de fonder un nouveau réseau bancaire qu'un certain M. Jouannin, secrétaire général du Comité de l'Asie française, se rend à Mascate en août 1903, puis en septembre à Bahreïn, où il se voit opposer un refus du cheikh. Ne parvenant pas à se rendre en Arabie centrale, il aurait quitté Bahreïn pour rejoindre Bagdad via Bassorah. Lire « Précis of Correspondence on International Rivalry and British Policy in the Persian Gulf, 1872-1905 », [14v] (29/116), BL:IORPP, IOR/L/PS/20/C247 ; *Gazetteer of the Persian Gulf*, « Vol I. Historical. Part IA & IB. J G Lorimer. 1915 », [345] (488/1782), BL:IORPP, IOR/L/PS/20/C91/1.
52. Lire Guillemette Crouzet, « "A Golden Harvest" », art. cit., p. 327-356.
53. Sigismond est le frère d'Henri Ettinghausen (1842-1902), négociant en perles lui aussi, et du banquier Maurice « Moïse » Ettinghausen (1839-1899), tous deux également actifs à Paris jusqu'à leur mort.
54. Firme marseillaise alors installée au 54, rue Puvis-de-Chavannes. Joseph Dumas est par ailleurs agent pour la maison de commerce Volkart Frères (fondée en 1851 à Winterthour et Bombay par Salomon [1816-1893] et Georg [1825-1861] Volkart) et pour Fuhrmeister, Klose & Co. à Shanghai. Lire File 2830/1914 Pt 2, « Persian Gulf: Pearl Fisheries. Investigation into Alleged Depletion of Pearl Banks. Germans and the Industry. Concessions, etc. », [243r] (498/578), BL:IORPP, IOR/L/PS/10/457.
55. « Persian Gulf Administration Reports 1883/84-1904/05 », [272r] (548/602) ; *Gazetteer of the Persian Gulf*, « Vol I. Historical. Part IA & IB. J G Lorimer. 1915 », [345] (488/1782) ; « Part II. J G Lorimer. 1915 », [2248] (765/1262).
56. « Persian Gulf Administration Reports 1883/84-1904/05 », [272r] (548/602), BL:IORPP, IOR/R/15/1/709 ; *Gazetteer of the Persian Gulf*, « Vol I. Historical. Part IA & IB. J G Lorimer. 1915 », [345] (488/1782), BL:IORPP, IOR/L/PS/20/C91/1 ; « Part II. J G Lorimer. 1915 », [2248] (765/1262), BL:IORPP, IOR/L/PS/20/C91/2 ; « Précis of Correspondence on International Rivalry and British Policy in the Persian Gulf, 1872-1905 », [55r] (110/116), BL:IORPP, IOR/L/PS/20/C247.
57. File 1508/1905 Pt 1, « Bahrain: Situation; Disturbances (1904-1905); Sheikh Ali's Surrender; Question of Administration Reforms (Customs, etc.) », [136r] (277/531), BL:IORPP, IOR/L/PS/10/81.
58. Reginald Fleming Johnston, *From Peking to Mandalay: A Journey from North China to Burma Through Tibetan Ssuch'uan and Yunnan*, Londres, 1908, p. 247-248.
59. *Administration Report on the Persian Gulf Political Residency for 1905-1906*, Calcutta, Office of the Superintendent of Government Printing, Inde, 1907, p. 84 ; « Administration Reports 1905-1910 », [51r] (106/616) ; [51v] (107/616), BL:IORPP, IOR/R/15/1/710. Lire Henri Vever, *La Bijouterie française au XIXᵉ siècle (1800-1900)*, t. III : *La IIIᵉ République*, Paris, H. Fleury, 1906, p. 401.
60. Peut-être est-il lié à la célèbre dynastie de joailliers parisiens, et notamment à Gustave Roger Sandoz (1867-1943), qui a quitté en 1895 le Palais-Royal pour s'installer au 10 de la rue Royale. Disparu en 1904, un certain Henri Sandoz ouvre une boutique au 24, avenue de l'Opéra, à la tête de laquelle son fils Maurice lui succède.
61. File 1508/1905 Pt 1, « Bahrain: Situation; Disturbances (1904-1905); Sheikh Ali's Surrender; Question of Administration Reforms (Customs, etc.) », [36r] (76/531), BL:IORPP, IOR/L/PS/10/81.
62. *Administration Report on the Persian Gulf Political Residency for 1905-1906*, Calcutta, Office of the Superintendent of Government Printing, Inde, 1907, p. 85.
63. F. B. Prideaux, « Report on the Trade of the Bahrein [sic] Islands for the Year 1905 », dans *Report on the Trade of Oman, Bahrein* [sic]*, and Arab Ports in the Persian Gulf: Trade Reports for Bahrain for the Financial Years of 1904-1905*, nº 273, Bahreïn, 25 mai 1906. Lire également John Gordon Lorimer, « Appendix C: the Pearl and Mother-of-Pearl Fisheries of the Persian Gulf », dans *Gazetteer of the Persian Gulf, Omān and Central Arabia, op. cit.*, vol. 1, partie 2 (Historical), p. 2251.
64. Thiers est par ailleurs amant de sa mère, nommée Eurydice, dite « Sophie ». Il ira même jusqu'à s'enticher également de la seconde fille de la famille, Félicie, au point de ce que la presse parlera bientôt des « trois moitiés de M. Thiers ». En 1871, Eurydice décède. Adolphe Thiers continue alors sa relation avec les deux sœurs. Lire Laurent Theis, « Les trois moitiés de M. Thiers », dans Patrice Gueniffey (éd.), *Les Couples illustres de l'histoire de France*, Perrin, 2019, p. 251-273.
65. Edmond de Goncourt et Jules de Goncourt, *Journal des Goncourt : mémoires de la vie littéraire*, Bibliothèque-Charpentier, t. VI : 1878-1884, p. 337.
66. Paul Lejeinisel, « Bijouterie et joaillerie », dans C.-L. Huard (éd.), *Le Livre d'or de l'Exposition universelle de 1889*, Paris, L. Boulanger, 1889, p. 267.
67. 1 grain = 0,05 gramme, donc 30 grains = 1,5 g et 90 grains = 4,5 g. Le poids d'un carat, valant environ quatre grains n'a été fixé qu'en 1907.
68. *Revue de la bijouterie, joaillerie, orfèvrerie : publication mensuelle illustrée*, nº 9, janvier 1901, p. 37-38.
69. Lire Hans Nadelhoffer, *Cartier*, Paris, Éditions du Regard, 2007, p. 118-120.
70. Une guinée vaut 21 shillings, soit 5 dollars de l'époque.
71. « Un cadeau de Napoléon », *La Lanterne*, 30 mai 1904.
72. *Catalogue des très importants bijoux, colliers [...], provenant de la collection de M. A. Polovtsoff*, Paris, chez Georges Petit, 2 décembre 1909, p. 7-8.
73. Voir Robert A. Carter, *Sea of Pearls, op. cit.*, p. 169.
74. Hans Nadelhoffer, *Cartier, op. cit.*, p. 120.
75. *Moyen-Orient. Catalogue des perles, pierreries, bijoux et objets d'art précieux, le tout ayant appartenu à S. M. le Sultan Abd-ul-Hamid II, dont la vente aura lieu à Paris, 1º Galerie Georges Petit*, les lundi 27, mardi 28 et mercredi 29 novembre 1911, 2º Hôtel Drouot du lundi 4 au lundi 11 décembre 1911, Commissaire-priseur Me F. Lair-Dubreuil – expert M. Robert Linzeler, Paris, 1911. Préface de Jean Richepin.
76. *Le Gaulois : littéraire et politique*, édition du 29 mars 1912, p. 3.
77. *Revue de la bijouterie, joaillerie, orfèvrerie : publication mensuelle illustrée*, nº 20, décembre 1901, p. 296-297.
78. *Ibid.*
79. Léonard Rosenthal, *Au royaume de la perle, op. cit.* ; *Au jardin des gemmes*, Paris, Payot & Cie, 1925, ill. Léon Carré ; *Faisons fortune*, Paris, Payot & Cie, 1924 ; *L'Esprit des affaires. Réflexions d'un commerçant*, Paris, Payot & Cie, 1925 ; *Quand le bâtiment va*, Paris, Payot & Cie, 1928 ; *Mémoires d'un chercheur de perles*, Paris, Éditions des Deux-Rives, 1949.
80. Max Rivière, « Collier de perles ou automobile ? », *Femina*, nº 140, 15 novembre 1906.
81. Lire la thèse de Guillemette Crouzet, *Genèses du Moyen-Orient, op. cit.*, p. 388-391.
82. *Administration Report on the Persian Gulf Political Residency for 1905-1906*, Calcutta, Office of the Superintendent of Government Printing, Inde, 1907, [91v] (187/616).
83. Léonard Rosenthal, *Mémoires d'un chercheur de perles, op. cit.*
84. *Administration Report of the Persian Gulf Political Residency and the Maskat Political Agency for 1907-1908*, Calcutta, Superintendent Government Printing, Inde, 1909, [147v] (299/616).
85. Léonard Rosenthal, *Mémoires d'un chercheur de perles, op. cit.*
86. *Administration Report of the Persian Gulf Political Residency and the Maskat Political Agency for April-December 1908*, Calcutta, Superintendent Government Printing, Inde, 1909, [203r] (410/616).
87. « Persian Gulf. Bahrein [sic]: Trade Reports 1928 », Coll 30/6 [228r] (456/476), British Library, India Office Records and Private Papers, IOR/L/PS/12/3716, p. 3.
88. *Administration Report of the Persian Gulf Political Residency for the Year Ending 31st December 1909*, Calcutta, Superintendent Government Printing, Inde, 1911, [244r] (492/616).
89. Pour plus d'anecdotes familiales, lire Nicole Landau, *La Perle de Blanca*, Paris, L'Arpenteur, 2004.
90. *The Persian Gulf Trade Reports, 1905-1940*, vol. 3, 1910-1911, Cambridge, Archive Editions, 1987, p. 3.
91. File 2830/1914 Pt 2, « Persian Gulf: Pearl Fisheries. Investigation into Alleged Depletion of Pearl Banks. Germans and the Industry. Concessions, etc. », (fᵒˢ 106-149), [144r] (296/578).
92. « File A/5 Pearl Fisheries of Persian Gulf », [20r] (39/62).
93. « File B/3 Sponge and Pearl Concessions », [9r] (17/62), 23 juillet 1911.
94. *Ibid.*, fᵒˢ 10-11.
95. *Ibid.*, fᵒˢ 15 et 21.
96. « Persian Gulf précis. (Parts I and II) », [31r] (61/120), Foreign Department of the Government of India, Simla, juillet 1911.
97. « File 9/50 (B 16) The Debai [sic] Incident », [49r] (108/492).
98. John G. Lorimer, *Gazetteer of the Persian Gulf*, Bombay, British Government, 1915, p. 775.
99. « File B/3 Sponge and Pearl Concessions », [144r] (301/492).
100. Robert A. Carter, *Sea of Pearls, op. cit.*, p. 169.
101. C'est toutefois dans cette dernière ville, en avril 1912, que Qassim fera la rencontre du joaillier Jacques Cartier.
102. Lire David Bellos, *Georges Perec: a Life in Words*, Londres, Harvill Press Editions, 1999, p. 18-19.
103. *Administration Report of the Persian Gulf Political Residency for the Year 1910*, Calcutta, Superintendent Government Printing, Inde, 1911, « Administration Reports 1905-1910 », [294v] (593/616).
104. *Administration Report of the Persian Gulf Political Residency for the Year 1911*, Calcutta, Superintendent Government Printing, Inde, 1912, p. 107, [60v] (125/488).
105. Thomas Hungerford Holdich, « Bahrein Islands », *Encyclopædia Britannica*, 1911, vol. 3, p. 212.
106. Maryam Tariq Marzouq Al-Shamlan, *Disentangling the Qatari Identity Discourse: Social Engineering and the Dialectics of Identity Formation*, mémoire de master, University College London, 2021, p. 46.

107. Lettres de Jacques Cartier, Archives Cartier, Paris. Nous remercions les Archives Cartier Paris de nous avoir donné accès à quelques extraits choisis des lettres de Jacques Cartier adressées à ses frères, venant confirmer, corriger ou contextualiser les informations fournies par Hans Nadelhoffer dans son ouvrage publié en 1984.
108. *Ibid.*
109. Lettres de Jacques Cartier, *op. cit.*
110. Aujourd'hui un des gouvernorats d'Oman, Musandam est le plus septentrional des émirats et la véritable porte du Golfe pour les marins.
111. Lettres de Jacques Cartier, *op. cit.*
112. Frégate française ayant fait naufrage en 1816 au large des côtes de l'actuelle Mauritanie ; l'errance sur un radeau de certains membres de son équipage a été représentée par le peintre français Théodore Géricault.
113. Lettres de Jacques Cartier, *op. cit.*
114. *Ibid.*
115. *Ibid.*
116. Lire sur ce sujet Anne Bony (dir.), *Les Années 10*, Paris, Éditions du Regard, 1991.
117. Jérémie Cerman, « Une décennie à reconsidérer dans l'histoire des arts appliqués ? », dans Jérémie Cerman (dir.), *Les Années 1910. Arts décoratifs, mode, design*, Lausanne, Peter Lang, 2021, p. 12-23.
118. André Vera, « Le nouveau style », *L'Art décoratif*, t. XXVII, 5 janvier 1912, p. 21-32.
119. *Francis Jourdain, sans remords ni rancune. Souvenirs épars d'un vieil homme « né en 76 »*, Paris, Corrêa, « Le Chemin de la vie », 1953, p. 272.
120. Rossella Froissart, « "Décorer à peu de frais". La tapisserie dans les années 1910 entre effort collectif et art social », dans Jérémie Cerman (dir.), *Les Années 1910, op. cit.*, p. 12-23.
121. Béatrice Grondin, « La Société des artistes décorateurs : vers l'institutionnalisation des arts décoratifs français modernes », dans Jérémie Cerman (dir.), *Les Années 1910, op. cit.*, p. 27.
122. Bertrand Tillier, « Léon Rosenthal et la "résurrection des foyers" (1915–1917) », dans Jérémie Cerman (dir.), *Les Années 1910, op. cit.*, p. 69.
123. Sung Moon Cho, « Jean Luce et le service de table moderne dans les années 1910 », dans Jérémie Cerman (dir.), *Les Années 1910, op. cit.*, p. 267.
124. Étienne Tornier, « Loin des tranchées : les arts décoratifs français à la "Panama-Pacific International Exhibition" de San Francisco (1915) », dans Jérémie Cerman (dir.), *Les Années 1910, op. cit.*, p. 321.
125. Hélène Leroy, « Paul Iribe, un directeur artistique au tournant des années 1910 », dans Jérémie Cerman (dir.), *Les Années 1910, op. cit.*, p. 245.
126. Sophie Kurkdjian, « La *Gazette du bon ton* de Lucien Vogel et l'Art déco », dans Jérémie Cerman (dir.), *Les Années 1910, op. cit.*, p. 113.
127. « Beau Brummels of the Brush », *Vogue*, 15 juin 1914, p. 35-37, 88.
128. En 1919, Paul Poiret fait installer dans le jardin de l'avenue d'Antin un dôme gonflable en toile de dirigeable nommé L'Oasis, où les huîtres servies contenaient des colliers de perles. Voir « À L'Oasis – ou – La Voûte Pneumatique », *Gazette du bon ton*, n° 7, 1921, pl. 53.
129. Lire Guillaume Glorieux (dir.), *Le Bijou dessiné*, Paris, Norma-L'École des Arts Joailliers, 2021, p. 136-137.
130. *Ibid.*
131. *Administration Report of the Persian Gulf Political Residency for the Year 1913*, Delhi, Superintendent Government Printing, Inde, 1914, p. 123-124, [195r] (394/488).
132. Paul Harrison, *The Arab at Home*, Londres, Hutchinson, 1924.
133. *Administration Report of the Persian Gulf Political Residency for the Year 1914*, Delhi, Superintendent Government Printing, Inde, 1915, p. 57, [233r] (470/488).
134. *Administration Report of the Persian Gulf Political Residency for the Year 1914*, Delhi, Superintendent Government Printing, Inde, 1915, p. 56, [232v] (469/488).
135. Troupe de réserve de classe inférieure de l'armée allemande, sollicitée à titre exceptionnel.
136. *Administration Report of the Persian Gulf Political Residency for the Year 1914*, Delhi, Superintendent Government Printing, Inde, 1915, p. 58, [233v] (471/488).
137. *Weekly Diaries*, [162r] (340/494) ; [164r] (344/494).
138. Échappent à cette règle le platine en bandes, en fils ou en feuilles et les ustensiles de laboratoire.
139. Le décret du 11 mai 1916 interdit également l'importation des diamants taillés et des pierres fines taillées destinées à l'orfèvrerie, à la joaillerie et à la bijouterie. Voir R. Pommereuil, *La Guerre économique, 1914-1917*, Poitiers, P. Oudin, 1917, p. 176.
140. N° 197 ; art. 4 de l'arrêté du 12 mai 1917.
141. Et 150 % pour les diamants taillés ou les pierres fines taillées. La condition de réexportation ne s'applique pas aux diamants et pierres fines importés pour un emploi industriel.
142. Valeurs approximatives calculées à partir d'informations fournies par le Bank of England Information Service.
143. Marie-Laure Derat *et al.*, « L'Éthiopie chrétienne et islamique », dans François-Xavier Fauvelle (dir.), *L'Afrique ancienne. De l'Acacus au Zimbabwe*, Belin, « Mondes anciens », 2018, chap. 9.
144. Wilhelm Herchenbach, *Les Pêcheurs de perles dans la mer Rouge*, traduit de l'allemand par l'abbé Gobat, Paris, A. Taffin-Lefort, 1894.
145. Alfred Bardey, *Barr-Adjam. Souvenirs d'Afrique orientale, 1880-1887*, Éditions du CNRS, Paris, 1981, p. 28.
146. « File B/3 Sponge and Pearl Concessions », [24r] (47/62).
147. « File B/3 Sponge and Pearl Concessions », [23r] (45/62).
148. *Weekly Diaries*, [230r] (476/494).
149. En 1921 naît le fils de Sol Pack, nommé Robert. Six années plus tard, Hélène Lucie décède en mettant au monde Jacqueline (Mawas) Pack. La famille réside alors 3, rue Théodore-de-Banville, dans le XVIIe arrondissement.
150. En 1957, les mêmes perles ont été vendues aux enchères contre 157 000 dollars.
151. « Une perle maquillée », *Le Figaro*, 6 juillet 1918, rubr. « Gazette des Tribunaux, tribunal de police correctionnelle (16e chambre) », p. 3.
152. Ibrahim al-Qusaibi a en effet épousé la veuve de son frère Hasan après sa mort. Lire « File 19/116 VIII (C 34) Bahrain Miscellaneous », [57r] (115/124).
153. « Administration Report of the Persian Gulf Political Residency for the Year 1922 », *Administration Reports 1920-1924*, [120r] (244/412), p. 53.
154. « Annual Report of the Persian Gulf Political Residency for the Year 1923 », *Administration Reports 1920-1924*, [159v] (323/412), p. 70.
155. Cité dans Saif Marzooq al-Shamlan, *Pearling in the Arabian Gulf, op. cit.*, p. 168.
156. *Ibid.*, p. 167.
157. On retrouve des perles sur au moins vingt-huit poinçons de joailliers parmi les insculpations réalisées à partir de 1850.
158. Lire Bienenfeld, « Souvenirs d'enfant », *Bulletin de la Société historique de Suresnes*, Suresnes, Société historique, 1995, p. 24-29.
159. Lire David Bellos, *Georges Perec, op. cit.*, p. 20.
160. N° 38, collier, 171 perles, 20 600 fr. ; n° 37, sautoir 12 perles, 5 350 fr. ; n° 35, collier passementerie perles et brillants, 7 550 fr. ; n° 34, broche feuillage, perle et brillant, 5 950 fr. ; n° 33, broche pendeloque, perle et brillants, 11 500 fr. ; n° 32, paire de boucles d'oreilles perle noire, 14 600 fr. ; n° 31, sautoir 202 perles, 11 550 fr. ; n° 30, broche perles et brillants, 8 200 fr. ; n° 29, broche 10 perles et roses, 13 450 fr. ; n° 28, broche, brillants, émeraudes, rubis, 13 500 fr. ; n° 26, collier lavallière, brillants et perle noire, 9 400 fr. ; n° 27, pendeloque perle grise et brillants, 7 000 fr. ; n° 25, broche-pendeloque perles gris-bleuté, 10 850 fr. ; n° 24, bague, brillants et perles, 9 500 fr. ; n° 23, broche brillants et perles, 12 000 fr. ; n° 22, collier bayadère perles, saphirs, rubis, 15 000 fr. ; n° 21, châtelaine, brillants et perles, 11 100 fr. ; n° 20, broche branche de gui, 14 perles et roses, 23 100 fr. ; n° 19, bayadère, 10 rangs de perles, 16 350 fr. ; n° 18, collier de chien, perles, rubis, brillants, 13 000 fr. ; n° 17, sautoir ruban, brillants, 27 000 fr. ; n° 16, branche de corsage roses et perles, 26 000 fr. ; n° 15, pendant, perle bouton, perle, brillants, 31 000 fr. ; n° 14, parure perles, brillants, 15 500 fr. ; n° 13, collier, 3 rangs de perles, 22 100 fr. ; n° 12, paire pendants d'oreilles perles grises, 20 100 fr. ; n° 11, sautoir 72 perles, brillants, émeraude, 10 600 fr. ; n° 10, pendeloque grosse perle rosée, 22 500 fr. ; n° 9, broche perles, brillants, 14 500 fr. ; n° 8, broche perle bronze, 23 000 fr. ; n° 7, perle poire blanche, 37 500 fr. ; n° 6, broche devant de corsage perles, 70 600 fr. ; n° 5, broche perles et brillants, 53 000 fr. ; n° 4, deux grosses perles, 60 600 fr. ; n° 3, paire de boucles d'oreilles perles, 50 200 fr. ; n° 2, sautoir 190 perles, 101 500 fr. ; n° 1, collier 3 rangs, 171 perles, 533 100 fr.
161. Charles Pérez, « Le complexe éthologique du Spondyle sur les bancs perliers du golfe Persique », *Comptes rendus des séances de la Société de biologie et de ses filiales*, 1920, vol. 83, p. 1027-1029.
162. *Vogue*, 1er janvier 1924, p. 1.
163. Institut de France, archives de la Fondation Dosne-Thiers, dossier de presse coté Ms T 1391.
164. Ce dernier apparaît en tant qu'expert au sein de plusieurs ventes de perles dans les années 1919-1920.
165. Ce dernier avait par ailleurs assisté en mars de la même année à la vente des « importants bijoux » de feu Madame Albert Bloch-Levalois, en tête desquels figurait un exceptionnel collier de perles fines, également composé de trois rangs comprenant en tout cent quatre-vingt-huit perles pour 2 372 grains.
166. C'est à lui que Hans Nadelhoffer dédia son ouvrage consacré à l'histoire de la maison Cartier, son père Paul (Bobros) a commencé sa carrière comme lapidaire à Constantinople avant de s'installer en 1890 à Paris, où il s'est spécialisé dans les pierres de couleur, comme nombre de ses compatriotes arméniens. Proche de Jacques Cartier, Raphaël s'est par la suite installé à New York à l'invitation du grand joaillier Raymond Yard, où il s'est rapproché de Pierre Cartier, le fournisseur longtemps en pierres de couleur.
167. Lucien Pohl, *Les Perles fines de culture du Japon : jugement rendu le 24 mai 1924 par le Tribunal civil de la Seine (3e chambre) dans le procès intenté par M. L. Pohl… contre la Chambre syndicale des négociants en diamants, perles, pierres précieuses et des lapidaires*, Clairmont, Imprimerie Thiron et Cie., 1924, 7 p.
168. Lire à ce sujet Micheline Cariño, « The Cultured Pearl Polemic », *World Aquaculture* 27(1), mars 1996, p. 42-44. Traduit en français dans « Le grand débat : la polémique de la periculture », *L'huître perlière - Bulletin de la CPS*, n° 10, mai 1998, p. 50-52.
169. Lucien Pohl, « L'application des méthodes japonaises à la méléagriniculture et à la margariniculture », *Bulletin de la Société océanographique de France*, 30 juillet 1926 ; *Avantages et inconvénients que peut présenter la culture sous-marine des perles fines dans les colonies françaises*, imp. du Loire, 1927.
170. « Exposition des arts décoratifs », *L'Illustration*, n° 4313, 31 octobre 1925.

171. Archives de la Légion d'honneur, cote 19800035/1393/60894.
172. À sa mort, sa fille Marie-Blanche de Polignac lui succède. De 1950 à 1964, Antonio del Castillo dessine les collections de la maison. Jules-François Crahay prend sa suite jusqu'en 1984. Maryll Lanvin assure ensuite la direction artistique de la maison avant de la céder en 1989. Suivront alors Robert Nelissen, Claude Montana, Éric Bergère, Dominique Morlotti, Ocimar Versolato, Cristina Ortiz et enfin Alber Elbaz.
173. Vente Aguttes, « Collier composé de 22 perles fines en chute alternées de petits diamants de taille ancienne Pb : 41.96 gr – Accompagné d'un certificat du laboratoire de gemmologie no 317912 attestant perles fines, eau de mer. Dim : 7.5 – 12.3 mm environ. Estimation : 50 / 60 000 € ».
174. Il est proposé aux enchères à Neuilly-sur-Seine le 19 octobre 2016.
175. Albert Londres, *Pêcheurs de perles*, *op. cit.*, p. 226.
176. Diplomate et officier de l'armée française actif dans le monde arabe dans l'entre-deux-guerres, Depui est également connu en Arabie saoudite sous le nom de « Chérif Ibrahim » et figure parmi les différents « Lawrence d'Arabie français ».
177. Albert Londres, *Pêcheurs de perles*, *op. cit.*, p. 12.
178. « Administration Report of the Persian Gulf for the Year 1928 », *Administration Reports 1925-1930*, GIPS, 1929, [201v] (407/418), p. 68.
179. « Administration Report of the Persian Gulf for the Year 1928 », *Administration Reports 1925-1930*, GIPS, 1929, [122v] (249/418), p. 54.
180. Al-Naboodah a trois fils, Omran, Abdulaziz et Mohammed, qui l'assistent alors dans ses affaires.
181. Ismaʿīlī, Malik (ʿazīz Allah) [Malek Esmaïli (Azizollah)], *Le Golfe Persique et les îles de Bahreïn*, thèse de doctorat, faculté de droit, université de Paris, F. Loviton, 1936.
182. « Administration Report of the Persian Gulf for the Year 1929 », *Administration Reports 1925-1930*, GIPS, 1930, [158r] (320/418), p. 51.
183. *Ibid.*, p. 228.
184. *Ibid.*, p. 132-135.
185. *Ibid.*, p. 134-135.
186. Lire sur ce sujet Matthew S. Hopper, *Slaves of One Master: Globalization and Slavery in Arabia in the Age of Empire*, New Haven & Londres, Yale University Press, 2015.
187. *Ibid.*, p. 136.
188. « Persian Gulf. Bahrein [sic]: Trade Reports 1928 », Coll 30/6 [228r] (456/476).
189. Saif Marzooq al-Shamlan, *Pearling in the Arabian Gulf, op. cit.*, p. 166.
190. « File [B 29] Arab States Monthly Summaries from 1929 to 1931 », [102r] (208/600).
191. « Persian Gulf, Trucial Coast. Policy of H.M.G. List of Trucial Sheikhs », Coll 30/33 [339v] (678/818).
192. C'est le cas de la montre-bracelet à remontage automatique Rolls. Développée par Hatot en 1929, elle est peut-être la plus importante de ses inventions mécaniques. Précédant le système de rotor de Rolex, la Rolls était particulièrement adaptée aux montres à bracelet étroit populaires à l'époque, mais la dépression de 1929 a ruiné toute chance qu'elle devienne un succès commercial. Après l'octroi d'un brevet complet en 1931, le design a été concédé sous licence à Blancpain pour la production.
193. « File 8/9 Bahrain Government Annual Report » [87r] (178/298).
194. « File [B 29] Arab States Monthly Summaries from 1929 to 1931 » [180r] (364/600).
195. « Administration Reports 1925-1930 », *Administration Report of the Persian Gulf for the Year 1930*, GIPS, 1931, [201v] (407/418), p. 66. « File 16/6 Diary Weekly Kuwait », [351r] (701/766) ; « File [B 29] Arab States Monthly Summaries from 1929 to 1931 », [179r] (362/600).
196. « File [B 29] Arab States Monthly Summaries from 1929 to 1931 », [186r] (376/600) ; « File 16/5 Bahrain Agency: Fortnightly Political Diaries », [45r] (89-91/126).
197. « File 16/6 Diary Weekly Kuwait », [349r] (697/766).
198. « File 16/5 Bahrain Agency: Fortnightly Political Diaries », [50r] (99/126) ; « File 19/176 I (C 39) Bahrain Finances », [152r] (326/654).
199. « Administration Reports 1925-1930 », *Administration Report of the Persian Gulf for the Year 1930*, GIPS, 1931, [197r] (398/418), p. 57.
200. Peu coutumier de la vie parisienne, ce dernier raconte avoir décidé un soir d'entrer dans un square avec un collègue pour y prier ; à peine se sont-ils relevés que des policiers les ont encerclés et emmenés au poste le plus proche pour les interroger. Ils ont cependant été libérés sitôt leur bonne conduite assurée. Lire Saif Marzooq al-Shamlan, *Pearling in the Arabian Gulf, op. cit.*, p. 163.
201. Actif sur le marché de la perle à Bombay et à Bahreïn de 1927 à 1941, Musa'id se rend pour son compte de Paris à Londres, afin de s'y familiariser avec le marché local. Il y est l'invité de Mohamedali Zainal.
202. Saif Marzooq al-Shamlan, *Pearling in the Arabian Gulf, op. cit.*, p. 172.
203. *Ibid.*, p. 173-174.
204. « File [B 29] Arab States Monthly Summaries from 1929 to 1931 », [205r] (414/600) ; « File 16/5 Bahrain Agency: Fortnightly Political Diaries », [57r] (113/126).
205. « Hejaz-Nejd Affairs: Financial Situation and Internal Situation », Coll 6/10 [324r] (654/1310).
206. *Administration Report of the Persian Gulf for the Year 1931*, Simla, Government of India Press, 1932, p. 53, [33r] (65/416).
207. « File 8/9 Annual Report of the Bahrain Government for 1350 A. H. », [26r] (56/206).
208. *Vogue*, septembre 1933, p. 50.
209. Archives nationales du monde du travail, BNC, dossiers d'escompte Paris, 120 AQ 244, 249 et 255. Selon le répertoire numérique établi en 1969 par Isabelle Guérin-Brot, conservateur aux Archives nationales, avec le concours de Martine Garrigues, Françoise Bosman et Gérard Dupuy, complété en 2016 par Gersende Piernas, chargée d'études documentaires sous la direction de Raphaël Baumard, conservateur du patrimoine. Pour la comptabilité et vente des stocks, voir les registres de classement du stock de perles (par colliers, par poids et par natures de perles) et les notes sur le reclassement de ce stock (en vue de sa réalisation sous forme de colliers) de 1945 à 1947 (120 AQ 665). Pour un relevé du stock de perles (par lots détaillés), voir les ventes et mutations de 1936 à 1948 (120 AQ 666 5).
210. La BNC, qui produisit pour 1,2 million de francs, reçut en paiement des marchandises (Dossiers des diamantaires, 120 AQ 669, 4).
211. La BNC produisit pour environ 120 000 francs, mais le concordat obtenu fut résolu, et la faillite prononcée en 1933 (Dossiers des diamantaires, 120 AQ 670, 4, 1927-1954). La BNC produisit également pour environ 700 000 francs à la liquidation amiable de la société Fischof et fils (AM), prononcée le 13 décembre 1932 (Dossiers des diamantaires, 120 AQ 670, 5, 1930-1954).
212. La BNC est de même admise pour 21 millions à sa liquidation amiable (Dossiers des diamantaires, 120 AQ 669, 3, 1930-1959).
213. Dossiers des diamantaires, 120 AQ 674, 1, 1929-1954.
214. Dossiers des diamantaires, 120 AQ 669, 2, 1931-1954.
215. La créance de la BNC s'élevait à 520 000 francs.
216. Dossiers des diamantaires, 120 AQ 671, 4, 1932-1954.
217. La BNC produit pour environ 5,7 millions de francs au passif (Dossiers des diamantaires, 120 AQ 674, 2, 1931-1954).
218. Débiteurs Paris (Secrétariat Paris), 120 AQ 686, 1921-1941, 5.
219. *Idem*, Service financier. Actions de la BNC, 120 AQ 578.
220. *Revue de la France libre*, no 10, juillet-août 1948.
221. Propos de Rachel Rosenthal rapportés par Jeremy Rosenberg, programme « Departures », « Arrival Story: Rachel Rosenthal », KCET, Public Broadcasting Service (PBS), 5 janvier 2012.
222. Archive de la Gestapo française, XXVb-74.
223. Célèbre écrivain français, adepte de l'écriture à contraintes.
224. Alain Guichard, « Les institutions juives cherchent leur place dans la communauté nationale », *Le Monde*, 8 mars 1974.
225. Saif Marzooq al-Shamlan, *Pearling in the Arabian Gulf, op. cit.*, p. 167.
226. Membre fondateur de la *Cultured Pearl Association of America*, il demeure son président jusqu'à sa mort, dans les années 1970.
227. « Persian Gulf – Pearling: Various Enquiries », Coll 30/8 [75r] (151/334).
228. Aux côtés de deux autres marchands de perles rebelles, ce dernier avait un temps quitté le Koweït pour rejoindre Bahreïn sous le règne de Cheikh Moubarak.
229. Mise en difficulté en 1931, cette société emprunta environ 7,2 millions de francs à la BNC et à la Société centrale des banques de province et fut mise en liquidation judiciaire en 1933. Voir 120 AQ 706 1. 1928-1951.
230. Dossiers des diamantaires, 120 AQ 674, 3. Un dossier sur cette société a été constitué par le service des Règlements commerciaux, voir 120 AQ 575.
231. La créance de la BNC s'élevait à 3,3 millions de francs et elle acquit mille sept cent dix actions. Voir Dossiers des diamantaires, 120 AQ 668, 1931-1947 ; 120 AQ 669, Dossiers des co-obligés, 1930-1955.
232. « File 9/2 Pearling », [103r] (205/312), 15 décembre 1947.
233. « Le suivi de l'état de santé des récifs coralliens de Polynésie française et leur récente évolution », *Revue d'écologie (La Terre et la Vie)*, t. LXIII, no 1-2, 2008 ; « Les récifs coralliens de l'outre-mer français : suivi et état des lieux », p. 145-177, p. 149.
234. TA Papeete, 28 mars 2000, Syndicat des négociants en perles c/ Territoire de la Polynésie française, req. nos 99-125 et 99-375. Cité par Gindre, Emmanuelle ; « Les limites de la protection pénale de l'environnement polynésien », *Revue juridique de l'environnement*, vol. 36, no 2, 2011, p. 227-247.
235. *Ibid.*, p. 155.
236. *Ibid.*
237. Mylène Ferrand, « Rachel Rosenthal, une artiste écoféministe de la performance », Itinéraires [en ligne], 2021-1 | 2022, mis en ligne le 7 avril 2022, consulté le 18 mars 2024.

1. Paul Lévi and Jean-Paul Poirot, "Perles fines d'hier et d'aujourd'hui," in François Doumenge and Anne Toulemont, *Nacres et perles*, Monaco: Musée Océanographique, *Bulletin de l'Institut océanographique*, no. 8, 1992, pp. 109–115.
2. Jean Taburiaux, *La Perle et ses secrets*, Paris: n.p., 1983, p. 71.
3. Sarah Shannon, "The Long Fall and Curious Rise of the Pearl Industry," *Financial Times*, 1 June 2017.
4. For the purposes of simplicity, hereafter the word "Gulf" alone is used to signify the political and geographical region that is variously referred to as the "Persian Gulf," the "Arabian Gulf" or the "Arabian-Persian Gulf."
5. Léonard Rosenthal, *Au royaume de la perle*, Paris: Payot & Cie, 1919.
6. Albert Londres, *Pêcheurs de perles*, Paris: Albin Michel, 1931.
7. Raymond de Kremer, "La joaillerie à Gand," *Gent xxᵉ eeuw / Gand xxᵉ siècle*, no. 5, 31 May 1913.
8. As well as the fierce "Battle between a Black man and a shark," Captain Félix Sicard describes in minute detail the attack that his crew were subjected to by "the giant octopus of Khor Gazireh" in *La Petite République française, supplément du dimanche*, nos. 63–64, Sunday 15 and Sunday 22 June 1879.
9. Robert A. Carter, *Sea of Pearls: Seven Thousand Years of the Industry That Shaped the Gulf*, London: Arabian Publishing, 2012, pp. 165–175.
10. Guillemette Crouzet, *Genèses du Moyen-Orient : le Golfe persique à l'âge des impérialismes (vers 1800 – vers 1914)*, Paris: Champ Vallon, "Époques," 2015, pp. 388–391. See also, by the same author, "'A Golden Harvest': exploitation et mondialisation des perles du golfe Arabo-Persique (vers 1880-vers 1910)," *Revue historique*, no. 658, April 2011, pp. 327–356, which contains some interesting commentary on the subject.
11. Saif Marzooq al-Shamlan, *Pearling in the Arabian Gulf: a Kuwaiti Memoir*, London: Arabian Publishing, 2001.
12. Guillaume Glorieux and Olivier Segura (eds), Léonard Pouy (cat.), *Pearl Merchants: a Rediscovered Saga Between the Gulf and France at the Dawn of 20th Century*, Dubai and Paris: L'ÉCOLE, School of Jewelry Arts, March 2019.
13. Olivier Duport, Alan Marzo and Carl Åhnebrink, *Nahma: a Gulf Polyphony (FLEE003)*, November 2021, dual-language edition (English/Arabic), double vinyl and book, 240 pp.
14. From William E. Leach, *The Zoological Miscellany; Being Descriptions of New, or Interesting Animals. E. Nodder & Son*, London, 1814, p. 98, pl. 43. See Saad Zakaria Mohammed, "Population Parameters of the Pearl Oyster *Pinctada radiata* (Leach) in Qatari Waters," *Turkish Journal of Zoology*, vol. 27, 2003, pp. 339–343; M. Rajaei, H. Farahmand, H. Poorbagher, M. S. Mortazavi and A. Farhadi, "Sympatric Morphological and Genetic Differentiation of the Pearl Oyster *Pinctada radiata* (Bivalvia: Pterioida) in the Northern Persian Gulf," *Journal of the Marine Biological Association of the United Kingdom*, vol. 95, essay 3, 2015, pp. 537–543.
15. Linnaeus, 1758; Sudaifee. See Ranjbar Mohammad Sharif, Zolgharnien Hossein, Yavari Vahid, Archangi Bita, Salari Mohammad Ali, Arnaud-Haond Sophie, Cunha Regina L., "Rising the Persian Gulf Black-Lip Pearl Oyster to the Species Level: Fragmented Habitat and Chaotic Genetic Patchiness in *Pinctada persica*," *Evolutionary Biology*, 43 (1), 2016, p. 131-143.
16. Translated from Marbod, *De lapidibus*, 854, in *Anglo-Norman Lapidaries*, ed. P. Studer and J. Evans, p. 64.
17. Étienne Boileau, *Métiers*, ed. G.-B. Depping, p. 193.
18. *Kalendars and Inventories*, ed. F.C. Palgrave, vol. 3, p. 139.
19. Ff. 786–788, cited in Victor Gay, *Glossaire archéologique du Moyen Âge et de la Renaissance*, ed. Henri Stein, 2 vols, Paris: Picard, 1967 (1887/1928). The entry uses the word *ajorffe* – a Portuguese term adopted into French, which was one of many used for pearls.
20. *Inquisitiones*, Portugaliae Monumenta Historica, 1856, p. 99.
21. J. Hubschmied, "Bezeichnungen für 'Kaninchen', 'Höhle', 'Steinplatte'," in *Sache, Ort und Wort, Jakob Jud zum sechzigsten Geburtstag, 12 Januar 1942*, Geneva: Droz / Zurich: Rentsch, 1943, p. 252.
22. Rabelais, *Gargantua*, 1534: "let us […] spend the whole time of our life amongst ladies, in threading of pearls, or spinning, like Sardanapalus!" (book I, ch. 33, translated by Thomas Urquhart of Cromarty and Peter Antony Motteux, 1653).
23. See Charles Du Cange, *Glossarium mediae et infimae latinitatis* (1678), ed. Léopold Favre, 5 vols, Graz: Akademische Druck- und Verlagsanstalt, 1954 [1883–1887]. See also l'*Inventaire et vente des biens meubles de Guillaume de Lestrange, archevêque de Rouen, nonce du pape Grégoire XI et ambassadeur du roi Charles V, mort en 1389*, Paris: Picard, 1888, no. 7: "un hanap doré couvert, enfonsé de nacle."
24. In Minorca and on the coast of Catalonia, the term "nacre" signifies a horn-shaped shell.
25. Translation from the posthumously published *Thresor de la langue francoyse* by the linguist and diplomat Jean Nicot (1530–1604), who was also the first person to bring tobacco to France (hence the name "nicotine"). The *Thresor* can be considered the first dictionary of the French language.
26. António Tenreiro, *Itinerário de António Tenrreyro, cavaleyro da ordem do Christo, em que se contem como da Índia veo por terra a estes Reynos de Portugal*, Coimbra: António de Mariz, 1560; *Itinerário de António Tenrreyro, que da India veyo por terra a este Reyno de Portugal*, Coimbra: João de Barreyra, 1565.
27. Eugène Cormon and Michel Carré, music by Georges Bizet, *Les Pêcheurs de perles*, Paris: Calmann-Lévy, 1923.
28. It was not until eleven years after Bizet's death that *The Pearl Fishers* was presented in Italian at La Scala in Milan, on 20 March 1886. Thereafter it was staged regularly in European cities, often with the Italian version of the libretto. The opera thus received its British premiere on 22 April 1887 at Covent Garden, London, under the title *Leila*.
29. Productions continued to proliferate in Europe and beyond: on 25 August 1893, the opera had its U.S. premiere, in Philadelphia. Two and a half years later, on 11 January 1896, the first two acts were performed at the Metropolitan Opera House in New York ("the Met"). The Swedish premiere took place at the Royal Theatre in Stockholm on 5 November 1900. The first staging of the complete opera at the Met was organised twenty years later, on 13 November 1916, when a star cast comprising Enrico Caruso, Frieda Hempel and Giuseppe De Luca gave three performances.
30. Numerous recordings have been made of it since 1950, in both the revised and the original versions.
31. Pliny, *Natural History*, vol. 3: libri VIII–IX, tr. H. Rackham, London: William Heinemann / Cambridge, MA: Harvard University Press, 1967, p. 235.
32. Albert Londres, *Pêcheurs de perles*, *op. cit.*, p. 12.
33. See Guillaume Glorieux and Olivier Segura (eds), Léonard Pouy (cat.), *Pearl Merchants*, *op. cit.* For a broad history of pearl fishing in the Gulf, see also Robert A. Carter, *Sea of Pearls*, *op. cit.*
34. On the subject of steamships, see Stephanie Jones, "British India Steamers and the Trade of the Persian Gulf, 1862–1914," *The Great Circle*, vol. 7, no. 1, April 1985, pp. 23–44.
35. Its main branch at the time was located in Basra, and was directed by M.S. Asfar. See "Précis of Correspondence on International Rivalry and British Policy in the Persian Gulf, 1872–1905," [>12v–13v] (25–27/116), BL:IORPP, IOR/L/PS/20/C247.
36. "Précis of Correspondence on International Rivalry and British Policy in the Persian Gulf, 1872–1905," [12v] (25–27/116).
37. "Persian Gulf Administration Reports 1883/84–1904/05," [>120r] (244/602), BL:IORPP, IOR/R/15/1/709.
38. "Agreements with the Trucial Chiefs and also with the Chiefs of Bahrain," [6v] (16/162), BL:IORPP, IOR/R/15/1/191.
39. The Sheikh reportedly told him that he was deeply impressed with France's power and the inability of the British to prevent certain dhows bearing the French flag to engage in slave trafficking, notably from the port of Sur in Oman.
40. Briton Cooper Busch, *Britain and the Persian Gulf, 1894–1914*, Berkeley: University of California Press, 1967, p. 53. Although he does not appear to have officially participated in human trafficking, Chapuy did later switch to arms dealing, prior to his death on 1 May 1899. On this subject, see Xavier Beguin-Billecocq, *Les Tribulations du commandant Chapuy dans les principautés arabes du Golfe dans la seconde moitié du xixᵉ siècle : Oman, Émirats, Qatar, Bahreïn, Koweït*, Paris: X. Beguin Billecocq, cop. 2008.
41. "Agreements with the Trucial Chiefs and also with the Chiefs of Bahrain," [>6v] (16/162), BL:IORPP, IOR/R/15/1/191.
42. *Gazetteer of the Persian Gulf*, "Vol.I. Historical. Part IA & IB. J.G. Lorimer. 1915," [>738] (881/1782), BL:IORPP, IOR/L/PS/20/C91/1.
43. On this subject, see Matthew S. Hopper, *Slaves of One Master: Globalization and Slavery in Arabia in the Age of Empire*, New Haven and London: Yale University Press, 2015. See also Guillemette Crouzet, "'A matter of imperial safety': trafic d'armes et contrebande dans le golfe Arabo-Persique ; la mondialisation d'un espace à la fin du xixᵉ siècle," *Enquêtes*, no. 1, May 2015, pp. 1–15.
44. "Précis of Correspondence Regarding Trucial Chiefs, 1854–1905," [>70] (82/106), BL:IORPP, IOR/L/PS/20/C248D.
45. *Gazetteer of the Persian Gulf*, "Vol.I. Historical. Part IA & IB. J.G. Lorimer. 1915," [>739] (882/1782), BL:IORPP, IOR/L/PS/20/C91/1.
46. In 1900, the writer Pierre Loti stopped off in Bushehr during his voyage from Muscat to Tehran.
47. In 1879 he converted to Judaism in order to marry Yasmina El Beze (1859–1915), a native of Batna, who in 1881 gave birth to a daughter, Blanche. Later followed two sons: Jean in 1884 and François in 1887. In the latter year, Goguyer translated Ibn Hisham's *Qatr an-Nadâ* ("The dew rain and the quenching of thirst"), and the following year the *Alfiya*, a book of Arabic grammar in poetic verse composed in the 13th century by Ibn Malik. Two other children followed, born this time in Tunisia: August in 1889 and Rose in 1893. His publications from the time notably include "L'antiesclavagisme anglais en Tunisie," in *Revue française de l'étranger et des colonies*, XII, no. 106, 15 November 1890, pp. 590–597; "Le servage dans le Sahara tunisien," in *Revue tunisienne*, no. 2, 1895, pp. 308–318; and "La mejba (impôt de capitation), d'après le chroniqueur Abouddiaf," in *Revue tunisienne*, no. 8, 1895, pp. 471–484.
48. "Précis of Correspondence on International Rivalry and British Policy in the Persian Gulf, 1872–1905," [>14v] (29/116), BL:IORPP, IOR/L/PS/20/C247.
49. See John Gordon Lorimer, *Gazetteer of the Persian Gulf, Omān and Central Arabia*, Government of India, 1915, ch. 1, "General History of the Persian Gulf Region," p. 345.

50. See Guillemette Crouzet, "Un '*troublesome man*' ou un 'Lawrence d'Arabie' français? Antonin Goguyer, aventurier et trafiquant d'armes dans le golfe Persique et en Oman au début du xxe siècle," in Virginie Chaillou-Atrous, Jean-François Klein and Antoine Resche (eds), *Les Négociants européens et le monde: histoire d'une mise en connexion*, Rennes: Presses Universitaires de Rennes, 2018, pp. 154–56.
51. The Emir was the father of King Abdulaziz, known as Ibn Saud (*c*.1876–1953), founder of modern Saudi Arabia; Archives of Paris, 9th arrondissement, marriage of Sigismond Ettinghausen and Claire Rebecca Halphen, 2 May 1867; French National Archives, LH 1260/46, "Georges Henri Halphen" file. It was this time in the hope of establishing a new banking network that a certain Monsieur Jouanin, General Secretary of the Comité de l'Asie Française, went to Muscat in August 1903, then in September to Bahrain, where he was met with a refusal from the Sheikh. After unsuccessfully trying to arrange travel to central Arabia, he left Bahrain and went via Basra to Baghdad. See "Précis of Correspondence on International Rivalry and British Policy in the Persian Gulf, 1872–1905," [14v] (29/116), BL:IORPP, IOR/L/PS/20/C247; *Gazetteer of the Persian Gulf*, "Vol.I. Historical. Part IA & IB. J.G. Lorimer. 1915," [345] (488/1782), BL:IORPP, IOR/L/PS/20/C91/1.
52. See Guillemette Crouzet, "A Golden Harvest," *op. cit.*, pp. 327–356.
53. Sigismond was the brother of Henri Ettinghausen (1842–1902), likewise a pearl trader, and of the banker Maurice "Moïse" Ettinghausen (1839–1899), both of whom were also active in Paris until their deaths.
54. A Marseille firm then based at 54 Rue Puvis-de-Chavannes. Joseph Dumas was also an agent for the Volkart Brothers merchant company (founded in 1851 in Winterthur and Bombay by Salomon (1816–1893) and Georg (1825–1861) Volkart and for Fuhrmeister, Klose & Co. in Shanghai. See File 2830/1914 Pt 2, "Persian Gulf: Pearl Fisheries. Investigation into Alleged Depletion of Pearl Banks. Germans and the Industry. Concessions, etc.," [243r] (498/578), BL:IORPP, IOR/L/PS/10/457.
55. "Persian Gulf Administration Reports 1883/84–1904/05," [272r] (548/602); *Gazetteer of the Persian Gulf*, "Vol.I. Historical. Part IA & IB. J.G. Lorimer. 1915," [345] (488/1782); "Part II. J.G. Lorimer. 1915," [2248] (765/1262).
56. "Persian Gulf Administration Reports 1883/84–1904/05," [272r] (548/602), BL:IORPP, IOR/R/15/1/709; *Gazetteer of the Persian Gulf*, "Vol.I. Historical. Part IA & IB. J.G. Lorimer. 1915," [345] (488/1782), BL:IORPP, IOR/L/PS/20/C91/1; "Part II. J.G. Lorimer. 1915," [2248] (765/1262), BL:IORPP, IOR/L/PS/20/C91/2; "Précis of Correspondence on International Rivalry and British Policy in the Persian Gulf, 1872–1905," [55r] (110/116), BL:IORPP, IOR/L/PS/20/C247.
57. File 1508/1905 Pt 1, "Bahrain: Situation; Disturbances (1904–1905); Sheikh Ali's Surrender; Question of Administration Reforms (Customs, etc.)," [136r] (277/531), BL:IORPP, IOR/L/PS/10/81.
58. Reginald Fleming Johnston, *From Peking to Mandalay: a Journey from North China to Burma through Tibetan Ssuch'uan and Yunnan*, London: John Murray, 1908, pp. 247–248.
59. *Administration Report on the Persian Gulf Political Residency for 1905–1906*, Calcutta: Office of the Superintendent of Government Printing, India, 1907, p. 84; "Administration Reports 1905–1910," [51r] (106/616); [51v] (107/616), BL:IORPP, IOR/R/15/1/710. See Henri Vever, *La Bijouterie française au XIXe siècle (1800–1900)*, III: *La IIIe République*, Paris: H. Fleury, 1906, p. 401.
60. He may have been a relative of the famous dynasty of Parisian jewelers and notably of Gustave Roger Sandoz (1867–1943), who left the Palais-Royal in 1895 to move to 10 Rue Royale. Henri Sandoz, who died in 1904, opened a shop at 24 Avenue de l'Opéra; his son Maurice succeeded him in running the business.
61. File 1508/1905 Pt 1, "Bahrain: Situation; Disturbances (1904–1905); Sheikh Ali's Surrender; Question of Administration Reforms (Customs, etc.)," [36r] (76/531), BL:IORPP, IOR/L/PS/10/81.
62. *Administration Report on the Persian Gulf Political Residency for 1905–1906*, Calcutta: Office of the Superintendent of Government Printing, India, 1907, p. 85.
63. F.B. Prideaux, "Report on the Trade of the Bahrein [*sic*] Islands for the Year 1905," in *Report on the Trade of Oman, Bahrein [sic], and Arab Ports in the Persian Gulf: Trade Reports for Bahrain for the Financial Years of 1904–1905*, no. 273, Bahrain, 25 May 1906. See also John Gordon Lorimer, "Appendix C: The Pearl and Mother-of-Pearl Fisheries of the Persian Gulf," in *Gazetteer of the Persian Gulf, Omān and Central Arabia, op. cit.*, vol. 1, part 2 (Historical), p. 2251.
64. Thiers was also the lover of her mother, christened Eurydice but known as "Sophie." Not only that, but he even became infatuated with the family's second daughter, Félicie, to the point that the press was soon referring to "Monsieur Thiers' three other halves" (also a play on his surname, which is phonetically identical to the French *tiers*, meaning "thirds"). Eurydice died in 1871. Adolphe Thiers continued his relationship with the two sisters. See Laurent Theis, "Les trois moitiés de M. Thiers," in Patrice Gueniffey (ed.), *Les Couples illustres de l'histoire de France*, Paris: Perrin, 2019, pp. 251–273.
65. Edmond de Goncourt and Jules de Goncourt, *Journal des Goncourt: Mémoires de la vie littéraire*, Paris: Bibliothèque-Charpentier, vol. 6: 1878–1884, p. 337.
66. Paul Lejeinisel, "Bijouterie et joaillerie," in C.-L. Huard (ed.), *Livre d'or de l'Exposition universelle de 1889*, Paris: L. Boulanger, 1889, p. 267.
67. 1 grain = 0.05 grammes, so 30 grains = 1.5 g and 90 grains = 4.5 g. The weight of a carat, equating to about four grains, was not fixed until 1907.
68. *Revue de la bijouterie, joaillerie, orfèvrerie: publication mensuelle illustrée*, no. 9, January 1901, pp. 37–38.
69. See Hans Nadelhoffer, *Cartier*, Paris: Éditions du Regard, 2007, pp. 118–120.
70. A guinea was worth 21 shillings, or £1 1s – equivalent to 5 dollars at the time.
71. "Un cadeau de Napoléon," *La Lanterne*, 30 May 1904.
72. *Catalogue des très importants bijoux, colliers […], provenant de la collection de M.A. Polovtsoff*, Paris: Georges Petit, 2 December 1909, pp. 7–8.
73. See Robert A. Carter, *Sea of Pearls, op. cit.*, p. 169.
74. Hans Nadelhoffer, *Cartier*, Paris: Éditions du Regard, 2007, p. 120.
75. *Moyen-Orient: catalogue des perles, pierreries, bijoux et objets d'art précieux le tout ayant appartenu à S.M. le Sultan Abd-ul-Hamid II dont la vente aura lieu à Paris 1° Galerie Georges Petit, les lundi 27, mardi 28 et mercredi 29 novembre 1911, 2° Hôtel Drouot du lundi 4 au lundi 11 décembre 1911, Commissaire-priseur Me F. Lair-Dubreuil – expert M. Robert Linzeler*, Paris, 1911. Foreword by Jean Richepin.
76. *Le Gaulois: littéraire et politique*, 29 March 1912, p. 3.
77. *Revue de la bijouterie, joaillerie, orfèvrerie: publication mensuelle illustrée*, no. 20, December 1901, pp. 296–297.
78. *Ibid*.
79. Léonard Rosenthal, *Au royaume de la perle, op. cit.*; *Au jardin des gemmes*, Paris: Payot & Cie, 1925, ill. Léon Carré; *Faisons fortune*, Paris: Payot & Cie, 1924; *L'Esprit des affaires [Réflexions d'un commerçant]*, Paris: Payot & Cie, 1925; *Quand le bâtiment va*, Paris: Payot & Cie, 1928; *Mémoires d'un chercheur de perles*, Paris: Éditions des Deux-Rives, 1949.
80. Max Rivière, "Collier de perles ou automobile?," *Femina*, no. 140, 15 November 1906.
81. See Guillemette Crouzet's dissertation *Genèses du Moyen-Orient, op. cit.*, pp. 388–391.
82. *Administration Report on the Persian Gulf Political Residency for 1905–1906*, Calcutta: Office of the Superintendent of Government Printing, India, 1907, [91v] (187/616).
83. Léonard Rosenthal, *Mémoires d'un chercheur de perles, op. cit.*
84. *Administration Report of the Persian Gulf Political Residency and the Maskat Political Agency for 1907–1908*, Calcutta: Superintendent Government Printing, India, 1909, [147v] (299/616).
85. Léonard Rosenthal, *Mémoires d'un chercheur de perles, op. cit.*
86. *Administration Report of the Persian Gulf Political Residency and the Maskat Political Agency for April–December 1908*, Calcutta: Superintendent Government Printing, India, 1909, [203r] (410/616).
87. "Persian Gulf. Bahrein [*sic*]: Trade Reports 1928," Coll 30/6 [228r] (456/476), British Library: India Office Records and Private Papers, IOR/L/PS/12/3716, p. 3.
88. *Administration Report of the Persian Gulf Political Residency for the Year Ending 31st December 1909*, Calcutta: Superintendent Government Printing, India, 1911, [244r] (492/616).
89. For further family anecdotes, see Nicole Landau, *La Perle de Blanca*, Paris: L'Arpenteur, 2004.
90. *The Persian Gulf Trade Reports, 1905–1940*, vol. 3, 1910–1911, Cambridge: Archive Editions, 1987, p. 3.
91. File 2830/1914 Pt 2, "Persian Gulf: Pearl Fisheries. Investigation into Alleged Depletion of Pearl Banks. Germans and the Industry: Concessions, etc.," December 1910 – May 1911 (fols 106–149), [144r] (296/578).
92. "File A/5 Pearl Fisheries of Persian Gulf," [20r] (39/62).
93. "File B/3 Sponge and Pearl Concessions," [9r] (17/62), 23 July 1911.
94. *Ibid*., [10r] (19/62) and [11r] (21/62).
95. *Ibid*., [15v] (30/62) and [21r] (41/62).
96. "Persian Gulf précis. (Parts I and II)," [31r] (61/120), Foreign Department of the Government of India, Simla, July 1911.
97. "File 9/50 (B 16) The Debai [*sic*] Incident," [49r] (108/492).
98. John G. Lorimer, *Gazetteer of the Persian Gulf*, Bombay: British Government, 1915, p. 775.
99. "File B/3 Sponge and Pearl Concessions," [144r] (301/492).
100. Robert A. Carter, *Sea of Pearls, op. cit.*, p. 169.
101. It was, however, in the latter city, in April 1912, that Qassim met the jeweler Jacques Cartier.
102. See David Bellos, *Georges Perec: a Life in Words*, London: Harvill Press Editions, 1999, pp. 18–19.
103. *Administration Report of the Persian Gulf Political Residency for the Year 1910*, Calcutta: Superintendent Government Printing, India, 1911, "Administration Reports 1905–1910," [294v] (593/616).
104. *Administration Report of the Persian Gulf Political Residency for the Year 1911*, Calcutta: Superintendent Government Printing, India, 1912, p. 107, [60v] (125/488).
105. Thomas Hungerford Holdich, "Bahrein Islands," *Encyclopædia Britannica*, 1911, vol. 3, p. 212.
106. Maryam Tariq Marzouq al-Shamlan, *Disentangling the Qatari Identity Discourse: Social Engineering and the Dialectics of Identity Formation*, Master's thesis, University College London, 2021, p. 46.
107. Letters of Jacques Cartier, Cartier Archives, Paris. We are grateful to the Cartier Archives in Paris for granting us access to selected extracts

from Jacques Cartiers's letters to his brothers, which confirm, rectify or provide context for the information supplied by Hans Nadelhoffer in his book on the *Maison*, originally published in 1984.
108. *Ibid.*
109. *Ibid.*
110. Today one of the Governorates of Oman, Musandam is the northernmost of the Emirates and the true gateway to the Gulf for sailors.
111. Letters of Jacques Cartier, *op. cit.*
112. A French frigate that ran aground in 1816 off the coast of what is now Mauritania; a scene of some of its crew drifting on a raft was famously depicted by the French painter Théodore Géricault.
113. Letters of Jacques Cartier, *op.cit.*
114. *Ibid.*
115. *Ibid.*
116. On this subject, see Anne Bony (ed.), *Les Années 10,* Paris: Éditions du Regard, 1991.
117. Jérémie Cerman, "Une décennie à reconsidérer dans l'histoire des arts appliqués ?," in Jérémie Cerman (ed.), *Les Années 1910. Arts décoratifs, mode, design*, Lausanne: Peter Lang, 2021, pp. 12–23.
118. André Vera, "Le nouveau style," *L'Art décoratif*, vol. 27, 5 January 1912, pp. 21–32.
119. Francis Jourdain, *Sans remords ni rancune : souvenirs épars d'un vieil homme "né en 76,"* Paris: Corrêa, "Le Chemin de la vie," 1953, p. 272.
120. Rossella Froissart, "'Décorer à peu de frais' : la tapisserie dans les années 1910 entre effort collectif et art social," in Jérémie Cerman (ed.), *Les Années 1910, op. cit.*, pp. 12–23.
121. Béatrice Grondin, "La Société des artistes décorateurs : vers l'institutionnalisation des arts décoratifs français modernes," in Jérémie Cerman (ed.), *Les Années 1910, op. cit.*, p. 27.
122. Bertrand Tillier, "Léon Rosenthal et la 'résurrection des foyers' (1915–1917)," in Jérémie Cerman (ed.), *Les Années 1910, op. cit.*, p. 69.
123. Sung Moon Cho, "Jean Luce et le service de table moderne dans les années 1910," in Jérémie Cerman (ed.), *Les Années 1910, op. cit.*, p. 267.
124. Étienne Tornier, "Loin des tranchées : les arts décoratifs français à la 'Panama-Pacific International Exhibition' de San Francisco (1915)," in Jérémie Cerman (ed.), *Les Années 1910, op. cit.*, p. 321.
125. Hélène Leroy, "Paul Iribe, un directeur artistique au tournant des années 1910," in Jérémie Cerman (ed.), *Les Années 1910, op. cit.*, p. 245.
126. Sophie Kurkdjian, "La *Gazette du bon ton* de Lucien Vogel et l'Art déco," in Jérémie Cerman (ed.), *Les Années 1910, op. cit.*, p. 113.
127. "Beau Brummels of the Brush," *Vogue*, 15 June 1914, pp. 35–37, 88.
128. In 1919, Paul Poiret had an inflatable airship-canvas dome named *L'Oasis* installed in the garden at Avenue d'Antin, where the oysters that were served contained pearl necklaces. See "À L'Oasis – ou – La Voûte Pneumatique," *Gazette du bon ton*, no. 7, 1921, pl. 53.
129. See Guillaume Glorieux (ed.), *Designing Jewels*, Paris: Norma-L'ÉCOLE, School of Jewelry Arts, 2021, pp. 136–137.
130. *Ibid.*
131. *Administration Report of the Persian Gulf Political Residency for the Year 1913*, Delhi: Superintendent Government Printing, India, 1914, pp. 123–124, [195r] (394/488).
132. Paul Harrison, *The Arab at Home*, London: Hutchinson, 1924, quoted by Mark Hobbs, "Divers are a Pearl's Best Friend: Pearl Diving in the Gulf 1840s–1930s," Qatar Digital Library: https://www.qdl.qa/en/divers-are-pearl's-best-friend-pearl-diving-gulf-1840s–1930s.
133. *Administration Report of the Persian Gulf Political Residency for the Year 1914*, Delhi: Superintendent Government Printing, India, 1915, p. 57, [233r] (470/488).
134. *Administration Report of the Persian Gulf Political Residency for the Year 1914*, Delhi: Superintendent Government Printing, India, 1915, p. 56, [232v] (469/488).
135. A reserve military unit, lower in rank than the German army, called upon only in exceptional circumstances.
136. *Administration Report of the Persian Gulf Political Residency for the Year 1914*, Delhi: Superintendent Government Printing, India, 1915, p. 58, [233v] (471/488).
137. *Weekly Diaries*, [162r] (340/494); [164r] (344/494).
138. Strips, wires and sheets of platinum were exempt from this rule, as were laboratory utensils.
139. The decree of 11 May 1916 also forbade the importing of cut diamonds and precious stones intended for silver-/goldsmithing or jewelry. See R. Pommereuil, *La Guerre économique, 1914–1917*, Poitiers: P. Oudin, 1917, p. 176.
140. No. 197; art. 4 of the decree of 12 May 1917.
141. And 150% for cut diamonds or cut precious stones. The re-export condition did not apply to diamonds or precious stones imported for industrial use.
142. Approximate values calculated on the basis of information provided by the Bank of England Information Service.
143. Marie-Laure Derat *et al.*, "L'Éthiopie chrétienne et islamique," in François-Xavier Fauvelle (ed.), *L'Afrique ancienne : de l'Acacus au Zimbabwe*, Paris: Belin, 2018, ch. 9.
144. Wilhelm Herchenbach, *Les Pêcheurs de perles dans la mer Rouge*, translated from the German by the Abbé Gobat, Paris: A. Taffin-Lefort, 1894.
145. Alfred Bardey, *Barr-Adjam : souvenirs d'Afrique orientale, 1880–1887*, Paris: Éditions du CNRS, 1981, p. 28.
146. "File B/3 Sponge and Pearl Concessions," [24r] (47/62).
147. "File B/3 Sponge and Pearl Concessions," [23r] (45/62).
148. *Weekly Diaries*, [230r] (476/494).
149. Sol Pack's son, named Robert, was born in 1921. Six years later, Hélène Lucie died while giving birth to Jacqueline (Mawas-)Pack. The family was then living at 3 Rue Théodore-de-Banville, in Paris's 17th arrondissement.
150. In 1957, the same pearls were sold at auction for 157,000 dollars.
151. "Une perle maquillée," *Le Figaro*, 6 July 1918, "Gazette des Tribunaux, tribunal de police correctionnelle (16ᵉ chambre)," p. 3.
152. Ibrahim al-Qusaibi married his brother Hasan's widow after Hasan's death. See "File 19/116 VIII (C 34) Bahrain Miscellaneous," [57r] (115/124).
153. "Administration Report of the Persian Gulf Political Residency for the Year 1922," *Administration Reports 1920–1924*, [120r] (244/412), p. 53.
154. "Annual Report of the Persian Gulf Political Residency for the Year 1923," *Administration Reports 1920–1924*, [159v] (323/412), p. 70.
155. Quoted in Saif Marzooq al-Shamlan, *Pearling in the Arabian Gulf, op. cit.*, p. 168.
156. *Ibid.*, p. 167.
157. Pearls appear on at least twenty-eight of the jewelers' stamps registered from 1850 onwards.
158. See Bienenfeld, "Souvenirs d'enfant," *Bulletin de la Société historique de Suresnes*, Suresnes: Société Historique, 1995, pp. 24–29.
159. See David Bellos, *Georges Perec, op. cit.*, p. 20.
160. No. 38, necklace, 171 pearls, 20,600 fr. [francs]; no. 37, string of 12 pearls, 5,350 fr.; no. 35, passementerie necklace, pearls and brilliants, 7,550 fr.; no. 34, foliage brooch, pearl and brilliant, 5,950 fr.; no. 33, brooch-pendant, pearl and brilliants, 11,500 fr.; no. 32, pair of earrings, black pearl, 14,600 fr.; no. 31, string of 202 pearls, 11,550 fr.; no. 30, brooch, pearls and brilliants, 8,200 fr.; no. 29, brooch, 10 pearls and roses, 13,450 fr.; no. 28, brooch, brilliants, emeralds, rubies, 13,500 fr.; no. 26, necklace bow, brilliants and black pearl, 9,400 fr.; no. 27, pendant, grey pearl and brilliants, 7,000 fr.; no. 25, brooch-pendant, bluish-grey pearls, 10,850 fr.; no. 24, ring, brilliants and pearls, 9,500 fr.; no. 23, brooch, brilliants and pearls, 12,000 fr.; no. 22, necklace, pearls, sapphires, rubies, 15,000 fr.; no. 21, chatelaine, brilliants and pearls, 11,100 fr.; no. 20, mistletoe branch brooch, 14 pearls and roses, 23,100 fr.; no. 19, necklace, 10 strings of pearls, 16,350 fr.; no. 18, choker, pearls, rubies, brilliants, 13,000 fr.; no. 17, ribbon string, pearls, brilliants, 27,000 fr.; no. 16, corsage branch, roses and pearls, 26,000 fr.; no. 15, pendant, button pearl, pearl, brilliants, 31,000 fr.; no. 14, parure, pearls, brilliants, 15,500 fr.; no. 13, necklace, 3 strands of pearls, 22,100 fr.; no. 12, pair of ear pendants, grey pearls, 20,100 fr.; no. 11, string of 72 pearls, brilliants, emerald, 10,600 fr.; no. 10, pendant, large pink-tinged pearl, 22,500 fr.; no. 9, brooch, pearls, brilliants, 14,500 fr.; no. 8, brooch, bronze pearl, 23,000 fr.; no. 7, white teardrop pearl, 37,500 fr.; no. 6, devant de corsage brooch, pearls, 70,600 fr.; no. 5, brooch, pearls and brilliants, 53,000 fr.; no. 4, two large pearls, 60,600 fr.; no. 3, pair of earrings, pearls, 50,200 fr.; no. 2, string of 190 pearls, 101,500 fr.; no. 1, necklace, 3 strands, 171 pearls, 533,100 fr.
161. Charles Pérez, "Le complexe éthologique du Spondyle sur les bancs perliers du golfe Persique," *Comptes rendus des séances de la Société de biologie et de ses filiales*, 1920, vol. 83, pp. 1027–1029.
162. *Vogue*, 1 January 1924, p. 1.
163. Institut de France, Fondation Dosne Thiers archives, press kit Ms T 1391.
164. Louis Aucoc appears as an expert/valuer in relation to several pearl sales in 1919 and the 1920s.
165. In March of the same year, Louis Boucheron had also attended the sale of "important jewelry" in the possession of the late Madame Albert Bloch-Levalois, the foremost of which was an exceptional pearl necklace that was also composed of three strands, comprising 188 pearls in all and weighing 2,372 grains.
166. It was to Esmérian that Hans Nadelhoffer dedicated his book on the history of the Cartier *Maison*: his father Paul (Bobros) began his career as a gem merchant in Constantinople (now Istanbul) before moving in 1890 to Paris where, like many of his Armenian compatriots, he specialized in colored stones. Close to Jacques Cartier, Raphaël subsequently moved to New York on the invitation of the great jeweler Raymond Yard. There, he became close to Pierre Cartier, whom he supplied with colored gemstones for many years.
167. Lucien Pohl, *Les Perles fines de culture du Japon: jugement rendu le 24 mai 1924 par le Tribunal civil de la Seine (3ᵉ chambre) dans le procès intenté par M. L. Pohl… contre la Chambre syndicale des négociants en diamants, perles, pierres précieuses et des lapidaires*, Clairmont: Imprimerie Thiron et Cie., 1924.
168. On this subject, see Micheline Cariño, "The Cultured Pearl Polemic," *World Aquaculture*, vol. 27, no. 1, March 1996, pp. 42–44.
169. Lucien Pohl, "L'application des méthodes japonaises à la méléagriniculture et à la margariniculture," *Bulletin de la Société Océanographique de France*, 30, July 1926; "Avantages et inconvénients que peut présenter la culture sous-marine des perles fines dans les colonies françaises," *Bulletin trimestriel de l'Enseignement des Pêches Maritimes*, vol. 32, no. 2, 1927, pp. 38–53.
170. "Exposition des arts décoratifs," *L'Illustration*, no. 4313, 31 October 1925.
171. Archives of the Légion d'honneur, shelfmark 19800035/1393/60894.
172. At her death, her daughter Marie-Blanche de Polignac

succeeded her. From 1950 to 1964, Antonio del Castillo designed the couture house's collections. Jules-François Crahay took over from him until 1984. Maryll Lanvin next took on the creative directorship, until 1989. She was followed by Robert Nelissen, Claude Montana, Éric Bergère, Dominique Morlotti, Ocimar Versolato, Cristina Ortiz, Alber Elbaz.
173. Aguttes sale, "Necklace composed of 22 graduated natural pearls alternating with small antique cut diamonds, gross weight 41.96 gr – Accompanied by a certificate from the gemology laboratory, no. 317912 certifying natural, seawater pearls. Dim.: 7.5–12.3 mm approx. Value: €50,000/€60,000."
174. It was sold at auction in Neuilly-sur-Seine on 19 October 2016.
175. Albert Londres, *Pêcheurs de perles*, *op. cit.*, p. 226.
176. A diplomat and officer of the French army who was active in the Arab world in the interwar period, Depui was also known in Saudi Arabia under the name "Chérif Ibrahim" and was one of several "French Lawrences of Arabia."
177. Albert Londres, *Pêcheurs de perles*, *op. cit.*, p. 12.
178. "Administration Report of the Persian Gulf for the Year 1928," *Administration Reports 1925–1930*, GIPS, 1929, [201v] (407/418), p. 68.
179. "Administration Report of the Persian Gulf for the Year 1928," *Administration Reports 1925–1930*, GIPS, 1929, [122v] (249/418), p. 54.
180. Al-Naboodah had three sons, Omran, Abdulaziz and Mohammed, who were then assisting him in business.
181. Ismaʿīlī, Malik ('azīz Allah) [Malek Esmaïli (Azizollah)], *Le Golfe Persique et les îles de Bahrein*, doctoral thesis, Law faculty, University of Paris, Paris: F. Loviton, 1936.
182. "Administration Report of the Persian Gulf for the Year 1929," *Administration Reports 1925–1930*, GIPS, 1930, [158r] (320/418), p. 51.
183. *Ibid.*, p. 228.
184. *Ibid.*, pp. 132–135.
185. *Ibid.*, pp. 134–135.
186. On this subject, see Matthew S. Hopper, *Slaves of One Master: Globalization and Slavery in Arabia in the Age of Empire*, New Haven and London: Yale University Press, 2015, 302 pp.
187. *Ibid.*, p. 136.
188. "Persian Gulf. Bahrein [*sic*]: Trade Reports 1928," Coll 30/6 [228r] (456/476).
189. Saif Marzooq al-Shamlan, *Pearling in the Arabian Gulf, op. cit.*, p. 166.
190. "File [B 29] Arab States Monthly Summaries from 1929 to 1931," [102r] (208/600).
191. "Persian Gulf, Trucial Coast. Policy of H.M.G. List of Trucial Sheikhs," Coll 30/33 [339v] (678/818).
192. The case of the Rolls automatic wristwatch is a prime example. Developed by Hatot in 1929, it was perhaps the most important of his mechanical inventions. Preceding the Rolex rotor system, the Rolls was particularly well suited to the slender wristwatches that were popular at the time, but the 1929 Depression destroyed any chance of its commercial success. After the granting of a full patent in 1931, the design was conceded on licence to Blancpain for production.
193. "File 8/9 Bahrain Government Annual Report," [87r] (178/298).
194. "File [B 29] Arab States Monthly Summaries from 1929 to 1931," [180r] (364/600).
195. "Administration Reports 1925–1930," *Administration Report of the Persian Gulf for the Year 1930*, GIPS, 1931, [201v] (407/418), p. 66. "File 16/6 Diary Weekly Kuwait," [351r] (701/766); "File [B 29] Arab States Monthly Summaries from 1929 to 1931," [179r] (362/600).
196. "File [B 29] Arab States Monthly Summaries from 1929 to 1931," [186r] (376/600); "File 16/5 Bahrain Agency: Fortnightly Political Diaries," [45r] (89–91/126).
197. "File 16/6 Diary Weekly Kuwait," [349r] (697/766).
198. "File 16/5 Bahrain Agency: Fortnightly Political Diaries," [50r] (99/126); "File 19/176 I (C 39) Bahrain Finances," [152r] (326/654).
199. "Administration Reports 1925–1930," *Administration Report of the Persian Gulf for the Year 1930*, GIPS, 1931, [197r] (398/418), p.57.
200. Unaccustomed to Paris life, he told of how he decided one evening to go into a square with a colleague to pray there; they had barely stood up again when they found themselves encircled by police and taken to the nearest police station for questioning. They were, however, set free as soon as the police were assured of their proper conduct. See Saif Marzooq al-Shamlan, *Pearling in the Arabian Gulf, op. cit.*, p. 163.
201. Active in the pearl market in Bombay and Bahrain from 1927 to 1941, Musa'id went from Paris to London on his own account, to familiarize himself with the local market. He was hosted there by Mohamedali Zainal.
202. Saif Marzooq al-Shamlan, *Pearling in the Arabian Gulf, op. cit.*, p. 172.
203. *Ibid.*, pp. 173–174.
204. "File [B 29] Arab States Monthly Summaries from 1929 to 1931," [205r] (414/600); "File 16/5 Bahrain Agency: Fortnightly Political Diaries," [57r] (113/126).
205. "Hejaz-Nejd Affairs: Financial Situation and Internal Situation," Coll 6/10 [324r] (654/1310).
206. *Administration Report of the Persian Gulf for the Year 1931*, Simla: Government of India Press, 1932, p. 53, [33r] (65/416).
207. "File 8/9 Annual Report of the Bahrain Government for 1350 A. H.," [26r] (56/206).
208. *Vogue*, September 1933, p. 50.
209. Archives Nationales du Monde du Travail (National Labor Archives), BNC, Dossiers d'Escompte Paris, 120 AQ 244, 249 & 255. According to the digital directory set up in 1969 by Isabelle Guérin-Brot, curator of the Archives Nationales, with assistance from Martine Garrigues, Françoise Bosman and Gérard Dupuy, completed in 2016 by Gersende Piernas, documentary researcher under the directorship of Raphaël Baumard, heritage curator. For accounts and stock sales, see the registers of pearl stock classifications (by necklaces, by weight and by the type of pearls) and the notes on the reclassification of this stock (with a view to producing necklaces from it) between 1945 and 1947 (120 AQ 665). For a survey of pearl stocks (by detailed lots), see the sales and transfers from 1936 to 1948 (120 AQ 666 5).
210. The BNC, which generated sales of 1.2 million francs, received payment for its goods (Dossiers des Diamantaires, 120 AQ 669, 4).
211. The BNC produced approximately 120,000 francs, but the winding-up arrangement was agreed and the bankruptcy declared in 1933 (Dossiers des Diamantaires, 120 AQ 670, 4, 1927–1954). The BNC also produced for 700,000 francs upon the voluntary liquidation of the Fischof & Fils company (AM), declared on 13 December 1932 (Dossiers des Diamantaires, 120 AQ 670, 5, 1930–1954).
212. The BNC was also admitted to voluntary liquidation, for 21 million francs (Dossiers des Diamantaires, 120 AQ 669, 3, 1930–1959).
213. Dossiers des Diamantaires, 120 AQ 674, 1, 1929–1954.
214. Dossiers des Diamantaires, 120 AQ 669, 2, 1931–1954.
215. The BNC's claim amounted to 520,000 francs.
216. Dossiers des Diamantaires, 120 AQ 671, 4, 1932–1954.
217. The BNC generates liabilities of approximately 5.7 million francs (Dossiers des Diamantaires, 120 AQ 674, 2, 1931–1954).
218. Débiteurs Paris (Secrétariat Paris), 120 AQ 686, 1921–1941, 5.
219. *Ibid.*, Service Financier. Actions de la BNC, 120 AQ 578.
220. *Revue de la France libre*, no. 10, July–August 1948.
221. Rachel Rosenthal's testimony reported by Jeremy Rosenberg for the "Departures" program "Arrival Story: Rachel Rosenthal," Los Angeles: KCET public broadcasting service, 5 January 2012.
222. Archive of the French Gestapo, XXVb-74.
223. Famous novelist and filmmaker, noted particularly as a proponent of constrained writing.l
224. Alain Guichard, "Les institutions juives cherchent leur place dans la communauté nationale," *Le Monde*, 8 March 1974.
225. Saif Marzooq al-Shamlan, *Pearling in the Arabian Gulf, op. cit.*, p. 167.
226. A founding member of the Cultured Pearl Association of America, he remained its president until his death in the 1970s.
227. "Persian Gulf – Pearling: Various Enquiries," Coll 30/8 [75r] (151/334).
228. Along with two other rebel pearl merchants, Hilal bin Fajhan al-Mutairi had left Kuwait for a while to spend time in Bahrain under Sheikh Mubarak's rule.
229. The company got into difficulty in 1931 and borrowed some 7.2 million francs from the BNC and the Société Centrale des Banques de Province; it was put into receivership in 1933. See 120 AQ 706 1. 1928–1951.
230. Dossiers des Diamantaires, 120 AQ 674, 3. A file on this company was kept by the Service des Règlements Commerciaux (Commercial Regulations Department): see 120 AQ 575.
231. The BNC was owed 3.3 million francs, and acquired 1,710 shares. See Dossiers des Diamantaires, 120 AQ 668, 1931–1947; 120 AQ 669, Dossiers des Co-obligés, 1930–1955.
232. "File 9/2 Pearling," [103r] (205/312), 15 December 1947.
233. "Le suivi de l'état de santé des récifs coralliens de Polynésie française et leur récente évolution," *Revue d'écologie (La Terre et la Vie)*, vol. 63, no. 1–2, 2008; "Les récifs coralliens de l'outre-mer français: suivi et état des lieux," pp. 145–177, p. 149.
234. TA Papeete, 28 March 2000, Syndicat des Négociants en Perles c/ Territoire de la Polynésie Française, req. nos. 99–125 and 99–375. Cited in Emmanuelle Gindre, "Les limites de la protection pénale de l'environnement polynésien," *Revue juridique de l'environnement*, vol. 36, no. 2, 2011, pp. 227–247.
235. *Ibid.*, p. 155.
236. *Ibid.*
237. Mylène Ferrand, "Rachel Rosenthal, une artiste écoféministe de la performance," *Itinéraires* [online], 2021-1 | 2022, posted 7 April 2022, consulted 18 March 2024.

Bibliographie
Bibliography

Monographies

ÅHNEBRINK Carl, DUPORT Olivier et MARZO Alan, *Nahma: a Gulf Polyphony (FLEE003)*, novembre 2021.

AL-KHALIFA Lobna Ali, *Foreign Direct Investment in Bahrain*, États-Unis, Universal Publishers, 2010.

AL-SHAMLAN Maryam Tariq Marzouq, *Disentangling the Qatari Identity Discourse: Social Engineering and the Dialectics of Identity Formation*, mémoire de master, Londres, University College London, 2021.

AL SHEHABI Saad H., *The Evolution of the Role of Merchants in Kuwaiti Politics*, thèse de Ph.D., Middle East and Mediterranean Studies Programme, King's College, University of London, janvier 2015.

BARDEY Alfred, *Barr-Adjam. Souvenirs d'Afrique orientale, 1880-1887*, Paris, Éditions du CNRS, 1981.

BEGUIN BILLECOCQ Xavier, *Les Émirats ou la fabuleuse histoire de la Côte des perles*, Paris, Relations internationales & culture, 1995.

—, *Les Tribulations du commandant Chapuy dans les principautés arabes du Golfe dans la seconde moitié du XIXe siècle : Oman, Émirats, Qatar, Bahreïn, Koweït*, Paris, éd. X. Beguin Billecocq, cop. 2008.

BELLOS David, *George Perec: a Life in Words*, Londres, Harvill Press Editions, 1999.

BOILEAU Étienne, *Métiers*, G.-B. Depping, Paris, Crapelet, 1837.

BONY Anne (dir.), *Les Années 10*, Paris, Éditions du Regard, 1991.

BOUTAN Louis, *La Perle. Étude générale de la perle, histoire de la méléagrine et des mollusques producteurs de perles*, Paris, Gaston Doin, 1925.

BUCKINGHAM James S., *Travels in Assyria, Media, and Persia*, Londres, Henry Colburn, 1829.

BUSCH Briton Cooper, *Britain and the Persian Gulf, 1894-1914*, Berkeley, University of California Press, 1967.

CARRÉ Michel et CORMON Eugène, musique de BIZET Georges, *Les Pêcheurs de perles*, Paris, Calmann-Levy, 1923.

CARTER Robert A., *Sea of Pearls: Seven Thousand Years of the Industry that Shaped the Gulf*, Londres, Arabian Publishing Ltd., 2012.

CROUZET Guillemette, *Genèses du Moyen-Orient. Le Golfe Persique à l'âge des impérialismes (vers 1800-vers 1914)*, Paris, Champ Vallon, « Époque », 2015.

DUBOIS Raphaël, *Contribution à l'étude des perles fines de la nacre et des animaux qui les produisent*, Lyon, A. Rey, 1909.

EVANS Joan et STUDER Paul, *Anglo-Norman Lapidaries*, Paris, Champion, 1924.

FARGES François et SEGURA Olivier, *Pierres précieuses. Guide visuel*, Paris, L'École des Arts Joailliers/Dunod/Muséum national d'histoire naturelle, 2023.

FLEMING JOHNSTON Reginald, *From Peking to Mandalay: a Journey from North China to Burma through Tibetan Ssuch'uan and Yunnan*, Cambridge, Cambridge University Press, 1908.

GLORIEUX Guillaume (dir.), *Le Bijou dessiné*, Paris, Norma-L'École des Arts Joailliers, 2021.

GLORIEUX Guillaume et SEGURA Olivier (dir.), *Marchands de perles. Redécouverte d'une saga commerciale entre le Golfe et la France à l'aube du XXe siècle*, Paris, L'École des Arts Joailliers, 2019.

GONCOURT Edmond de et GONCOURT Jules de, *Journal des Goncourt. Mémoires de la vie littéraire*, Bibliothèque-Charpentier, t. VI, 1878-1884.

HARRISON Paul, *The Arab at Home*, Londres, Hutchinson, 1924.

HEARD-BEY Frauke, *From Trucial States to United Arab Emirates: a Society in Transition*, Londres, Motivate, 2004.

—, *Les Émirats arabes unis*, Paris, Karthala Éditions, 1999.

HERCHENBACH Wilhelm, *Les Pêcheurs de perles dans la mer Rouge*, traduit de l'allemand par l'abbé Gobat, Paris, A. Taffin-Lefort, 1894.

HOPPER Matthew S., *Slaves of One Master: Globalization and Slavery in Arabia in the Age of Empire*, New Haven et Londres, Yale University Press, 2015.

HUBSCHMIED Johann Ulrich, « Bezeichnungen für Kaninchen, Höhle, Steinplatte », dans *Mélanges Jud (Jakob)*, Genève, Droz et Zurich, Rentsch, 1943.

HUNGERFORD HOLDICH Thomas, « Bahrein Islands », *Encyclopædia Britannica*, 1911, vol. 3.

ISMAʿĪLĪ Malik (ʿazīz Allah) [Malek Esmaïli (Azizollah)], *Le Golfe Persique et les îles de Bahrein*, thèse de doctorat, université de Paris, faculté de droit, Paris, F. Loviton, 1936.

JOURDAIN Francis, *Sans remords ni rancune. Souvenirs épars d'un vieil homme « né en 76 »*, Paris, Corrêa, « Le Chemin de la vie », 1953.

KUNZ George Frederick, *The Book of the Pearl: The History, Art, Science, and Industry of the Queen of Gems*, New York, The Century Co., 1908.

LANDAU Nicole, *La Perle de Blanca*, Paris, 2004.

LE PENNEC Marcel, *Huître perlière et perle de Tahiti*, Faaʿa, université de la Polynésie française, 2010.

LONDRES Albert, *Pêcheurs de perles*, Paris, Albin Michel, 1931.

MARZOOQ AL-SHAMLAN Saif, *Pearling in the Arabian Gulf: A Kuwaiti Memoir*, Cowes, Arabian Publishing Ltd., 2001.

MAYOL Clémence, « Bahrein », dans Frédéric Charillon et Rémy Leveau (dir.), *Monarchies du Golfe. Les Micro-États de la péninsule arabique*, Paris, La Documentation française, 2005.

MONFREID Henry de, *Les Secrets de la mer Rouge*, Paris, Points, « Aventure », 2023.

NADELHOFFER Hans, *Cartier*, Paris, Éditions du Regard, 2007.

PLINE L'ANCIEN, *Histoire naturelle*, t. I, J. J. Dubochet Le Chevalier et Cie, 1848.

POHL Lucien, *Avantages et inconvénients que peut présenter la culture sous-marine des perles fines dans les colonies françaises*, Imp. du Loire, 1927.

—, *Les Perles fines de culture du Japon : jugement rendu le 24 mai 1924 par le Tribunal civil de la Seine (3e chambre) dans le procès intenté par M. L. Pohl… contre la Chambre syndicale des négociants en diamants, perles, pierres précieuses et des lapidaires*, Clairmont, Oise, Imprimerie Thiron et Cie., 1924.

POMMEREUIL R., *La Guerre économique 1914-1918. Législation et réglementation douanière*, Poitiers, Librairie P. Oudin, 1918.

ROSENTHAL Léonard, *Au jardin des femmes*, Paris, Payot & Cie, 1925, ill. Léon Carré.

—, *Au royaume de la perle*, Paris, Payot & Cie, 1919 ; Paris, H. Piazza, 1920, ill. Edmond Dulac ; Londres, 1920 ; New York, Brentano, 1925.

—, *Faisons fortune*, Paris, Payot & Cie, 1924.

—, *L'Esprit des affaires. Réflexions d'un commerçant*, Paris, Payot & Cie, 1925.

—, *Mémoires d'un chercheur de perles*, Paris, Éditions des Deux-Rives, 1949.

—, *Quand le bâtiment va*, Paris, Payot & Cie, 1928.

SCHNEIDER Pierre, *Margarita. Une histoire culturelle, économique et sociale de la perle de l'océan Indien dans l'Antiquité gréco-romaine*, université de Lyon II, 2013.

STRACK Elisabeth, *Pearls*, Stuttgart, Rühle-Diebener-Verlag, 2006.

TABURIAUX Jean, *La Perle et ses secrets*, Paris, J. Taburiaux, 1983.

TENREIRO António, *Itinerário de António Tenrreyro, cavaleyro da ordem do Christo, em que se contem como da Índia veo por terra a estes Reynos de Portugal*, Impresso em Coimbra, em casa de António de Mariz, 1560

—, *Itinerário de António Tenrreyro, que da India veyo por terra a este Reyno de Portugal*, Em Coimbra, por João de Barreyra, com dedicatória a D. Sebastião, 1565.

WELLSTED James R., *Travels in Arabia*, Londres, John Murray, 1838.

Articles

ANONYME

« Beau Brummels of the Brush », *Vogue* 41, n° 4, 5 juin 1914, p. 35-37.

« Une perle maquillée », *Le Figaro*, 6 juillet 1918, rubr. « Gazette des tribunaux, tribunal de police correctionnelle (16ᵉ chambre) », p. 3.

« Exposition des arts décoratifs », *L'Illustration*, n° 4313, 31 octobre 1925.

« Les pêcheries de perles », *L'Illustration*, n° 4461, 1ᵉʳ septembre 1928.

AL HASSANI Zaineb, « Natural Pearls Are One Man's Passion », *The New York Times*, 20 novembre 2018, en ligne : https://www.nytimes.com/2018/11/20/fashion/jewelry-pearls-al-fardan-uae.html

ARCHANGI Bita, ARNAUD-HAOND Sophie, CUNHA Regina L., RANJBAR Mohammad Sharif, SALARI Mohammad Ali, YAVARI Vahid et ZOLGHARNIEN Hossein, « Rising the Persian Gulf Black-Lip Pearl Oyster to the Species Level: Fragmented Habitat and Chaotic Genetic Patchiness in *Pinctada persica* », *Evolutionary Biology* 43(1), 2016, p. 131-143.

BIENENFELD Francis, « Souvenirs d'enfant », *Bulletin de la Société historique de Suresnes*, Suresnes, Société historique, 1995, p. 24-29.

BRUNET Olivier, « Les perles en pierre de la péninsule omanaise du néolithique et de l'âge du bronze : approche synthétique », *Les Nouvelles de l'archéologie*, n° 139, 2015, p. 12-17.

CARIÑO Micheline, « The Cultured Pearl Polemic », *World Aquaculture*, n° 27(1), mars 1996, p. 42-44. Traduit en français dans « Le Grand Débat : la polémique de la periculture », *L'Huître perlière-Bulletin de la CPS*, n° 10, mai 1998, p. 50-52.

CASSIUS-DURANTON Marie-Laure, « L'origine de la perle ; imaginaire d'une immaculée conception au Moyen Âge et à l'époque moderne », *GEMMES*, n° 2, automne 2023, p. 64-70.

CERMAN Jérémie, « Une décennie à reconsidérer dans l'histoire des arts appliqués ? », dans Jérémie Cerman (dir.), *Les Années 1910. Arts décoratifs, mode, design*, Lausanne, Peter Lang, 2021, p. 12-23.

CHARPENTIER Vincent, MÉRY Sophie et PHILLIPS Carl S., « Pearl Fishing in the Ancient World: 7500 BP », *Arabian Archaeology and Epigraphy* 23, 2012, p. 1-6.

CHO Sung Moon, « Jean Luce et le service de table moderne dans les années 1910 », dans Jérémie Cerman (dir.), *Les Années 1910. Arts décoratifs, mode, design*, Lausanne, Peter Lang, 2021, p. 267.

CROUZET Guillemette, « "A Golden Harvest" : exploitation et mondialisation des perles du golfe Arabo-Persique (v. 1880-v. 1910) », *Revue historique*, n° 658, avril 2011, p. 327-356.

—, « *A Matter of Imperial Safety*. Trafic d'armes et contrebande dans le golfe Arabo-Persique : la mondialisation d'un espace à la fin du XIXᵉ siècle », *Enquêtes*, n° 1, mai 2015, p. 1-15.

—, « Un *"troublesome man"* ou un "Lawrence d'Arabie" français ? », dans Delphine Boissarie (dir.), *Les Négociants européens et le monde. Histoire d'une mise en connexion*, Rennes, Presses universitaires de Rennes, 2018, p. 147.

DERAT Marie-Laure et al., « L'Éthiopie chrétienne et islamique », dans François-Xavier Fauvelle (dir.), *L'Afrique ancienne. De l'Acacus au Zimbabwe*, Belin, « Mondes anciens », 2018, chap. 9, p. 678.

ERLEICH Jean d', « La perle », *VU*, n° 33, 31 octobre 1928, p. 728-730.

FARAHMAND H., FARHADI A., MORTAZAVI M. S., POORBAGHER H. et RAJAEI M., « Sympatric Morphological and Genetic Differentiation of the Pearl Oyster *Pinctada radiata* (Bivalvia: Pterioida) in the Northern Persian Gulf », *Journal of the Marine Biological Association of the United Kingdom*, vol. 95, issue 3, 2015, p. 537-543.

FERRAND Mylène, « Rachel Rosenthal, une artiste écoféministe de la performance », *Itinéraires* [en ligne], 2021-1 | 2022, mis en ligne le 7 avril 2022, consulté le 18 mars 2024. URL : http://journals.openedition.org/itineraires/10304 ; DOI : https://doi.org/10.4000/itineraires.10304

FROISSART Rossella, « Décorer à peu de frais. La tapisserie dans les années 1910 entre effort collectif et art social », dans Jérémie Cerman (dir.), *Les Années 1910. Arts décoratifs, mode, design*, Lausanne, Peter Lang, 2021, p. 12-23.

GARDES Lionel et SALVAT Bernard (dir.), « Les récifs coralliens de l'outre-mer français : suivi et état des lieux », *Revue d'écologie (La Terre et la Vie)*, « Le Suivi de l'état de santé des récifs coralliens de Polynésie française et leur récente évolution », t. LXIII, n° 1-2, 2008, p. 145-177, p. 149.

GINDRE Emmanuelle, Les limites de la protection pénale de l'environnement polynésien », *Revue juridique de l'environnement*, vol. 36, n° 2, 2011, p. 227-247.

GRONDIN Béatrice, « La Société des artistes décorateurs : vers l'institutionnalisation des arts décoratifs français modernes », dans Jérémie Cerman (dir.), *Les Années 1910. Arts décoratifs, mode, design*, Lausanne, Peter Lang, 2021, p. 27.

GUICHARD Alain, « Les institutions juives cherchent leur place dans la communauté nationale », *Le Monde*, 8 mars 1974, en ligne : http://www.lemonde.fr/archives/article/1974/03/08/les-institutions-juives-cherchent-leur-place-dans-la-communaute-nationale_2516267_1819218.html

KREMER Raymond de, « La joaillerie à Gand », *Gent XXᵉ eeuw / Gand XXᵉ siècle*, n° 5, 31 mai 1913.

KURKDJIAN Sophie, « La *Gazette du bon ton* de Lucien Vogel et l'Art déco », dans Jérémie Cerman (dir.), *Les Années 1910. Arts décoratifs, mode, design*, Lausanne, Peter Lang, 2021, p. 113.

LEROY Hélène, « Paul Iribe, un directeur artistique au tournant des années 1910 », dans Jérémie Cerman (dir.), *Les Années 1910. Arts décoratifs, mode, design*, Lausanne, Peter Lang, 2021, p. 245.

LÉVI Jean-Paul et POIROT Jean-Paul, « Perles fines d'hier et d'aujourd'hui », dans François Doumenge et Anne Toulemont, *Nacres et perles*, éd. par Monaco, Musée océanographique, *Bulletin de l'Institut océanographique*, Monaco, numéro spécial 8, 1992, p. 109-115.

MOHAMMED Saad Zakaria, « Population Parameters of the Pearl Oyster *Pinctada radiata* (Leach) in Qatari Waters », *Turkish Journal of Zoology*, vol. 27, 2003, p. 339-343.

PÉREZ Charles, « Le complexe éthologique du spondyle sur les bancs perliers du golfe Persique », *Comptes rendus des séances de la Société de biologie et de ses filiales*, 1920, vol. 83, p. 1027-1029.

POHL Lucien, « L'application des méthodes japonaises à la méléagriniculture et à la margariniculture », *Bulletin de la Société océanographique de France*, n° 30, juillet 1926.

RIVIÈRE Max, « Collier de perles ou automobile ? », *Femina*, n° 140, 15 novembre 1906.

ROSENTHAL Léonard, « Quinze milliards de perles dans la crise », *L'Illustration*, supplément VII, 25 mars 1933, p. 2.

SHANNON Sarah, « The Long Fall and Curious Rise of the Pearl Industry », *Financial Times*, 1ᵉʳ juin 2017, en ligne : https://www.ft.com/content/71bf70301954-11e7-9c35-0dd2cb31823a

SICARD Félix, « La pieuvre gigantesque de Khor Gazireh », *La Petite République française, supplément du dimanche*, nᵒˢ 63-64, dimanches 15 et 22 juin 1879.

TILLIER Bertrand, « Léon Rosenthal et la "résurrection des foyers" (1915–1917) », dans Jérémie Cerman (dir.), *Les Années 1910. Arts décoratifs, mode, design*, Lausanne, Peter Lang, 2021, p. 69-71.

TORNIER Étienne, « Loin des tranchées : les arts décoratifs français à la "Panama-Pacific International Exhibition" de San Francisco (1915) », dans Jérémie Cerman (dir.), *Les Années 1910.*

Arts décoratifs, mode, design, Lausanne, Peter Lang, 2021, p. 321-323.

ULRICHSEN Kristian Coates, « La politique britannique en Mésopotamie (avril 1916-mars 1917) », *Orient XXI*, 27 novembre 2015, en ligne.

VERA André, « Le nouveau style », *L'Art décoratif*, t. XXVII, 5 janvier 1912.

Sources

« Administration Report on the Persian Gulf Political Residency for 1905-1906 », « Administration Report of the Persian Gulf Political Residency and the Maskat Political Agency for April-December 1908 », « Administration Report of the Persian Gulf Political Residency and the Maskat Political Agency for 1907-1908 », « Administration Report of the Persian Gulf Political Residency for the Year Ending 3rd December 1909 » et « Administration Report of the Persian Gulf Political Residency for the Year 1910 », *Administration Reports 1905-1910*, Calcutta, Office of the Superintendent of Government Printing, Inde, 1911.

« Administration Report of the Persian Gulf Political Residency for the Year 1911 », *Administration Reports*, Calcutta, Office of the Superintendent of Government Printing, Inde, 1912.

« Administration Report of the Persian Gulf Political Residency for the Year 1913 » et « Administration Report of the Persian Gulf Political Residency for the Year 1914 », *Administration Reports*, Delhi, Office of the Superintendent of Government Printing, Inde, 1915.

« Administration Report of the Persian Gulf Political Residency for the Year 1922 » et « Annual Report of the Persian Gulf Political Residency for the Year 1923 », *Administration Reports 1920-1924*, Government of India Press, Inde, 1925.

« Administration Report of the Persian Gulf for the Year 1928 » et « Administration Report of the Persian Gulf for the Year 1930 », *Administration Reports 1925-1930*, Government of India Press, Inde, 1931.

« Agreements with the Trucial Chiefs and Also with the Chiefs of Bahrain »; Coll 6/10 : « Hejaz-Nejd Affairs: Financial Situation and Internal Situation »; Coll 30/6 : « Persian Gulf. Bahrein [sic] : Trade Reports 1928 to »; Coll 30/8 : « Persian Gulf – Pearling: Various Enquiries Concerning »; Coll 30/33 : « Persian Gulf, Trucial Coast. Policy of H.M.G. List of Trucial Sheikhs »; « Correspondence on the Establishment of a Wireless Telegraph Station in Bahrain », *Administration Report of the Persian Gulf for the Year 1931*, Simla, Government of India Press, Inde, 1932.

Archives de la Gestapo française
Archives de la Légion d'honneur
Archives nationales du monde du travail, BNC, dossiers d'escompte Paris, 120 AQ 244, 249 et 255.

« Arrival Story: Rachel Rosenthal », *Departures*, KCET, Public Broadcasting Service (PBS), 5 janvier 2012.

Dossiers des diamantaires : 120 AQ 669, 2, 1931-1954 ; 120 AQ 671, 4, 1932-1954 ; 120 AQ 674, 1, 1929-1954 ; 120 AQ 674, 3.

« File 8/9 Bahrain Government Annual Report ».

« File 8/9 Annual Report of the Bahrain Government for 1350 A. H. ».

« File 9/2 Pearling », [103r] (205/312), 15 décembre 1947.

« File 9/50 (B 16) The Debai Incident ».

« File 16/6 Diary Weekly Kuwait ».

« File 16/5 Bahrain Agency: Fortnightly Political Diaries ».

« File 19/116 VIII (C 34) Bahrain Miscellaneous ».

« File 19/176 I (C 39) Bahrain Finances ».

« File 31/2 [17/6 III] Books and Periodicals, Supply of ».)

File 1508/1905 Pt 1, « Bahrain: Situation; Disturbances (1904-1905); Sheikh Ali's Surrender; Question of Administration Reforms (Customs etc.) », British Library: India Office Records and Private Papers, IOR/L/PS/10/81.

File 2830/1914 Pt 2, « Persian Gulf: Pearl Fisheries. Investigation into Alleged Depletion of Pearl Banks. Germans and the Industry. Concessions, etc. », [225r] (458/578), British Library: India Office Records and Private Papers, IOR/L/PS/10/457 (papers concerning the alleged depletion of the pearl banks, décembre 1910-mai 1911 :

« File A/5 Pearl Fisheries of Persian Gulf ».

« File B/3 Sponge and Pearl Concessions ».

« File [B 29] Arab States Monthly Summaries from 1929 to 1931 »

HERCULANO Alexandre, « Inquisitiones », *Portvgaliae monvmenta historica : a saeculo octavo post Christum usque ad quintumdecimum…*, iussu Academiae Scientiarum Olisiponensis edita, Olisipone, Typis Academicis, 1856-1977. Débiteurs Paris (Secrétariat Paris), 120 AQ 686, 1921-1941, 5.

Institut de France, archives de la Fondation Dosne-Thiers, dossier de presse coté Ms T 1391.

LORIMER John Gordon, *Gazetteer of the Persian Gulf, Oman and the Central Arabia*, Calcutta, Superintendent Government Printing, 3. vol., 1908-1915.

PALGRAVE F. C., *The Antient Kalendars and Inventories of the Treasury of His Majesty's Exchequer, Together with Other Documents Illustrating the History of That Repository*, Londres, G. Eyre & A. Spottiswoode, 1836, t. III.

« Précis of Correspondence Regarding Trucial Chiefs, 1854-1905 », [>70] (82/106), BL :IORPP, IOR/L/PS/20/C248D) ; « Précis of Correspondence on International Rivalry and British Policy in the Persian Gulf, 1872-1905 », Calcutta, Office of the Superintendent of Government Printing, Inde, 1906.

« Persian Gulf Precis. (Parts I and II) », [31r] (61/120), Simla, Foreign Department of the Government of India, Inde, juillet 1911.

The Persian Gulf Trade Reports, 1905-1940, vol. 3, 1910-1911, Cambridge, Archive Editions, 1987.

PRIDEAUX F. B., « Report on the Trade of the Bahrein [sic] Islands for the Year 1905 », dans *Report on the Trade of Oman, Bahrein [sic], and Arab Ports in the Persian Gulf: Trade Reports for Bahrain for the Financial Years of 1904-1905*, n° 273, Bahreïn, 25 mai 1906.

Index

Les chiffres en romain renvoient au texte en français ; ceux en italique au texte en anglais ; ceux en gras aux illustrations.

The numerals set in romain refer to the French text; those in italics to the English text; those in bold to the illustrations.

A - C

Abbas, Abdullah bin, 133, *133*
Abdülhamid II, 60, **60**, 61, *61*, **63**
Abouhamad, S. & M, 79, *79*
Adlersparre, Sophie, **8**
Ahmad Ier bin Abdullah Al Mu'alla, 37, *37*
Ahnebrink, Carl, 218, *218*
al-Bastaki, Abd al-Jalil bin Muhammad / Mustafa bin Abd al-Latif, 132, *132*
al-Humaidi, Salih bin Uthman al-Rashid, *132*, 133
al-Ibrahim, Abdul Rahman, 71, *71*, 78, *78*, **85**
al-Ibrahim, Qassim bin Mohammad, 71, *71*, 78, *78*, 205, *205*
Alireza, Amna M. Z., **195**
Alireza, Mohamedali Zainal, 79, *79*, *130*, 131, *131*, **131**, 132, 135, *135*, *172*, 173, 176, *176*, 184, *184*, *186*, 187, *187*, *190*, 191, *191*, 194, **195**
Al Khalifah, Isa bin Ali, 75, *75*, **75**, 86, *86*, **86**
Al Maktoum, Butti bin Suhail, 75, *76*, 80, *81*
Al Maktoum, Rashid bin Saeed, 217, *217*
Al Maktoum, Saïd bin Maktoum bin Hasher, 80, *81*
al-Mana'i, Salih bin Hindi, *132*
al-Mujrin, Ali bin Husain, *188*, 190
al-Mutairi, Hilal bin Fajhan, *133*, 183, *184*, 186, *186*, 205, *208*
al-Nahari, Ali, 119, *119*
al-Owais, Ali bin Abdullah, 217, *217*
al-Owais, Sultan Ali al-Owais, 217, *217*
al-Qadiri, Monira, 218, *218*
al-Qina'i, Isa Salih, *187*, 188, 189
al-Qina'i, Musa'id al-Salih, *187*, *188*, 189, 190, 191
al-Qusaibi, 'Abd al-Aziz, 132, *132*
al-Qusaibi, Abd al-Rahman bin Hasan, *131*, 132, *132*, *133*, 186, *186*

al-Qusaibi, Abdulla bin Hasan, 132, *132*
al-Qusaibi, Hasan, 132, *132*
al-Qusaibi, Sa'ad bin Ibrahim, 132, *132*
al-Rumi, Abd al-Rahman bin Yousouf, 205, *205*
al-Rumi, Muhammad bin Bishr, 205, *205*
Al Sabah, Abd Allah al-Salim, 205, *208*
Al Sabah, Cheikh Ahmad al-Jaber, 130, *130*
Al Sabah, Moubarak, 38, *40*, 130, *130*
Al Sabah, Salim al-Mubarak, 130, *130*
al-Saif, Husain bin Ali, *186*, 187, 188, *188*, 189, 190, 191, 205, *205*
al-Saif, Muhammad bin Shamlan bin Ali, *188*, *189*, 190, 191
al-Saif, Shamlan bin Ali, *132*, 133, *133*, *187*, *188*, 190, *190*, 191
Al Saoud, Abd al-Aziz bin Abd al-Rahman, 132, *132*
Al Saoud, Abderrahmane ben Fayçal, 38, *40*
Al Shamsi, Obaid bin Eissa bin Ali, surnommé « Al-Naboodah », 173, *173*, 217, *217*
al-Shaya, Muhammad, 71, *71*
al-Suwaidi, Abdullah Rachid, *218*, 219
al-Suwaidi, Mohammed, *218*, 219
al-Thukair (Adh Dhakair), Haji Mugbil, *72*, 73
al-Thukair, Muqbil, 83, *83*
Altschueler, 125, *125*
al-Usaimi, Muhammad Pasha, *188*, 190
al-Za'id, Abdullah bin Ali, *132*, 133
Angelo, Jan, 133, *133*
Aqll, Muhammad, 133, *133*
Asprey, 114, *114*
Aucoc, Marcel et Louis, 153, *153*
Az Ziyani, Khan Sahib Abdur Rahman Az, 184, *184*
Bahnson, 72, *72*
Bahzad, Yousouf, 133, *133*
Bailly, Pierre, *163*, 168
Bapst, Germain, *16*, 17, **29**
Bapst, Jules et Paul et fils, **14**
Barbier, George, **10**, 96, *96*, **96**, **101**, **102**, **103**, **105**, **107**, 110-111, **138**, **141**, **143**, **148**, **238**
Barboza, Pierre, 79, *79*, 125, *125*, 126, *126*
Bartholomew, John George, **66**
Belgrave, Charles, 183, *183*
Belperron, Suzanne, **207**
Berlioz, 26, *26*,
Besnard, Jean, 96, *96*, 110, *110*

Bienenfeld, David, 135, *135*, 186, *186*, 201, *201*, 208, *208*
Bienenfeld, Ela et Bianca, 201, *201*
Bienenfeld, Esther, 201, *201*
Bienenfeld, Jacques dit Jacob, 78, *78*, **78**, *131*, 132, 134, *134*
Bienenfeld, maison, 118, *118*
Bienenfeld, Marc, 135, *135*, 183, *183*
Bin Aydan, Abdul Rahman **82**, **85**
Bin Mattar, Salman, *186*, 187
Bin Muhammad, Abd al-Jalil, *132*
Bizet, Georges, 25, *25*, **25**, 26, *26*, **26**, 27, *27*
Bloch, René, 180, *180*
Bloch, Simon, 180, *180*
Boehmer and Bassenge, *16*, 17
Boivin, René, 114, *114*, **126**, **135**, **191**
Bonamore, Antonio, **25**
Bonaparte, Jérôme, 57, *57*
Bonaparte, Mathilde Létizia Wilhelmine, 55, *55*, 56-59, *56-59*, 62, *62*
Boucheron, Frédéric, **35**, 62, *62*
Boucheron, Louis, 62, *62*, 65, *65*, 83, *83*, 153, *153*
Boucheron, maison, **51**, 114, *114*, 126, *126*
Bouchon-Brandely, Germain, 159, *159*
Boulenger, Marcel, **95**
Boussingault, 110, *110*
Boutan, Louis, 160, *160*
Boutet de Monvel, Bernard, 96, *96*, **106**, 110, *110*
Brédillard, Alexandre, 114, *114*
Brissaud, Pierre, 96, *96*, **97**, 110, *110*
Brodin, Dr., 137, *138*
Bruhl, M., 125, *125*, 126, *126*
Burckhardt, Jean Louis, 172, *172*
Caesar, Rodolphe, *191*, 195
Caldwell, Maisie, **125**
Callot, Jacques, **21**
Canaux, Paul, **42**
Cardin, Pierre, **208**
Carnot, Cécile, 45, *45*
Carré, Michel, 25, *25*
Carsix, Robert, 108, *108*, **108**
Carter, Robert A., 17, *17*
Cartier, Jacques, 80, *81*, 82-87
Cartier, Louis, 83, *83*, 112, *112*
Cartier, maison, **50**, 59, *59*, 65, *65*, 76, **80**, 83, *83*, **92**, **93**, 108, *108*, 110, *110*, **111**, 112, *112*, 114, *114*, 123, *125*, 126, *126*, **148**, **149**, 154, *154*, **164**, **188**, **189**, **191**, **214**
Cartier, Pierre, 123, *125*
Caruso, Enrico, **27**
Carvalho, 26, *26*
Casimir-Perier, Hélène, 45, *45*
Castelin, 40, *41*

Castiglione, Virginia Oldoïni, dite comtesse de, 55, *55*
Céline, Louis Ferdinand Destouches, dit, 208, *208*
Cerman, Jérémie, 90, *90*
Chandulal Shah, *187*, 188, 189, *189*, 190, 191
Chanel, **150**
Chapuy, Hyacinthe Alexandre, 36, *36*, 37, *37*, 38, *40*, 41, *42*
Chaucer, Geoffrey, 22
Chaumet, 48, *48*, **137**, **147**, **194**
Chaze, Koko, 212, *212*
Cheikh of Haora, 35, *35*
Chéruit, 96, *96*
Choskibros, 79, *79*
Citroën, Hugues, 125, *125*, 126, *126*, 153, *153*
Clarke, Henry, **8**, **205**
Coco Chanel, Gabrielle Chanel, dite, 55, *55*, 86, *86*, 108, *108*, 170, *170*, **168**, **170**, **171**
Colomb, Christophe, 69, *69*
Cormon, Eugène, 25, *25*
Cormon, Fernand, 96, *96*
Coulon, maison, 48, *48*
Cox, Percy Zachariah, 74, *74*, 75, *75*
Crouzet, Guillemette, 17, *17*

D - F

Delahaye, Lucienne, **163**
Delettrez, Bernard, **17**
Delettrez Fendi, Delfina, **17**
Demidoff, Anatole, 57, *57*
De Pougy, Liane, **52**
Depui, Laurent, 172, *172*
Dermer, Karl, 116, *116*
Deschanel, Germaine, 45, *45*
Detrez, Alfred, **166**
Dinh Van, Jean, **208**
Dœuillet, 96, *96*
Domard, Jean-Marie, 211, *211*
Dosne, Élise, 45, *45*, 47, **137**, **138**, 152-155
Dosne, Félicie, 46, *46*
Doucet, Jacques, 55, *55*, 90, *90*, 108, *108*
Doumer, Blanche, 45, *45*
Doumergue, Jeanne, 45, *45*
Drian, Étienne, **140**
Dubufe, Édouard-Louis, **56**
Dudley, comte, 55, *55*
Dufau, Clémentine-Hélène, **171**
Dulac, Edmond, **81**
Dumas & Guien, 40, *41*
Dumas, Joseph, 40, 41, *41*, *42*
Dunhill, 114, *114*
Duponnois, M., 125, *125*
Duport, Olivier, 218, *218*
Durand, Henry Marion, 37, *37*
Dwarkadas, Tekchand, 40, *41*
Édouard VII, 83, *83*

Elbaz de Mascate, Ibrahim, 38, *40*, 72, *72*
Esmérian, Raphaël, 154, *154*
Ettinghausen, Sigismond N., 40, *41*
Eugène, Frank, **45**
Eugénie, impératrice, 45, *45*
Fabergé, 108, *108*
Falco, Alphonse Camille, 46, *46*
Falize, André, 57, *57*
Falize, Lucien, **29**
Falize, maison, 48, *48*
Falkenberg, Georges, 59, *59*, 153, *153*
Faure, Berthe, 45, *45*
Fetti, Domenico, **35**
Fischof, Léo, *191*, 194
Flandrin, Eugène Napoléon, **36**
Flessinger, Dr., 137, *138*
Florit, Henri, **192**
Fouquet, Georges, **50**, **53**, 65, *65*, **95**, 108, *108*, **172**
Franck, Germaine, 134, *134*, 135, 137, *138*, 176, *176*, 180, *180*, 195, *195*, 205, *205*
Froment-Meurice, Émile, **42**
Furetière, 22, *23*

G - I

Gaonoff, Ester, 122, *122*
Garsten, Nora, **176**
George V, 80, *81*, 83, *83*
Gerbault, Henry, **133**
Gesmar, Charles, **163**
Giraudoux, Jean, 110, *110*
Giuliano, Carloe et Arturo, **29**
Goguyer, Antonin, 38, **38**, 40, *40*, *41*, *42*, 72, *72*
Goguyer, Auguste, 38, *40*, 41
Goguyer, Jean, 38, *40*, 41, *42*
Goncourt, frères, 46, *46*
Gordon frères, 79, *79*
Gordon-Lennox, Lady Henry, née Amelia Brooman, 55, *55*
Gosé, Francisco Javier, **95**, **98**
Goude, Jean-Paul, **213**
Gray Paul, M., 75, *75*, 76
Grévie, Jules, 46, *46*
Grévy, Coralie, 45, *45*
Guérin, Maurice de, 110, *110*
Guimard, Hector, 90, *90*
Gunod, 26, *26*
Habib, Albert, 75, *76*, 116, *116*, 118, *118*, 183, *184*, 189, *190*, 191
Habib, Maurice, 134, *134*
Halouze, Édouard, **142**
Halphen, Thérèse, 161, *161*
Hamelin, Paul, 55, *55*
Hans, Alfred, 110, *110*
Harrison, Paul, 116, *116*
Hatot, Léon, 114-115, *163*, 168
Hatton Garden, Ullmann d', 75, *75*
Hazbar, Talin, 218, *218*
Hemsy, 154, *154*
Henry, L., 153, *153*

Hindi, Haji Mohammed bin Rashid bin, *186*, 188
Hindi, Saleh bin Mohammed bin Rashid bin, *186*, 188
Holland Rous, Samuel, **27**
Hujairi, Hasan, 218, *218*
Humaid bin Ali bin Kamel, 173, *173*
Humbert, Madame, 55, *55*
Ingres, Jean Auguste Dominique, **45**
Iribe, Paul, 95, *95*, 96, *96*, 108-109, 110, *110*, 170, *170*
Izoard & Co., 35, *35*

J - L

J. Hobaïcq frères, *191*, 194
Jacqueau, Charles, 112-113
Jacqueau, Fanny, 112, *112*
Jacqueau, Marie-Rose, 112, *112*
Janesich, 114, *114*
JAR, maison, **217**
Jourdain, Francis, 90, *95*
Jungers, Alphonse, **125**
Kahn, Oscar, 153, *153*
Kamil, Hamid bin, 133, *133*
Kanoo, Haji Yousouf bin Ahmed, **85**, *131*, 132
Kanoo, Jasim, *190*, 191
Karam de Kurthala, princesse, **189**
Kemball, C. A., 40, *41*
Klagmann, Jean-Baptiste-Jules, **16**
Koechly, Frederic, maison, 48, *48*
Kouswijk, Manon van, **218**
Kuhn-Régnier, Joseph, **166**
Lacloche, maison, 108, *108*, 114, *114*
Laflize, M., **182**
Lair-Dubreuil, Fernand, 153, *153*
Lalique, René, **47**, **48**, **50**, **52**, **53**, 65, *65*, 108, *108*, 110, *110*
Lambert, Jacques, *163*, 168
Landau, Nicole, 220, *220*
Landsmann, L., 79, *79*
Lanvin, Jeanne, 108, *108*, 170, *170*, **171**
László, Philip Alexius de, **8**
Laurens, Jean-Paul, 96, *96*, 110, *110*
Lauro, M., **166**
Le Tan, Pierre, **207**
Lebrun, Marguerite, 45, *45*
Leeds, Nancy, 59, *59*
Lejeinisel, Paul, 46, *46*
Lemonnier, Alexandre Gabriel, **16**, 17
Lepape, Georges, 96, *96*, **99**, **100**, **101**, 110, *110*
Leray, Prudent-Louis, **25**
Level, Dina, **180**
Lewis-Hill, Ada, 55, *55*
Lieberman, Simon, 205, *205*
Linné, Carl, 159, *159*
Linzeler, Robert, 59, *59*, 61, *61*, 108, *108*, 153, *153*
Lobanoff de Rostoff, princesse, 137, *137*

Londres, Albert, 14, *14*, 35, *35*, 172, *172*, 176, *176*, **178**, 179, *179*
Lopez, M., 154, *154*
Lopez de Tarragoya, baron, 154, *154*
Lorenzi, Fabius, **156**
Lorimer, John Gordon, 37, *37*, 38, 40
Lotar, Éli, **197**
Loti, Pierre, 38, *40*
Loubet, Marie-Louise, 45, *45*
Louis-Philippe Ier, 45, *45*
Loupot, Charles, **168**
Louÿs, Pierre, 110, *110*
Luce, Jean, 95, *95*

M - O

Mackenzie, capitaine, 74, *74*, 75, *75*
Mac Mahon, 45, *45*
Mappin & Webb, 114, *114*
Mare, André, 90, *95*
Marie-Antoinette, **8**
Marnac, Jane, 137, *137*
Martin, Charles, 96, *96*, 110, *110*
Marty, André Édouard, 96, *96*
Marx, 80, *80*, 116, *116*
Mary, reine, 83, *83*
Marzo, Alan, 218, *218*
Marzooq al-Shamlan, Saif, 17, *17*
Massa, duc de, 153, *153*
Masson, Frédéric, 57, *57*
Mattar, Salman Hasan, **85**, *131*, 132
Mauboussin, maison, 114, *114*
McGregor Paxton, William, **46**
Mehmed V, 61, *61*
Mellerio, **8**, 62, *62*
Mellerio-Borgnis, maison, **30**
Mesnier, Jules, 36, *36*
Meuse, Robert de, **65**
Meyer, Adolf de, **150**
Meyer, Henry, **26**
Mikimoto, Kokichi, **158**, 159, *159*, **159**, 160, *160*, 180, *180*
Millerand, Alexandre, 153, *153*
Millerand, Jeanne, 45, *45*
Milleret, M., **16**
Misé, Tatsuhei, 159, *159*
Moch, Pierre, 137, *137*
Mohamedali, Kasem, *130*, 131 et Yousef *130*, 131
Monfreid, Henry de, 14, *14*, 38, 40, 118, *118*, 119, *119*
Montesquiou, Robert de, 110, *110*
Moreau, 110, *110*
Morel & Cie, **16**
Mouron, Adolphe Jean-Marie, dit Cassandre, **173**
Moussaieff, Rehavia « Maurice », 122, *122*, **122**, 123
Moussaieff, Shlomo, 122, *122*, 123, **123**
Moussaieff, Tzvi, 122, *122*
Moussaieff, Yehuda, 122, *122*
Mugbil Abdulrahman al-Thukair, **85**

Muhammad bin Shamlan, *187*, 188, 189
Mujbal, cheikh, 86, *86*
Munch, Edvard, **71**
Napoléon Ier, 59, *59*
Napoléon III, empereur de France, 57, *57*
Nattan, Madame Émile, 41, *42*, 69, *69*
Nicolas de Fer, **23**
Nicot, Jean, 23, *23*
Nishikawa, Tokishi, 159, *159*
Nitot, Marie-Étienne, **8**, *16*, 17
Noailles, Anna de, 110, *110*
Nossovitzki, Michel, *194*, 195
Oïffer, Maurice, 200, *201*
Ostertag, maison, 114, *114*

P - R

Pack, M. et W., frères, 116, *116*
Pack, Robert, 197, *197*, 201, *201*
Pack, Sol, 123, *123*, 132, *132*, 176, *176*, 186, *186*, 187, 191, 197, *197*
Pack, Yon, 123, *123*
Paisseau, Jean, *163*, 168, 195, *195*
Paquin, 96, *96*
Patiala, maharajah de, **188**
Patou, Jean, 95, *95*
Patout, Pierre, *163*, 168
Paul, frères, 65, *65*, 75, *76*
Perec, Georges, 201, *201*, **201**
Pérez, Charles, 137, *137*
Perronne, Gaston, 40, *41*, *41*, *42*
Petit, Georges, **60**, **61**
Pierrepont, 37, *37*
Pinchassoff, Leah, 122, *123*
Plant, Morton F., 123, *125*
Pline, 26, *27*
Pochelon, Marcel, *191*, 194
Pohl, Lucien, **158**, *158*, 160, *160*
Poincaré, Henriette, 45, *45*, **46**
Poiret, Paul, 55, *55*, 90, **90**, *95*, **101**, 108, *108*
Poirot, Jean-Paul, 14, *14*
Polianowski, Antschel, *194*, 195
Polovtsov, Alexandre Alexandrovich, 59, *59*
Portaels, Jean-François, **20**
Pratt, Hugo, **118**
Prideaux, F. B., 40, *42*, 72, *73*
Puget, Simone, **90**
Quint, Charles, 22, *22*
Rabelais, 22, *22*
Rambaud, François, 161, *161*, 208, *208*
Rapeño, Armand, Armand Louis Félix Rapegno, dit, **150**
Raymond, Georges, **116**
Réaumur, 21, *21*
Rebet, Christine, 218, *218*, **218**
Redfern, 96, *96*
Reinach, 125, *125*
Reinhorn, Léon, 116, *116*

Rheims, M., 125, *125*, 126, *126*
Richard, Maurice, **82**, 83, *83*, 84, *84*, **85**
Richepin, Jean, 61, *61*
Rivoyre, Denis de, 36, *36*, *37*
Robert Wönckhaus & Co, 72, *72*, 73, 75, *76*, 117, *117*
Rosanis, 116, *116*
Rosenthal & Frères, 69, *69*, 79, *79*, 116, *116*, 132, *132*, *172*, 173, 184, *184*, 191, *194*, 195
Rosenthal, Adolphe, 69, *69*, 71, *71*, 72, *72*, 74, *74*, 75, *75*, *76*, 78, *78*, 80, *80*, 116, *116*, 117, *117*, 118, *118*, 122, *122*, 123, *123*, 168, *168*, 200, *200*, 208, *208*
Rosenthal, Hubert, 212, *212*
Rosenthal, Jacques, 212, *212*
Rosenthal, Jean, 73, *73*, 195, *195*, 197, *197*, 200, **200**, 201, *201*
Rosenthal, Léonard, 14, *14*, 68, *68*, **68**, 69, *69*, **69**, 72, *72*, **72**, 73, *73*, **73**, 74, *74*, **74**, 75, *75*, *76*, 78, *78*, 80, *80*, **81**, 95, *95*, 116, *116*, 117, *117*, 118, *118*, 122, *122*, 123, *123*, 134, *134*, 157, *157*, 160, *160*, **166**, 168, *168*, 176, *176*, 195, *195*, 197, *197*, **198**, 199, *199*, 200, *200*, 201, *201*, 205, *205*, 208, *208*, 212, *212*
Rosenthal, Lucille, 73, *73*
Rosenthal, Marie, 197, *197*, *198*
Rosenthal, Micheline, 201, *201*
Rosenthal, Nastinka, 123, *123*
Rosenthal, Pierre, 73, *73*, 201, *201*
Rosenthal, Rachel, 197, *197*, 201, *201*, 220, *220*
Rosenthal, Victor, 69, *69*, 71, *71*, 72, *72*, 74, *74*, 75, *75*, *76*, 78, *78*, 80, *80*, 116, *116*, 117, *117*, 118, *118*, 122, *122*, 123, *123*, 134, *134*, 135, *172*, 173, 186, *186*, 187, 197, *197*, 208, *208*, 220, *220*
Rosenthal, William, 116, *116*
Ross, colonel, 37, *37*
Rouget, C., **181**
Rousseau, Jean-Jacques, 114, *114*
Roussel, Madame, 62, *62*
Ruben, M., 132, *132*
Rubin & Co., *116*, 117
Ruby Elsie Jackson, *191*, 194, **195**
Rue La Fayette, 14, *14*, 78, *78*, 79, *79*, **79**, 125, *125*, **131**, 132, 134, *134*, 180, *180*, 215, *215*
Ruhlmann, Jacques-Émile, 90, *95*

S - U
Saacké, Gus, *163*, 168
Saint Matthieu, 22, *22*
Salomon, Jeanne, 73, *73*
Samuel, Fred, 161, *161*, **211**, **213**
Sandoz, Gustave Roger, 153, *153*
Sandoz, Pierre, 41, *42*
Saville-Kent, William, 159, *159*

Sayaji Rao Gaekwad III, **66**
Segonzac, 110, *110*
Seijo, Antonio, **219**
Serres, Raoul, **166**
Sethna, 83, *83*
Singer Sargent, John, **146**
Sodo & Poli Cardinale, 79, *79*
Sophie de Hollande, reine de Hollande, 59, *59*
Sterlé, Pierre, **199**
Stoecklin, Niklaus, **215**
Stotesbury, Eva, 59, *59*
Strauss, 79, *79*
Süe, Louis, 90, *95*
Taburiaux, Jean, 14, *14*
Talbot, Adelbert C., 37, *38*
Tasaki, **212**
Templier, Georges, **194**
Templier, M., 125, *125*, 126, *126*
Tenrreyro, Antoine, 23, *23*
Teragi, Jérôme, 215, *215*
Theodoros, **220**
Thiélès, B., 79, *79*
Thiers, Adolphe, 45, *45*
Tibet, **212**
Tiffany, maison, 126, *126*
Toussaint, Jeanne, 86, *86*, 112, *112*, 170, *170*
Trumper, 117, *118*

U - Z
Valéry, Paul, 110, *110*
Van Cleef & Arpels, maison, 13, *13*, 114, *114*, **137**, **150**, **148**, **149**, **164**, **182**, **205**, **207**, **208**, **212**, **214**, **220**
Varma, 125, 126, *126*
Verax, maison, **79**
Verger, frères, 114, *114*
Vever, Henri, **47**, 65, *65*, **65**, 153, *153*, **238**
Vever, maison, 48, *48*, 108, *108*
Vever, Paul, **47**
Vlchnenska, Rachel, 68, 69
Vigneau, André, **237**
Vion, Raoul, **138**
Vogel, Lucien, 95, *95*, 96, *96*
Wan, Robert, 212, *215*
Weiss, 80, *80*
Widener, George D., 59, *59*
Wiggins, L. F., 116, *116*
Willing, M., 125, *125*, 126, *126*
Worms, maison, 48, *48*, **161**, 212, *212*
Worms, Samuel, 161, *161*
Worms, Suzanne, 208, *208*
Worth, 96, *96*
Wurtemberg, Catherine de, reine de Westphalie, 57, *57*, 59, *59*
Zainal, *130*, 131
Zinoview, Alexandre, **166**
Zita de Hongrie, 118, *118*
Zoummeroff, Hélène Lucie, 123, *123*

"LES PARFUMS LA PERLE, 35, Boulevard des Capucines, PARIS"

Crédits photographiques
Image credits

AFP | Anadolu Agency | Bayram Altug, 1
Aguttes, 170
Alamy Banque d'Images | The Picture Art Collection, 4
Alamy Stock Photographie | Bill Waterson, 139
Alamy Stock Photographie | BTEU|RKMLGE, 140b
Alamy Stock Photographie | History and Art Collection, 144
Albion Art Jewellery Institute, première de couverture, 5, 28, 34, 43, 54, 206, 240
Antonio Seijo, 219
Archives Cartier Paris © Cartier, 82-87, 165, 188, 189
Archives départementales de l'Aude, 120
Archives Van Cleef & Arpels, 146, 164
Archives Van Cleef & Arpels, David Behl, 150hd
Bibliothèque nationale de France, 192-193
Blaise Adilon, 218h
Bridgeman Images, 75, 211h
Camille Bessard pour La Galerie Parisienne, 127, 135, 191
Collection Éric Landau, 69, 81, 77, 194h
Collection Faerber, 39, 50m, 52hd, 64, 134, 172
Collection privée Cyril Rosenthal, 68
Collection RATP, 197
Cong, S. A. Suisse, 118
Courtesy Ader maison de ventes, 173
Fonds Rogers, 1972, 44
FRED - Source gallica.bnf.fr / BnF, 161d
Gift of Mr. Furman Hebb, 1991, 30
JAR'S | photographie Jozsef Tari, 216, quatrième de couverture
Jean Dinh Van, 2010, 208b
L'École des Arts Joailliers | photographies Benjamin Chelly, 20, 53hg, 55, 76, 80g, 131, 138b, 148b, 194b, 157, 199

Les Arts décoratifs, 17, 50mg, 53db
Les Arts décoratifs | Christophe Dellière, 212h
Les Arts décoratifs | Jean Tholance, 16, 52b, 53bg, 94
Les Arts décoratifs | Jean-Marie Del Moral, 47hd, 50hg
Los Angeles Daily News Negatives, UCLA Library Special Collections, 169
Maison FRED, photographies Mathieu Levaslot, 210, 211b, 213
Maison Riondet, 150b
Ministère de la Culture-Médiathèque du patrimoine et de la photographie, Dist. GrandPalaisRmn | Image Médiathèque du patrimoine, 163
Musée de l'Ordre de la Libération, 200
Musée des Beaux-Arts de Caen, photographie Martine Seyve, 33
National Library of Israel, Schwadron collection, 123
Nils Herrmann-Chaumet, 136
Nils Herrmann, Cartier Collection © Cartier, 149bg
Paris | BHVP. RMN, 236
Paris Musées | Musée Carnavalet-Histoire de Paris, 12, 181
Paris Musées | Petit Palais, musée des Beaux-Arts de la ville de Paris, 42, 48, 53dh
Paris Musées, musée du Petit Palais, Dist. GrandPalaisRmn | Image ville de Paris, 112, 113
Paris Musées, palais Galliera, Dist. GrandPalaisRmn | Image ville de Paris, 7, 204
Paris, Fonds Van Cleef & Arpels sur la Culture Joaillière, 31, 110, 111, 115bg
Photographie © Allen Memorial Art Museum | R. T. Miller Jr. Fund | Bridgeman Images, 45
Photographie de Luc Phan © SSEF, 145

Photographies de Nick Welsh, Cartier Collection © Cartier, 50d, 50gb, 92, 93bg, 93g et m, 214bd
Purchased with the support of the F. G. Waller-Fonds, 141
Qatar Digital Library, 80d
Sotheby's, 19, 147
SVV Pousse Cornet Orléans, 167
Symbolic & Chase, 6, 183h, 184b, 207b,
The Stapleton Collection | Bridgeman Images, 148g
Theodoros, 221
Van Cleef & Arpels SA – Patrick Gries, 183b
Van Cleef & Arpels SA, 149h, 149bd, 205, 212b, 214h, 214m
Van Cleef & Arpels, 47b, 51h, 73, 114, 115hd, 115hg, 115bd, 117, 137, 148hd, 152, 154, 155, 184h, 198, 208h, 220
Vincent Wulveryck, Collection Cartier © Cartier, 93bd, 190
Wartski, 15, 29, 49, 51b

© ADAGP, Paris, 2024, pour les œuvres de Henry Clarke, Georges Fouquet, Georges Lepape, Charles Loupot, Henry Meyer, Henry de Monfreid, Christine Rebet, Niklaus Stoecklin, Raymond Templier, Tibet.

© Mouron Cassandre, 2024, pour l'œuvre de Cassandre.

Responsabilité / Disclaimer

Les auteurs du présent ouvrage se sont efforcés de fournir des informations aussi précises que possible. Celles-ci sont néanmoins données à titre indicatif, sont non exhaustives, et sont susceptibles d'évoluer. Tout a été mis en œuvre pour citer les sources et respecter les droits d'auteur. Nous remercions les lecteurs de nous faire part de toute omission, manquement, erreur ou correction, en envoyant un courriel à l'adresse suivante : contact@editions-norma.com

Seule une partie des contenus relatifs à Cartier a été fournie directement par la Maison Cartier. Les auteurs restent seuls responsables des autres sources obtenues par leurs propres moyens.

The authors of this book have sought to ensure that the information provided in it is as accurate as possible. However, this information is purely indicative, not exhaustive, and subject to change. Every effort has been made to cite sources and respect the laws of copyright. Should you notice any errors or omissions, we would be grateful if you would notify us of these by sending an email via the following address: contact@editions-norma.com

Only part of the content relating to Cartier has been provided directly by Cartier. The authors remain solely responsible for other sources obtained by their own means.

← ← Leonetto Cappiello, *Poudre de perles fines…* *Les Parfums La Perle…*, Paris, Devambez, 1921.
Leonetto Cappiello, *Natural pearl Powder… La Perle Perfumes…*, Paris, Devambez, 1921.

← André Vigneau, *Perles de culture*, 1939, photographie.
André Vigneau, *Cultured Pearls*, 1939, photograph.
Paris, Bibliothèque historique de la ville de Paris.

Remerciements
Acknowledgements

Le présent ouvrage n'aurait pu être réalisé sans l'aide précieuse de / It would not have been possible to produce this book without the invaluable help of Lina Sami Abbas, Kazumi Arikawa, Michel Baldocchi, Marie-Amélie Baudry, Mark Jonathan Beech, Émilie Bérard, Ugo Bertoni, Violaine Bigot, Nadine Boksmati-Fattouh, Nicolas Bos, Dominique Boukris, Elisa Bouloché, Joy Cador, Katia Cartacheff, Marie-Laure Cassius-Duranton, Vincent Charpentier, Hervé Chassaing, Richard Cuttler, Matthieu Darnis, Zainal M. Dawlah, Clémence De Gasperi, Solène Desgrées du Loû Taquet, Géraldine Doger de Spéville, Anne Dubus, Justine Dumont-Tran, Olivier Duport, Philippine Dupré la Tour, Jérémie Dyen, Édéenne, Odile Emanuelli, Dusica Eric, Thomas Faerber, Adi al-Fardan, Hassan al-Fardan, Renée Frank et les équipes du patrimoine de la maison Cartier, Rui Galopim de Carvalho, Inezita Gay-Eckel, Frédéric Gilbert-Zinck, Guillaume Glorieux, Elise Gonnet-Pon, Valentina Grandesso, Noura Halhumeli, Charlotte Hanson, César Imbert, Lisa Jasinski, Tayeba Abdulrahman al-Jasmi, Pierre Jeannet, Jayesh Jhaveri, Purvesh Jhaveri, Aneffel Kadik, Khalifa al-Khalifa, Zahra Hassan Abdul Khaliq, Hoda Ibrahim al-Khamis-Kanoo, Claude Kiejman, Anne Lamarque, Eric Landau, Zahra al-Lawati, Michael Lepage, Erik Linquier, Kieran McCarthy, Lise Macdonald, Alessandro Maffi, Julien Marchenoir, Alan Marzo, Ebrahim Khalifa Mattar, Talal Ebrahim Mattar, Daniel Mitchell, Jamal Hassan al-Moosawi, Arnaud Morand, Joséphine Morin, Souraya Noujaim, Lamya al-Nuaimi, Carmen Ortiz, Aurélie Pauron, Ingrid Perisse, Camille Petit, Violette Petit, Vanessa Portut, Ludovic Pouille, Nawar al-Qassimi, Pierre Rainero, Cyril Rosenthal, Hubert Rosenthal, Joel Arthur Rosenthal, Laurent Saillard, Alya Obaid al-Salman, Noura al-Sayeh, Olivier Segura, Mohammad al-Shehhi, Martin Strouk, Maitha al-Suwaidi, Major Ali al-Suwaidi, Mohammed al-Suwaidi, Noora Sultan Saqer al-Suwaidi, Juma Khalifa bin Thalith, Martin Travis, Claire de Truchis-Lauriston, Marie Vallanet-Delhom, Christian Velud, Clémentine Vialar, Moza al-Wardi, Sara Zhou et toutes les équipes internationales de L'École des Arts Joailliers, avec le soutien de Van Cleef & Arpels. Qu'ils soient tous ici chaleureusement remerciés pour leur contribution à ce projet / and all the international teams of L'ÉCOLE, School of Jewelry Arts, supported by Van Cleef & Arpels. We offer all of them our warm thanks for their contribution to this project.

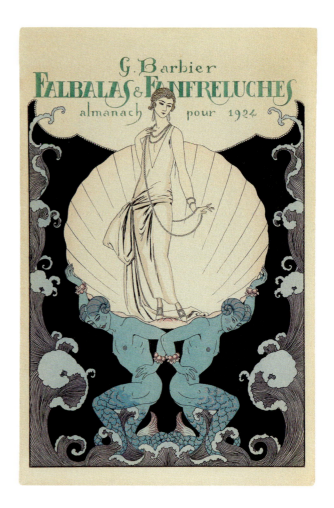

↑ George Barbier, couverture illustrée de *Falbalas et fanfreluches*, Paris, Meynial, 1924.
George Barbier, illustrated cover for *Falbalas et fanfreluches*, Paris, Meynial, 1924.

→ → Henri Vever, pendentif, vers 1910, perle baroque, perles fines, diamants, platine.
Collection Privée, avec l'autorisation du Albion Art Institute.
Henri Vever, pendant, c. 1910, baroque pearl, natural pearls, diamonds, platinum.
Private Collection, courtesy of Albion Art Institute.
© Albion Art Jewellery Institute.

Exposition
Exhibition

Cet ouvrage est publié à l'occasion de l'exposition *Paris, capitale de la perle* présentée par L'École des Arts Joailliers à l'automne-hiver 2024-2025, au sein de l'hôtel de Mercy-Argenteau à Paris.

This book is published in conjunction with the exhibition *Paris, City of Pearls*, presented at L'ÉCOLE, School of Jewelry Arts in autumn-winter 2024-2025, at the Hôtel de Mercy-Argenteau in Paris.

Commissariat / Curating
Léonard Pouy, *docteur en histoire de l'art et responsable des Contenus et de la Transmission à L'École des Arts Joailliers / holds a PhD in Art History and is the Content & Transmission Manager at L'ÉCOLE, School of Jewelry Arts*
Olivier Segura, *gemmologue et directeur de L'École Asie-Pacifique / gemologist and Director of L'ÉCOLE Asia-Pacific*

Conseiller scientifique / Scientific Advisor
Charline Coupeau, *docteur en histoire de l'art et chercheur à L'École des Arts Joailliers / holds a PhD in Art History and is a Researcher at L'ÉCOLE, School of Jewelry Arts*

Coordination de l'exposition / Exhibition coordinator
Clémentine Couderc, *chef de projet Expositions à L'École des Arts Joailliers / Exhibition Project Manager at L'ÉCOLE, School of Jewelry Arts*

Scénographie – Conception / Scenography – Design
Équipe concepts
Van Cleef & Arpels

Identité graphique / Graphic Identity
we-we
Maxisouk

L'École des Arts Joailliers tient à remercier chaleureusement tous les collectionneurs, institutions et personnes qui ont rendu possible l'organisation de l'exposition.

L'ÉCOLE, School of Jewelry Arts would like to extend its warmest thanks to all the institutions, collectors and people who have contributed to the organization of the exhibition.

Prêteurs / Exhibit loans
Collection Antonio Seijo
Collection Cartier
Collection Faerber
Collection Hervé Chassaing
Collection L'École des Arts Joailliers
Collection Patrimoine FRED
Collection Van Cleef & Arpels
Collection Templier
Collection Privée, avec l'autorisation du Albion Art Institute
Collection privée Cyril Rosenthal
Fonds Van Cleef & Arpels sur la Culture Joaillière
La Galerie parisienne
Maison Riondet
Paris, Musée des Arts décoratifs
Petit Palais, musée des Beaux-Arts de la Ville de Paris
Symbolic & Chase, Londres
Wartski, Londres
Zebrak, London
L'École des Arts Joailliers tient à remercier tous les prêteurs qui ont souhaité rester anonymes.
L'ÉCOLE, School of Jewelry Arts would like to thank all the exhibit lenders who wished to remain anonymous.

Catalogue
Catalog

Direction de l'ouvrage / Editor
Guillaume Glorieux, *professeur des universités, directeur de l'enseignement et de la recherche à L'École des Arts Joailliers / University Professor, Director of Education and Research at L'ÉCOLE, School of Jewelry Arts*

Coordination éditoriale / Editorial coordination
Élisa Nouaille (Norma),
Clémence De Gasperi (L'École des Arts Joailliers)
et Élisa Bouloché

Traduction anglaise / English translation
Abigail Grater (texte principal / main text)
Alexei du Périer (légendes / captions)

Révision française / French copyediting
Marion Bello

Révision anglaise / English copyediting
Helen Bell

Mise en pages / Layout
Carole Daprey

Photogravure / Photoengraving
Graphium

Polices de caractères / Fonts
Pangaia (Pangram Pangram)
Plantin MT Pro (Monotype)

© 2024 Éditions Norma -
L'École des Arts Joailliers, 2024

Éditions Norma
149, rue de Rennes, 75006 Paris
www.editions-norma.com

L'École des Arts Joailliers
16 bis, boulevard Montmartre, 75009 Paris
https://www.lecolevancleefarpels.com/fr/fr

ISBN : 978-2-37666-093-4
Achevé d'imprimer en octobre 2024 sur les presses de
Printed and bound in October 2024 by Graphius, Gand

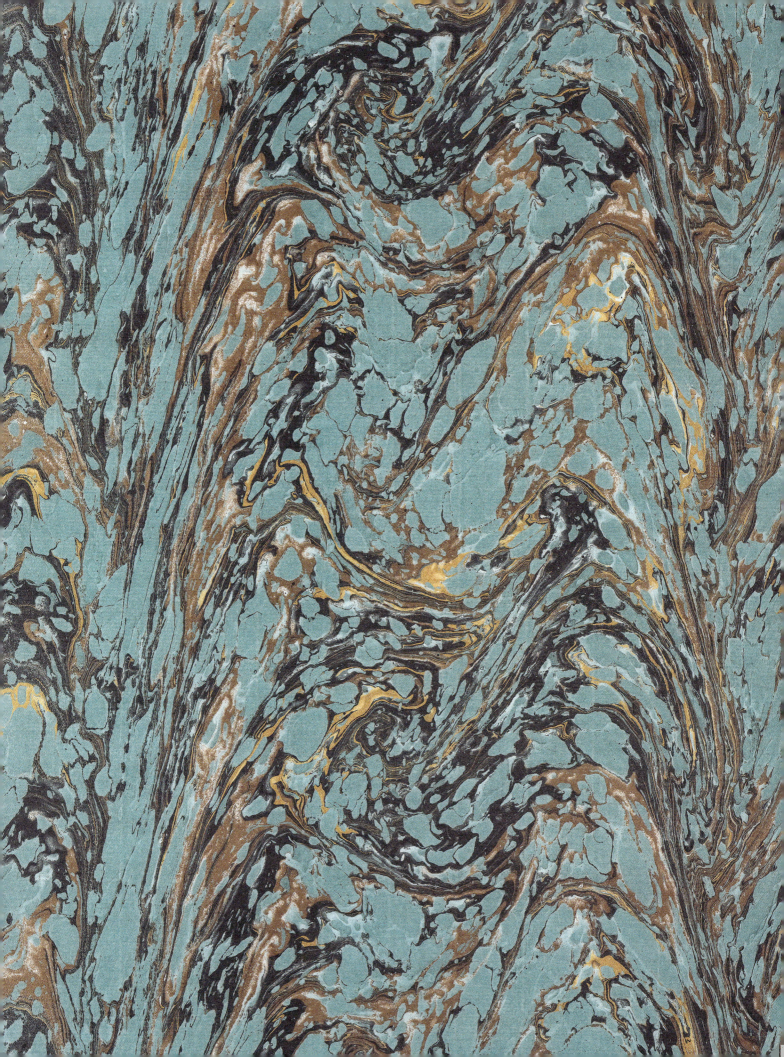